똑똑하게 나누는 법

How To Be Great At Doing Good

Why Results Are What Count and How Smart Charity Can Change the World

Copyright © 2015 by Nick Cooney

All rights reserved.

Korean translation copyright © 2025 by Yeonamseoga

Nick Cooney

How to
be Great
at Doing
Good

똑똑하게
나누는 법

세상을
바꾸는
자선의 비밀

닉 쿠니 지음

김성한 · 최은아 옮김

연암서가

옮긴이 **김성한**

고려대학교 불문과를 졸업하고, 같은 대학교 철학과 대학원에서 박사학위를 받았다. 현재 전주교육대학교 윤리교육과 교수로 재직 중이며, 나누는 삶과 동물 문제, 그리고 진화론에 관심을 가지고 있다. 지은 책으로『비건을 묻는 십대에게』,『나누고 누리며 살아가는 세상 만들기』,『어느 철학자의 농활과 나누는 삶 이야기』등이 있고, 옮긴 책으로『동물 해방』,『새로운 창세기』,『인간과 동물의 감정 표현』,『채식의 철학』,『동물에서 유래된 인간』,『동물권 옹호』(공역),『우리 시대의 동물 해방』등이 있다.

　　　　최은아

서울교육대학교 음악교육과를 졸업하고, 한국교원대학교 음악교육과 대학원에서 박사학위를 받았다. 현재 전주교육대학교 음악교육과 교수로 재직 중이며, 음악교육의 존재 이유와 교수법, 나눔 교육에 대해 관심을 가지고 있다. 지은 책으로『음악 중심 통합수업』(공저),『배우며 가르치는 초등 음악교육』(공저),『한슬리크 음악미학의 철학적 배경』등이 있고, 옮긴 책으로『가치, 그리고 음악교육』(공역),『미래를 향한 새로운 음악교육』(공역) 등이 있다.

똑똑하게 나누는 법

2025년 2월 25일 초판 1쇄 인쇄
2025년 2월 28일 초판 1쇄 발행

지은이 | 닉 쿠니
옮긴이 | 김성한·최은아
펴낸이 | 권오상
펴낸곳 | 연암서가

등 록 | 2007년 10월 8일(제396-2007-00107호)
주 소 | 경기도 고양시 일산서구 호수로 896, 402-1101
전 화 | 031-907-3010
팩 스 | 031-912-3012
이메일 | yeonamseoga@naver.com
ISBN 979-11-6087-138-8 03190

값 18,000원

서문

쉰들러의 후회

1936년, 체코 시민 오스카 쉰들러는 나치 비밀 정보국의 스파이가 되었습니다. 독일계 가문에서 태어난 쉰들러는 은행가이자 사업가였습니다. 아돌프 히틀러의 광기 어린 연설과 나치 정권의 대규모 선전과 함께 전쟁의 북소리가 울리자, 쉰들러는 체코슬로바키아 군대의 정보를 수집하여 나치의 침공을 도왔습니다.

1938년 7월, 체코 정부에 체포된 쉰들러는 간첩 혐의로 수감되었습니다. 만약 독일이 체코를 침공하지 않았다면 쉰들러 같은 이들의 이야기는 음침한 체코 감옥에서 마무리되었을 것입니다. 하지만 불과 3개월 후 독일은 체코 영토를 대부분 점령했습니다. 감옥에서 풀려난 쉰들러는 나치로부터 그동안의 업적에 대한 찬사를 받고 바로 폴란드에 파견

되어 또다시 첩보 활동을 이어갔습니다.

타고난 사업가였던 쉰들러는 폴란드에서 수집된 정보를 나치 정권에 보내는 것에 만족하지 않았습니다. 그는 자기 인생의 중요 목표인 돈 버는 일에 다시 착수했습니다. 유대인 사업가가 파산해서 내놓은 에나멜 그릇 공장을 우연히 발견한 그는 이를 손쉽게 돈을 벌 기회라 생각했습니다. 그는 공장을 인수하고 자신의 인맥과 경험을 활용하여 막대한 돈을 벌었습니다. 그리고 몇 년 동안 폴란드에서 호화로운 생활을 누렸습니다.

하지만 제2차 세계대전이 지속되자, 쉰들러는 나치당의 만행에 환멸을 느끼기 시작했습니다. 1942년 나치가 유대인 게토 크라쿠프(Kraków)에서 대학살을 저지르기 시작하자, 쉰들러는 이를 더 이상 방관할 수 없게 되었습니다. 나치는 이 지역에 살고 있던 유대인을 체포하여 몰살하거나 다른 지역의 강제수용소로 이송했습니다.

쉰들러의 공장은 크라쿠프에서 그리 멀지 않은 곳에 있었습니다. 그 공장에는 크라쿠프에 사는 노동자들이 많았습니다. 나치의 계획을 미리 알게 된 쉰들러는 장차 그들에게 벌어질 일을 생각하니 너무나도 가슴이 아팠습니다. 자기 공장에서 동고동락해 온 이들에게 그런 끔찍한 일이 벌어진다는 사실은 감당하기 힘든 고통이었습니다.

쉰들러는 유대인 노동자들이 체포되지 않도록 공장에서

재웠습니다. 이는 그가 나치 정권에 대해 최초로 감행한 은밀한 저항이었습니다. 쉰들러의 발 빠른 판단 덕에 노동자들은 목숨을 부지할 수 있었습니다. 이 경험 이후 쉰들러는 완전히 다른 사람이 되었습니다. 호화로운 생활을 누리던 사업가 쉰들러는 이제 유대인을 홀로코스트로부터 최대한 구해내겠다는 새로운 목표에 인생을 걸게 되었습니다.

쉰들러는 유대인을 더 많이 고용하기 시작했습니다. 필요 이상으로 노동자를 고용하면 분명 수익이 감소하겠지만, 그렇게 함으로써 유대인이 강제수용소로 끌려가는 것을 막을 수 있었습니다. 여성, 어린이, 장애인들까지 고용한 쉰들러는 이들이 자기 공장에서 중요한 전문적 업무를 맡고 있다고 나치에게 둘러댔습니다. 이러한 거짓말이 통하지 않게 되자, 쉰들러는 암시장에서 획득한 현금, 다이아몬드, 고급 선물로 나치 관리들을 매수하여 가능한 많은 유대인 노동자를 계속 고용할 수 있게 하였습니다. 1944년에 그의 공장에는 무려 1,000명이 넘는 유대인 노동자가 '고용'되어 있었습니다.

1944년 전세가 독일에 불리해지자, 나치 정부는 폴란드에 있는 독일 공장을 모두 폴란드 강제수용소 안으로 이전하기로 결정했습니다. 쉰들러는 자기 공장이 강제수용소 안으로 이전될 경우 유대인 노동자 모두에게 잔혹한 일이 벌어진다는 것을 알고 있었습니다. 쉰들러는 다시 한번 묘책을 쓰며 자기 재산을 나치 관리들에게 뇌물로 제공하였습니다. 이렇게 하여 쉰들러는 자기 공장을 이전하지 않을 수 있었고, 다른 공장에서 일하던 수백 명의 노동자들까지도 자기 공장에 고용하는 데에 성공하였습니다.

몇 달 후 러시아군이 폴란드로 진격하기 시작하자 나치 정부는 쉰들러의 공장에 폐쇄 명령을 내립니다. 쉰들러는 또다시 뇌물을 제공하며 관리를 설득해 자기 공장을 계속 운영할 수 있게 되었고, 자기 공장을 체코슬로바키아 독일 관할 지역으로 이전하게 되었습니다. 공장 이전 과정에서 실수가 생겨 여러 노동자들이 강제수용소로 끌려가게 되자, 쉰들러는 더 많은 뇌물을 주고 이들을 구해냈습니다.

쉰들러는 공장을 유지하는 조건으로 에나멜 제품 공장을 군수품 공장으로 전환하여 대전차 수류탄을 독일군에게 공급하게 되었습니다. 그의 입장에서 이는 심각한 문제였습니다. 그는 수류탄과 포탄을 만들어 독일을 돕고 싶지는 않았습니다. 하지만 어쩔 수 없었습니다. 만약 쉰들러가 나치의 요구를 거부했다면 공장은 폐쇄되고 유대인 노동자들은 모두 강제수용소로 보내졌을 것입니다.

이 상황에서 이 명민한 사업가는 또다시 속임수를 씁니다. 노동자들에게 포탄을 최소량만 생산하라고 지시를 내린 거죠. 나치 관리들이 뭔가 이상하다고 생각하고 왜 소량의 포탄밖에 생산하지 못하는지 추궁하자, 쉰들러는 암시장에서 이미 만들어 놓은 포탄을 구입해 자기 공장에서 제조한 것이라고 관리들에게 거짓말을 합니다. 이렇게 하여 쉰들러와 유대인 노동자들은 제2차 세계대전이 끝날 때까지 안전하게 버틸 수 있는 시간을 충분히 확보할 수 있게 됩니다.

쉰들러는 1945년 전쟁이 끝날 무렵까지 유대인 노동자들을 보호하기 위해 100만 달러가 넘는 돈을 쏟아부었고, 결국 그는 완전히 파산하고 맙니다. 그가 전쟁 중에 구해준 사람들과 유대인 단체들의 재정 지원을 받아 사업을 이어가지만, 실패를 거듭하며 수십 년의 여생을 보내게 됩니다. 쉰들러의 시신은 현재 예루살렘 시온산에 묻혀 있습니다. 그의 묘비에는 "박해받는 유대인 1,200명의 영원한 은인"이라고 적혀 있습니다.

쉰들러가 구한 사람의 수를 감안한다면, 우리는 쉰들러가 자신이 한 일을 돌이켜보면서 한편으로는 홀로코스트에 대한 공포를, 다른 한편으로는 자신의 행동과 성취한 일에 적어도 자부심을 느꼈을 것이라고 생각하게 됩니다. 먼저 쉰들러는 엄청난 위험을 감수했습니다. 만약 나치 관리들이 쉰들러의 행동을 눈치챘다면 그는 두말할 필요도 없이 처형되었을 것입니다. 여기서 한 걸음 더 나아가 그는 자기의 전 재산을 자기를 위해 사용한 것이 아니라, 유대인 노동자들을 먹이고 돌보는 데에 사용했고, 그들이 안전한 공장에 머물 수 있도록 관리들을 매수하는 데에 사용했습니다. 이렇게 용기 있는 행동을 함으로써 쉰들러는 천 명이 넘는 목숨을 구해냈죠.

하지만 전쟁이 끝난 후 쉰들러는 자기가 한 일을 자랑스럽게 여기지 않았습니다. 그는 오히려 자신이 한 일을 후회라는 전혀 다른 감정으로 되돌아보았습니다.

그의 영웅담이 사람들에게 널리 알려진 것은 1993년에 개봉된 블록버스터 영화 <쉰들러 리스트> 덕분입니다. 이 영화에는 약간의 허구가 섞여 있기는 하지만, 영화의 내용은 대부분 실제 생존 유대인에 대한 광범위한 조사와 인터뷰를 바탕으로 하고 있습니다.

영화 후반부에서 쉰들러는 유대인 절친 자크 스턴에게 유대인을 위해 더 많은 일을 하지 못한 아쉬움을 토로합니다. 영화에 나오는 대사는 물론 허구이지만, 거기에 드러난 감정은 쉰들러가 진정으로 느꼈을 감정입니다. 더 많은 사람을 도울 수 있었지만 그러지 못했던 자신은 실패자일 수밖에 없다는 느낌, 그 느낌은 무척이나 진정성 있게 들립니다. 영화 대사는 다음과 같이 이어집니다.

오스카 쉰들러   더 살릴 수 있었어. 더 살릴 수 있었어. 만약 내가 더 애를 썼다면 … 더 살릴 수 있었을 거야.

이츠하크 스템   사장님 덕분에 1,100명이 살아남을 수 있었어요. 저들을 보세요.

오스카 쉰들러 내가 돈을 더 많이 벌었더라면 … 너무 많은 돈을 써버렸어. 당신은 모를 거야. 만약 내가 더 애를 썼다면 ….

이츠하크 스템 사장님 덕분에 여러 세대가 이어지게 될 겁니다.

오스카 쉰들러 난 충분히 내 소임을 다하지 못했어!

이츠하크 스템 사장님은 정말 큰일을 하셨어요.

쉰들러가 자신의 차를 바라본다.

오스카 쉰들러 이 차. 고스가 이 차를 샀을 거야. 내가 왜 이 차를 팔지 않았을까? 이 차를 팔았다면 열 명, 열 명, 열 명을 더 구할 수 있었을 거야.

옷깃에서 나치 배지를 제거하면서

오스카 쉰들러 이 배지, 이 배지면 두 명을 구할 수 있었어. 이건 금이야. 두 명을 더 구할 수 있었다구. 고스가 배지값으로 두 명을 내게 넘겼을 거야. 이 배지면 적어도 한 명, 한 사람은 더 넘겨줬을 거야. 스턴.

흐느끼며

오스카 쉰들러　　한 명을 더 구할 수 있었는데 … 그러지 못
했어! 그러지 못했단 말이야!

스필버그, 1994

　　쉰들러는 용감하고 명민했고, 남다른 설득 솜씨를 갖추
고 있었으며, 1,000명 이상의 사람들을 구하고자 기꺼이 희
생을 감수했습니다. 그럼에도 그는 자신이 한 일에 대해 자
부심과 만족감을 느끼지 못했고, 자신의 과거에 대해 만시
지탄(晚時之歎)의 감정을 느낍니다.

　　쉰들러는 분명 많은 일을 했습니다. 하지만 그는 자신이
더 많은 생명을 구할 수 있었음에도 그렇게 하지 못했다는
사실을 너무 늦게 깨달았습니다. 그가 좀 더 체계적으로 생
각했더라면, 좀 더 현명하게 일을 했더라면, 개인적인 안락
함을 좀 더 기꺼이 희생했더라면 사형 선고를 받은 수많은
사람들이 목숨을 구할 수 있었을 것입니다. 하지만 그는 이
러한 사실을 너무 늦게 깨달았던 거죠. 쉰들러는 분명 위대
한 사람이었지만 이와 같은 후회는 평생 그를 따라다니며

괴롭혔을 것입니다.

아마도 여러분과 제가 오스카 쉰들러의 상황에 놓이게 될 일은 없을 것입니다. 우리는 쉰들러가 전시(戰時) 유럽에서 겪었던 비현실적이고 끔찍한 상황을 결코 겪지 않을 겁니다. 그럼에도 우리는 쉰들러의 경험으로부터 매우 중요한 교훈을 얻을 수 있습니다. 우리가 살아가면서 선행의 지침으로 삼을 수 있는 교훈 말이죠.

우리는 대부분 어떤 방식으로든 자선 활동을 하고 있습니다. 자선 단체에 기부를 하고, 여가 시간을 이용해 자선 단체에서 봉사활동을 하며, 일부 사람들은 비영리 단체에서 직접 일을 하기도 합니다.

할리우드가 여러분이나 저를 소재로 영화를 만들지는 않을 겁니다. 하지만 곰곰이 따져 보면 우리가 살고 있는 세상은 쉰들러가 살았던 세상과 크게 다르지 않습니다. 물론 우리가 대량 학살 현장의 한가운데서 살고 있는 것은 아닙니다. 언제든 집단 처형될 수 있는 사람들과 함께 일하고 있는 것도 아닙니다. 그럼에도 우리가 엄청난 양의 고통과 잔인함, 불필요한 죽음이 만연되어 있는 지구상에 살고 있는 것만큼은 분명합니다.

우리는 수천만 명의 사람들이 노예처럼 살아가고 있는 세상에서 살고 있습니다. 그들은 인신매매와 노동 착취의 희생양이 되어 살아가고 있죠. 우리는 손쉽게 치료할 수 있는 부상이나 질병이지만 제대로 치료를 받지 못해 엄청난 고통을 겪고 있는 수천만, 수억 명의 사람이 살아가는 세상에서 살고 있습니다. 우리는 수백억 마리의 동물이 집약적인 공장식 축산 농장이라는 비참한 환경 속에서 감금과 고문을 당하는 세상에서 살고 있습니다. 우리는 수백만 명의 노인들이 지독한 외로움을 겪으며 살아가는 세상에 살고 있습니다. 우리는 사람들이 지구 생태계를 오염시키고 파괴하는 세상에 살고 있습니다. 우리는 수억 명의 여성이 단지 여성이라는 이유로 신체적 학대를 당하고, 신체를 훼손당하며, 기본적인 자유마저 누리지 못하며 살아가는 세상에 살고 있습니다.

하지만 쉰들러처럼 우리도 돈과 시간, 명민함으로 수십, 수백, 수천 명의 이러한 사람들을 불행에서 구해낼 수 있습니다. 이러한 목적을 위해 우리의 돈과 시간, 명민함을 활용하기로 마음을 먹는다면 말이죠. 이 말은 다시 말해 2차 세계 대전 당시 쉰들러의 행동으로 많은 것이 달라졌던 것처럼, 우리가 어떻게 자선 활동을 하느냐에 따라 많은 것이 달라질 수 있다는 것입니다. 우리가 기부를 하는지 안 하는지에 따라, 얼마만큼 기부를 하느냐에 따라, 누구에게 무엇을 기부하느냐에 따라 많은 것이 달라질 수 있습니다. 우리가 자선 활동을 할 때 얼마나 많은 것을 고려하는지, 우리가 후원하는 비영리 단체가 어떤 프로그램을 선택하는지에 따라 많은 것이 달라질 수 있습니다. 우리가 얼마나 열심히 일하려 하는지, 얼마나 명민하게 판단할 수 있는지에 따라, 또한 목표에 얼마나 집중하는지에 따라 많은 것이 달라질 수 있습니다. 쉰들러의 결정과 다를 바 없이, 수많은 사람들의 고통과 복리, 삶이 우리의 결정에 따라 달라질 수 있습니다.

바로 이런 곳이 우리가 살고 있는 세상입니다. 따라서 영화 속 쉰들러가 한탄하며 내뱉었던 대사, "더 많은 사람을 살릴 수 있었어. 더 많은 사람을 살릴 수 있었다고!"라는 말을 우리도 심각하게 받아들여야 합니다. 쉰들러는 자신이 했던 일에 대해 자부심이 아닌 후회를 느꼈습니다. 자신이 좀 더 많은 것을 고민하고 엄격하게 일을 처리했더라면 구할 수 있었던 사람들을 구하지 못한 것에 대한 후회였죠.

오스카 쉰들러처럼 용감하고 명민하며 헌신적인 사람마저도 '더 많은 사람을 구할 수 있는' 기회를 놓쳤는데, 하물며 우리 같은 평범한 사람들은 말할 것도 없을 겁니다. 따라서 우리는 자신의 자선 활동을 되돌아보며 의도적으로 다음과 같은 질문을 스스로에게 던져봐야 합니다. "우리가 놓치고 있는 것은 무엇인가? 어떻게 하면 더 많은 것을 고려하고 더 엄격한 방식으로 일을 하여 더 많은 사람들을 구할 수 있을까?"

그 누구도 쉰들러처럼 좋은 일을 훨씬 많이 할 수 있었다는 사실을 뒤늦게 깨닫고 후회하고 싶지는 않을 것입니다.

그 누구도 더 많은 사람을 도울 수 있었지만 그렇게 하지 못했다는 사실을 뒤늦게 깨닫고 후회하고 싶지 않을 것입니다.

이 책은 치밀하게 선행에 접근하는 방법을 다루고 있습니다. 이 책은 우리가 기부, 자원봉사, 비영리 단체 활동을 하면서 어떻게 하면 더 많은 성과를 거둘 수 있으며, 어떻게 하면 더 많은 사람을 불행에서 벗어나게 할 수 있는지를 다루고 있습니다.

이 책은 우리 또한 자선 활동을 할 때 쉰들러와 마찬가지로 잠재력을 충분히 발휘하지 못하는 경우가 허다한 이유를 다루고 있기도 합니다. 책에서 우리는 우리의 맹점, 저지르는 실수, 그리고 "더 많은 사람들을 구하지 못하게" 하는 잘못된 생각이 무엇인지를 살펴볼 것입니다. 우리는 이러한 장벽을 직시하고 이를 넘어서는 방법을, 그리고 어떻게 하면 진정으로 세상을 더 나은 방향으로 바꾸어 나갈 수 있는지를 파악하게 될 것입니다.

우리는 모두 선한 일을 아주 잘 해낼 잠재력을 가지고 있습니다. 우리는 모두 쉰들러처럼 영웅적인 결과를 이뤄낼 능력이 있습니다. 우리에게 필요한 것은 가장 절실한 도움이 필요한 사람들을 위해 지성을 가지고, 결코 기준을 벗어나지 않으려 하면서 행동하는 것입니다.

1장

왜 자선을?

이유 캐묻기

제가 여덟 살 때 동생들과 함께 즐겨 했던 놀이가 있었습니다. 놀이의 목표는 단순했습니다. 엄마를 짜증나게 만드는 것이었죠.

우리 형제들은 크리스마스 선물로 각각 하얀색 자석 보드와 갈색 타일 세트를 받았어요. 보드에 타일을 배열하여 단어를 쓰거나 블록 모양의 픽셀화된 이미지를 만들 수 있었죠. 오늘날의 기준으로 보면 별로 재미없는 장난감처럼 보일지 몰라도 우리는 정말 재미있게 가지고 놀았어요. 제 남동생은 타일을 이용해 화이트보드에 'W'를 쓰곤 했어요. 저는 제 화이트보드에 'H'를 썼고, 제 여동생은 'Y'를 썼죠. 그런 다음 저희는 엄마에게 "저녁 뭐 먹어?"와 같은 가벼운 질문을 던지곤 했습니다. 엄마가 대답하면 우리는 각자가 쓴 알파벳을 들고 '왜?(why)'라고 외쳤습니다. 엄마와 우리는 다음과 같이 대화를 주고받았죠.

"저녁 뭐 먹어요?"

"파스타와 그린빈."

"왜요?"

"내가 만들고 있는 거니까."

"왜요?"

"마트에서 산 거라서."

"왜요?

"세일 중이었기 때문이지."

"왜요?"

"매니저가 할인 행사를 해서."

"왜요?"

"몰라, 이제 주방에서 나가!"

"왜요?"

"내가 그렇게 말했으니까!"

"왜요?"

이제 내가 뭘 말하려 하는지 파악했을 겁니다.

우리가 "왜, 왜, 왜"라고 물었던 것은 부모님을 짜증 나게 하기 위해서였습니다. 부모님을 짜증나게 하는 건 늘 재미있었어요. 그런데 끊임없이 "왜?"라고 질문을 하는 것은 성인들이 가져야 할 가장 중요한 습관 중 하나입니다. 이런저런 문제, 가령 우리 자신, 우리의 신념, 사회가 어떻게 작동하는지 등의 문제를 점점 깊이 파고들수록 우리의 이해는 깊어지게 되고, 자신이 의도하는 삶을 살아갈 능력이 크게 함양됩니다.

죽기 전에 무엇을 이루고 싶은가? 결혼 평등에 대해 어떻게 생각하는가? 빈곤층으로 태어난 수많은 사람들이 성인이 되어서도 빈곤에서 벗어날 수 없는 이유는 무엇인가? 등의 질문에 대해 우리는 표면적인 수준의 답변을 할 수도 있고, 더 심층적이면서 촌철살인 같은 답변을 할 수도 있습니다. 이 중에서 후자와 같은 답변을 하려면 우리는 계속해서 "왜?"라는 질문을 던져봐야 합니다.

예를 들어 빈곤 문제에 대해 자신에게 다음과 같은 질문을 던지고 답해보세요:

─"왜 많은 사람들이 성인이 되어서도 가난을 벗어나지 못하는 걸까요?"

─"왜냐하면 그들이 보수를 많이 받는 일자리를 얻지 못하기 때문입니다."

─"왜 그럴까요?"

—"학교를 계속 다니지 않거나 대학에 진학하지 않아서 자격을 갖추지 못하기 때문이죠."

　　—"왜 학교를 다니지 않거나 대학에 진학하지 않나요?"

　　—"한 가지 이유는 나쁜 성적으로 좌절감을 느껴 자퇴를 하기 때문이죠."

　　—"왜 나쁜 성적을 받나요?"

　　—"한 가지 이유는 부모가 뒷바라지를 해주지 않기 때문입니다."

　　—"부모가 왜 뒷바라지를 해주지 않나요?"

　　이런 식으로 점점 더 깊이 파고들게 되었을 때, 가장 밑바닥에 오직 하나의 답이 있는 경우는 드뭅니다. 하지만 "왜?"라고 물으면 물을수록 우리는 실제로 무슨 일이 일어나고 있는지에 대한 참된 이해에 조금씩 가까워집니다.

　　우리는 가끔씩 "왜?"라는 질문을 하는 데에 익숙합니다. 우리는 무언가를 더 많이 배우거나 생각해 본 후 자신의 의견이나 생각을 바꾼 경험이 있습니다. 우리는 누구나 자신을 둘러싼 세상을 이해하고자 하고, 자신이 하는 일에 대한 타당한 이유를 알고 싶어 합니다. 이것이 바로 우리가 다른 사람들과 자신에게 "왜?"라는 매우 중요한 질문을 던지는 이유입니다.

자선의 목표

이제 우리의 현안인 "우리는 왜 자선 활동을 할까요?"라는 질문에 대해 생각해 보도록 합시다. 좀 더 구체적으로는 "우리는 왜 비영리 단체에 돈을 기부할까요?", "자원봉사를 하는 이유는 무엇인가요?", "비영리 단체의 설립자들은 왜 그런 단체를 설립할까요?", "비영리 단체의 직원들은 왜 그런 일을 할까요?"와 같은 질문에 대해 생각해 보죠.

누군가가 이런 질문을 한다면 대체로 우리는 모두가 한결같이 세상을 더 나은 곳으로 만들고 싶어서 자선 활동을 한다고 답할 것입니다. 그러니까 선을 행하고 싶어서 자선 활동을 한다고 답할 거예요. 또한 HIV 확산을 막고, 고문을 종식시키고, 결혼 평등을 지지하고자 기부나 자원봉사를 한다고 답할 것이고, 인구 과잉을 줄이고, 기후 변화에 맞서 싸우고, 빈곤층에게 깨끗한 식수를 제공하고, 양성평등을 촉진하고, 학대로부터 동물을 보호하는 등의 활동을 하기 위해 비영리 단체의 임직원들이 매일 출근한다고 답할 것입니다. 우리가 구체적으로 하고 있는 일이 무엇이든, 그 중심에는 세상을 더 나은 곳으로 만든다는 고귀한 목표가 있습니다.

우리 사회는 자선을 대동소이하게 정의하고 있습니다. 웹스터 사전을 펼쳐보면 자선은 "유달리 궁핍하거나 고통받는 사람들을 관대하게 대하고 도와주는 것", "도움이 필요한 사람들에게 원조를 제공하는 것", "궁핍한 사람들을 구제하기 위해 정부나 공공 기관 등이 제공하는 서비스나 지원"으로 정의되어 있습니다(Merriam-Webster, 2014).

이러한 사전적 정의와 상식적인 이해를 종합해 보면 자선은 두 가지 핵심 요소를 담고 있습니다. 첫째, 자선은 다른 사람을 돕기 위해 하는 일입니다. 이는 자기 자신의 욕망을 채우는 것과 관련된 일이 아닙니다. 둘째, 자선의 목표는 도움이 필요한 사람들의 고통을 줄이는 것입니다.

자선이라는 기치 아래 이루어지는 모든 활동의 목표가 정확히 일치하는 것은 아닙니다. 예를 들어 일부 자선 활동은 불우한 사람들을 돕는 것이 목적이 아니라 잘 살아가고 있는 사람들의 삶을 풍요롭게 하는 데에 초점이 맞추어져 있습니다. 극장, 방과 후 학교 프로그램, 걸스카우트는 긴급한 문제를 해결하기 위해 존재하는 것이 아니라 이들을 접하는 사람들의 행복을 증진하기 위해 존재합니다. 물론 행복을 증진하는 것과 도움이 필요한 사람들을 돕는 것은 동전의 양면과도 같습니다. 이렇게 본다면 자선의 목표는 타인의 고통을 줄이고 행복을 증진하는 것입니다. 좀 더 간단히 말하자면, 자선의 목표는 세상을 더 나은 곳으로 만드는 것입니다.

하지만 이러한 정의는 여전히 우리 사회에서 '자선'이라고 불리는 모든 행위를 아우르지 못합니다. 일부 종교인들은 세상을 더 나은 곳으로 만들기 위해 기부하는 것이 아니라 천국에 가기 위해 기부합니다. 나무가 실제로 고통을 받거나 행복을 누리는 것이 아님에도 일부 환경운동가들은 그저 오래된 나무를 보존하려는 이유만으로 기부합니다. 어떤 사람은 더 좋은 세상을 만들기 위해서가 아니라 사냥이나 총기 소유의 권리를 보호받기 위해 비영리 단체에 기부하기도 합니다.

미국 국세청은 이러한 기부도 자선을 위한 기부로 간주하지만, 이는 자선의 사전적 정의나 우리가 상식적으로 생각하는 진정한 자선의 범위를 벗어납니다. 깊이 생각해 보면 자선의 목표는 우리 자신을 이롭게 하는 것이 아닙니다. 자선의 목표는 세상을 더 나은 곳, 다시 말해 불행은 적고 행복이 넘쳐나는 곳으로 만드는 것입니다.

물론 우리가 오직 다른 사람을 돕고자 하는 마음만으로 자선 결정을 내리는 것은 아닙니다. 예를 들어 우리가 좋은 일에 기부금을 내기 위해 자선 달리기 대회에 참가하기도 하지만, 더 나은 몸매를 가꾸는 데 도움이 되기 때문에 참가할 수도 있습니다. 기금 모금 행사에서 티켓을 구매하는 것도 유사할 수 있습니다. 우리가 대의를 지지하기 때문에 티켓을 구매하기도 하지만 다른 한편으로 친구들과 어울릴 수 있는 기회이기 때문에 티켓을 구매할 수도 있죠. 이처럼 우리의 개인적인 이익에 대한 관심이 선행을 부추길 수 있습니다. 하지만 우리의 궁극적인 목표는 여전히 이타적인 것입니다. 정말로 세상을 더 나은 곳으로 만드는 것이야말로 우리의 궁극적인 목표죠.

선행의 장벽

말할 것도 없이 세상을 더 나은 곳으로 만드는 것은 매우 훌륭한 목표입니다. 도움이 필요한 사람들을 돕고자 하는 우리의 충동은 정말 소중하게 여겨야 합니다. 그러나 선한 의도를 가지고 있다고 해서 항상 효과적으로 목표를 달성할 수 있는 것은 아닙니다. 사각지대, 잘못된 조언, 개인적 편향, 그리고 기타 장벽들이 우리의 노력을 방해할 수 있습니다. 이러한 요소들을 인식하고 극복하는 것이 더 나은 세상을 만드는 데 필수적입니다.

지금까지 많은 책, 잡지 기사, 신문 칼럼은 겉으로 보기에는 자선 활동처럼 보이지만 실제로는 그렇지 않은 잘못된 활동들을 다뤄왔습니다. 일부 언론은 선보다 해악을 끼친 자선 단체의 활동을 보도하기도 했습니다. 수십만 마리의 동물을 치명적인 중독에 빠뜨릴 수 있는 법안을 추진한 세계야생동물기금(World Wildlife Fund)과 같은 단체에 대한 보도가 그 예입니다. 때로는 막대한 자금을 낭비한 단체가 보도되기도 합니다. 뮤지션 위클리프 진(Wyclef Jean)이 설립한 아이티 구호 단체인 옐레 아이티(Yele Haiti)가 그 예입니다. 이 단체는 유명인의 비행기 티켓, 개인 수당, 미완성 프로젝트에 엄청난 금액을 지출한 바 있습니다. 또한, 간접비로 막대한 금액을 지출하는 단체들이 보도되기도 하는데, 수입의 80% 이상을 모금 활동에 쓰는 미국 암기금(Cancer Fund of America)이 그런 단체입니다.

이처럼 자선 단체 전체에 피해를 주는 일부 단체의 잘못을 폭로하는 일은 중요하며, 이를 위해 애쓰는 사람들의 노고에 감사해야 합니다. 하지만 이 책은 이러한 폭로에 초점을 두고 있지 않습니다. 물론 일부 자선 단체는 무능하고 비생산적이며, 심지어 범죄를 저지르기도 합니다. 하지만 이런 나쁜 단체에 현혹되는 것이 선행의 가장 큰 장벽은 아닙니다.

선행을 실천하는 데 있어 가장 큰 장벽은 우리가 자선을 베풀 때 일상적으로 범하는 실수에서 찾아볼 수 있습니다. 이는 심지어 가장 인정받는 비영리 단체들조차도 흔히 근절하지 못하는 심각한 오류인데요. 이는 잘못된 접근 방법과 추론상의 오류입니다. 이러한 편향을 극복하지 못하고, 철저함을 결여한다면 그 어떤 선행도 최선의 결과를 얻을 수 없습니다.

이와 같은 잘못을 범하게 되는 원인은 크게 두 가지로 정리해 볼 수 있을 것 같습니다. 첫 번째 원인은 살아가면서 행하는 수많은 일들에서처럼, 우리의 기부자, 자원봉사자, 비영리 단체 직원으로서의 보이지 않는 동기 또한 우리가 표방하는 동기와 다를 때가 많다는 데서 찾을 수 있습니다. 대개 우리의 결정은 수백만 년 동안 우리의 DNA에 내재되어 있는 뚜렷한 목표, 즉 최고가 되려는 욕구에 의해 좌우됩니다. 심지어 자선 활동을 할 때조차도, 우리의 주요 보상 체계와 관심사는 대개 자신에게 집중되기 마련입니다.

우리의 자선 활동이 잠재력을 발휘하지 못하는 두 번째 이유는 우리가 자선이 따뜻하고 자비로운 것이라고 배워 왔고, 의도가 선하기만 하면 박수를 받아야 한다고 생각해 왔기 때문입니다. 우리는 자선에 대한 접근 방식을 철저하게 분석하고 평가하는 법을 배우지 못했습니다. 성공적으로 선을 행하는 방법은 물론, 선을 행하는 것의 중요성조차 충분히 배우지 못했습니다. 그 결과, 우리는 선을 행할 때 많은 요소들을 고려하여 신중하게 결정하는 습관을 기르지 못했습니다.

이 책에서 우리는 세상을 더 나은 곳으로 만들기 위한 노력에 방해가 되는 요인들이 무엇이며, 이러한 방해 요인들을 어떻게 극복하고 현명한 자선 결정을 내릴 수 있는지를 면밀하게 살펴볼 것입니다.

2장에서는 그저 선을 행하는 것과 매우 훌륭하게 선을 행하는 것의 차이에 대해 살펴볼 것입니다. 우리는 특정 자선 활동을 하면서 선을 행했는지를 묻는데 그치지 않고 그러한 활동이 얼마만큼 선을 이루었는지를 따져볼 것입니다.

이것이 우리가 제기할 두 번째 질문입니다.

3장에서는 저명한 비즈니스 작가 짐 콜린스(Jim Collins)의 '냉엄한 사실(brutal fact)'이라는 표현을 빌려, 여러 자선 단체와 자선 프로그램이 세상에 미치는 영향의 차이를 검토할 것입니다. 이러한 사실을 받아들이고 이를 바탕으로 자선 결정을 내리는 것은 더 많은 선을 이루기 위한 가장 중요한 요소 중 하나입니다.

4장에서는 대부분의 비영리 단체와 개인 기부자 또는 자원봉사자가 업무의 '세부 목표'를 설정하는 데에 실패하는 이유를 설명합니다. 세부 목표를 정해 놓으면 자선 활동에 더 집중할 수 있고, 더 많은 일을 할 수 있습니다.

5장에서는 효율의 중요성, 즉 최소한의 비용으로 최대의 효과를 내는 방법에 대해 이야기할 것입니다. 기부자와 비영리 단체 직원 모두에게 세상을 바꾸기 위해서는 효율성이 가장 중요합니다.

6장에서는 비영리 단체에 기부되는 금액의 총량이 실제 선행의 총량과 거의 무관한 이유를 탐구합니다. 또한, 기부자 입장에서 비영리 단체를 좋은 단체로 발전시키는 방안과, 현명한 기부를 하고자 할 때 직면하게 되는 여러 장벽에 대해 살펴볼 것입니다.

7장에서는 뇌가 어떻게 잘못된 자선 선택을 하도록 우리를 고착화하는지에 대해 논의할 것입니다. 이 장에서는 올바른 방향을 벗어나게 하는 편향을 식별하고, 이러한 편향을 극복하여 자선 목표를 달성하는 방법을 제시할 것입니다.

8장에서는 우리가 평생 동안 받아온 자선에 대한 조언을 면밀히 살펴볼 것입니다. 듣기에는 좋지만 사실이 아닌 조언을 식별하고 걸러낼 수 있다면, 현명한 자선 결정을 내리는 데 큰 도움이 될 것입니다.

9장에서는 모르는 것을 인정하지 않으려는 우리의 성향, 그리고 이런저런 가정에 따라 자선 단체를 선택하려는 우리의 경향을 살펴봅니다. 이러한 가정들에 대한 검증은 비영리 단체의 더 큰 성공에 도움을 줄 수 있습니다.

마지막 장인 10장에서는 선한 일을 매우 훌륭하게 수행하는 방법을 살펴봅니다. 현명한 자선 결정을 내리고, 각자가 가진 시간, 돈, 에너지를 활용하여 훨씬 더 선한 일을 하도록 이끄는 9단계를 간략하게 설명할 것입니다.

"왜?"라는 도전

왜 이 자선 단체에는 기부하고 저 자선 단체에는 기부하지 않나요? 왜 이 프로그램을 수행하고 저 프로그램은 수행하지 않나요? 다른 자선 단체가 아닌 이 자선 단체에서 일하는 이유는 무엇인가요?

자선에 대해 "왜?"라는 질문을 던질 때 우리는 종종 껄끄러운 느낌을 받습니다. 타인의 선한 의도와 행동을 존중

하는 차원에서 이러한 질문을 하지 못하는 경우도 있고, 비판을 꺼려하기 때문에 이러한 질문을 입 밖에 내지 못하는 경우도 많습니다. "왜"라는 질문을 하는 것은 자선의 정신에 어긋나는 것 같고, 마음에 상처를 줄 수도 있습니다. 또한 이런 질문을 함으로써 우리 스스로의 자선 활동에 의문이 제기될 수도 있는데, 이 상황에서 우리는 어떻게 해야 할지 난감해질 수 있습니다. 그럼에도 우리가 진심으로 세상을 더 나은 곳으로 만들고자 한다면, 자선에 관한 결정에서 "왜?"라는 근본적인 질문을 던지는 것이야말로 가장 중요하다고 할 수 있습니다.

이 책은 그리 두껍지 않지만, 나는 이 책이 도전 의식을 촉발했으면 좋겠습니다. 여기서 말하는 도전 의식이란, 자선에 대해 깊이 있는 고민을 해보자는 뜻입니다. 이러한 도전 의식이 전제로 삼고 있는 것은 두 가지입니다.

1. 첫 번째 전제는 자선 활동의 목표가 세상을 더 나은 곳으로 만드는 것이라는 겁니다. 즉 고통받는 사람들을 돕고, 행복을 증진하는 것을 목표로 삼는다는 것이죠.
2. 두 번째 전제는 우리가 기부자, 자원봉사자, 비영리 단체 직원 등 어떤 방식으로 자선 활동에 참여하든, 가능한 한 최대한 성공적으로 활동하고자 한다는 겁니다.

이러한 전제를 받아들이지 않는다면, 다시 말해 자선의 목표가 자신의 이익을 도모하는 데에 있다고 생각하거나 자선 활동을 통해 세상을 얼마나 개선할 수 있는지에 관심이 없다면 이 책은 별다른 도움이 되지 않을 것입니다.

하지만 당신이 두 전제를 받아들인다면 이 책과 자선 활동이 지향하는 목표는 간단명료합니다. 위에서 언급한 두 가지 전제를 항상 마음에 새기고, 모든 자선 결정에 대해 "왜?"라는 질문을 던지며 그 질문이 이끄는 방향을 따르라는 것입니다. 그 과정은 때때로 불편하고, 때로는 놀라운 결과를 가져올 수 있지만, 그럼에도 그 길을 선택할 가치가 충분히 있습니다. 그 길을 따라갈수록 우리는 세상을 진정으로 더 나은 방향으로 변화시킬 수 있는 힘을 점점 더 키워가게 될 것입니다.

2장

그저 선행을 할 것인가,
아니면 아주 많은 선행을 할 것인가?

두 자선 단체 이야기

1953년, 전직 미 해군 예비역 장교이자 신문 편집인이었던 W. 맥닐 로리(W. McNeil Lowry)는 포드 재단에 취직했습니다. 포드 자동차의 에드셀과 헨리 포드 부자가 설립한 이 재단은 공영방송인 PBS 설립을 위한 초기 자금을 제공했고, 세계 빈곤층에게 소액 대출을 제공하는 소액 대출 운동을 시작했으며, 멕시코계 미국인 법률 교육(Mexican American Legal Education)과 변호기금(Defense Fund) 및 라라자 전국위원회(National Council of La Raza)와 같은 민권 단체 설립을 돕고, 에이즈 퇴치를 위한 연구 기금을 지원하는 등 여러 주목할 만한 성과를 냈습니다.

그런데 문학 및 연극 저널에 기고하고 편집일을 했던 경력이 있는 로리는 포드 재단 기금의 일부를 예술이라는 새로운 분야로 돌리는 데 기여한 공로를 인정받고 있습니다. 1950년대 후반, 오케스트라와 오페라에 소액의 자금을 최초로 지원한 것을 시작으로 재단은 1962년 레퍼토리 극장에 600만 달러, 1963년에는 주요 발레 단체에 800만 달러에 가까운 거액을 지원했으며, 이후에도 공연 예술에 대한 대규모 지원은 계속되었습니다. 1993년 로리가 세상을 떠날 당시, 포드 재단은 미국에서 가장 큰 비정부 예술 후원 단체였고, 이러한 전환에서 로리의 역할은 매우 중요했습니다. 이에 뉴욕시티발레단의 공동 창립자인 링컨 커스타인은 로리를 "미국 민주주의 시스템이 배출한 인물 중 공연 예술에 가장 큰 영향을 끼친 독보적인 후원자"라고 칭송했습니다 (Anderson, 1993).

1950년대 말과 1960년대 초, 연극, 무용 및 기타 공연 예술 단체에 수백만 달러를 지원하기 시작한 로리는 이러한 단체들 간의 협력과 소통이 부족하다는 사실을 깨닫게 되었습니다. 이에 따라 1961년 포드 재단은 향후 4년간 25만 달러를 투자하여 극장 커뮤니케이션 그룹(Theatre Communication Group, TCG)이라는 새로운 비영리 단체를 설립하여 지원하기로 결정했습니다. TCG의 목표는 전국의 극장과 극장 종사자 간의 소통 체계를 개선하여 비영리 극장 분야가 서로 배우고 협력함으로써 더 높은 수준의 전문성과 성공을 달성하는 것이었습니다.

50년이 지난 지금에도 극장 커뮤니케이션 그룹은 여전히 그 사명을 이어가고 있습니다. 현재 TCG의 운영 예산은 1,000만 달러에 달합니다. TCG는 전국 컨퍼런스를 주최하고, 연구 및 조사를 진행하며, 매년 200만 달러의 보조금을 개인 및 극장에 지원합니다. 또한 단체는 수백 명의 극작가 및 기타 연극 전문가의 작품을 출판하고, 연극 관련 잡지와 회보를 발행하며, 연극 예술 예산 확보를 위한 입법 활동에도 적극적으로 참여하고 있습니다. 이처럼 TCG는 다양한 분야로 업무 영역을 확장하고 있습니다.

극장 커뮤니케이션 그룹은 50여 년 전 W. 맥닐 로리가 설정한 목표를 성공적으로 달성한 것으로 평가됩니다. 이 그룹은 크고 작은 극장의 전문성을 높이고, 많은 배우와 연극 전문가들이 경력을 쌓는 데 도움을 주었으며, 전국의 극장 간 소통 체계를 크게 개선했습니다. 실제로 2014년, 유명한 자선 단체 소개 사이트인 필란트로피디아(Philanthropedia)는 TCG를 미국 최고의 예술 및 문화 비영리 단체로 선정했습니다. 이러한 평가에는 예술과 문화 분야의 전문가들이 TCG를 관련 자선 단체 중 최고로 꼽았다는 의미가 담겨 있습니다. 실제로 이러한 전문가들은 TCG를 현존하는 모든 예술 문화 단체 중에서 미국 내에서 세 번째로 우수한 단체로 평가했습니다.

앞서 우리는 자선의 목표가 세상을 더 나은 곳으로 만드는 것이라는 데 동의했습니다. 세상을 더 나은 곳으로 만든다는 것은 구체적으로 고통 받는 사람들을 돕고 복지를 증진시킨다는 것을 의미합니다. 앞서 설명했듯이, 자선이라는 이름으로 행해지는 모든 활동이 이러한 목표를 지향하는 것은 아닙니다. 그러나 상식적인 이해와 사전적 정의는 모두 자선을 고통을 줄이거나 행복을 증진하기 위해 행하는 활동으로 정리하고 있습니다.

이러한 점을 염두에 두고 잠시 멈춰서 질문을 던져보겠습니다. 대중의 찬사와는 별개로, 극장 커뮤니케이션 그룹이 자선이라는 목표를 성공적으로 달성하고 있다고 할 수 있을까요?

극장 커뮤니케이션 그룹이 고통을 크게 줄였다고 보기는 어려울 것입니다. 물론 이 단체 덕분에 일부 극장 전문가들이 정보를 공유하고 자원을 교환하면서 스트레스를 덜 느끼게 되었을 수 있습니다. 또한 이 그룹이 극장 객석에 더 많은 대중이 앉을 수 있도록 지원하고, 이로 인해 더 많은 연극이 제작되면서 더 많은 사람들이 사유하고 풍요로운 경험을 할 수 있게 되었을 것입니다. 이러한 과정은 우리 모두가 일상생활에서 겪는 시련과 고난 때문에 느끼는 가벼운 고통을 줄이는 데 과연 도움이 되었을 수 있습니다. 더 나아가 TCG가 연극이 주는 도덕적 교훈을 연극 관람객에게 제공함으로써 조금이나마 더 사려 깊은 사회를 만드는 데 기여했을 수 있고, 그 결과 이 세상이 조금 더 자비로운 곳이 되었을지도 모릅니다. 그러나 TCG가 연극 전문가들 간의 소통을 증진시키고 일부 연극 프로그램을 추가적으로 지원함으로써 세상의 고통을 크게 줄였다고 주장하기는 어려울 것입니다.

고통과는 대조적으로, TCG가 행복지수를 증가시킨 것은 분명합니다. 대개 연극은 관람객들에게 매우 매력적이고 고양된 경험을 제공합니다. 내러티브와 연기의 힘을 조화시킨 훌륭한 연극은 우리의 삶, 관계, 그리고 자신을 다시 돌아보게 합니다. 연극은 삶과 사랑의 기쁨, 의심과 그리움, 상실의 고통 등 우리가 공유하는 경험을 기립니다. 훌륭한 연극을 보면서 우리는 넋을 잃고 사색에 잠기며 크게 웃기도 합니다. 연극이 우리의 삶을 풍요롭게 하고 발전시키며, 때로는 우리를 더 나은 사람으로 만든다는 것에는 의심의 여지가 없습니다.

극장 커뮤니케이션 그룹(TCG)이 자선이라는 목표를 달성하는 데 성공했는지에 대한 질문에 대한 답변은 긍정적일 수 있습니다. 비록 직접적으로 많은 고통을 줄이지는 못했지만, 극장을 찾는 사람들의 행복지수를 높인 것은 분명합니다. TCG는 실제로 세상을 더 나은 곳으로 만드는 데 기여하고 있는 것 같습니다.

잠시 극장 커뮤니케이션 그룹은 제쳐두고, 이제 두 번째 자선 단체를 살펴보겠습니다.

1977년, 유행병학자 래리 브릴리언트(Larry Brilliant)와 공중보건 전문가 기리자 브릴리언트(Girija Brilliant)는 몇 세대 전에 불가능하다고 여겨졌던 천연두의 종식을 목격하게 됩니다. 이 질병은 기원전 1만 년경부터 시작되어 20세기 동안 수억 명의 목숨을 앗아간 것으로 추정됩니다. 그러나 천연두는 200년의 기간을 거치면서 결국 박멸되었습니다. 이는 먼저 유럽과 미국에서 천연두 백신이 보급된 후, 전 세계로 확산되면서 이루어진 결과입니다. 천연두는 1977년 10월 26일 소말리아의 한 병원에서 요리사 알리 마오우 마알린에게서 마지막으로 자연 발생했습니다. 이후 수년간 엄격한 검증 작업을 마친 후, 유엔 세계보건총회는 천연두 박멸을 공식 선언했습니다.

잡지『와이어드(Wired)』는 래리 브릴리언트를 "앞으로 닥칠 팬데믹을 구해낼 인류 최고의 희망"이라고 칭송했습니다. 그는 1970년대 남아시아에서 천연두 퇴치를 위해 세계보건기구(WHO) 팀을 이끌었으며(Williams, 2014), 그의 아내 기리자 역시 WHO 팀의 일원으로 활동했습니다. 퇴치 노력이 마무리되자 이 부부는 새로운 질문에 직면하게 됩니다. "이제 무엇을 해야 하지? 천연두가 종식된 상황에서 우리가 인류에게 계속 도움을 줄 수 있는 최선의 방법은 무엇일까?"

고민 끝에 부부는 인도에서 실명 퇴치를 위해 적극적으로 활동하고 있던 저명한 안과 의사인 고빈다파 벤카타스와미(Govindappa Venkataswamy) 박사(Dr. V)에게 연락했습니다. 공상 과학처럼 들릴 수도 있지만, 실명 치료는 사실 불가능하지 않습니다. 인도에는 약 1,200만 명의 시각장애인이 있으며, 이 중 80%가 백내장으로 인해 시력을 잃고 있습니다. 다행히도 백내장은 간단하고 저렴한 수술을 통해 해결하거나 예방할 수 있으며, 이를 통해 실명을 효과적으로 막을 수 있습니다.

V 박사의 목표는 맥도날드의 햄버거 판매 전략을 안과 치료에 적용하는 것이었습니다. 즉, 인도 전역에 클리닉 체인을 구축하는 것이었습니다. 그는 많은 백내장 수술을 저렴한 비용으로, 신속하게 수행하기 위해 작업을 체계적으로 분담하고 최적화하려 했습니다. 이렇게 탄생한 아라빈드 안과 시스템(Aravind Eye Care Systems)은 현재 연간 20만 건 이상의 안과 수술을 시행하고 있습니다. 경제적 여유가 있는 환자 3분의 1에게서 얻은 수익으로 나머지 3분의 2의 환자에게 무료 서비스를 제공하고 있죠.

래리와 기리자 브릴리언트는 V 박사의 활동을 재정적으로 지원하면 큰 선행을 할 수 있다고 판단하여 1978년 세바 재단(Seva Foundation)을 설립했습니다. 훗날 컴퓨터 및 휴대폰 회사의 아이콘인 애플(Apple)을 창립한 스티브 잡스는 당시 무명 인사였는데, 그는 이 재단에 기부한 최초의 인물 중 한 명으로, 재단 설립 초기의 주요 후원자였습니다. 세바는 1978년 이래 닥터 V의 간단한 개안 수술에 자금을 지원하여 무려 300만 명의 사람들이 시력을 되찾도록 도왔습니다. 인도에서 시작된 개안 수술은 현재 20개국 이상의 국가에서 진행되고 있습니다.

세바 재단은 필란트로피디아에 등재되어 있지 않지만, 비영리 단체를 평가하고 순위를 매기는 인기 웹사이트인 채리티 네비게이터(Charity Navigator)는 세바 재단에 매우 높은 점수를 줬습니다. 규모 면에서도 2013년까지 약 300만 달러에 머물렀던 세바의 연간 예산은 900만 달러로 급격히 증가했습니다.

이제 앞서 극장 커뮤니케이션 그룹에 대해 했던 것과 동일한 질문을 세바에 대해서도 해보겠습니다. 세바는 자선이라는 목표를 성공적으로 달성하고 있을까요? 다시 말해, 이 단체가 실제로 세상을 더 나은 곳으로 만들고 있나요?

확실히 그런 것 같습니다. 2012년 한 해에만 세바는 전 세계의 빈곤 국가에서 10만 명 이상의 실명을 예방하거나 치료하여 이들을 실명이라는 고통에서 완전히 벗어나게 했고, 그 결과 개인과 가족의 행복지수가 크게 높아졌습니다. 극장 커뮤니케이션 그룹과 마찬가지로, 세바 재단은 자선을 통해 세상을 더 나은 곳으로 만든다는 목표를 성공적으로 달성하고 있는 것 같습니다.

TCG와 세바에 대해 조금 알아봤으니, 이번에는 다음과 같은 상황을 상정해 보죠.

12월 28일입니다. 연말연시 연휴는 거의 끝나가지만, 당신은 새해 첫날까지 이어지는 긴 휴가를 즐기고 있습니다. 그날 저녁, 식탁에 앉아 핫초코 머그잔을 손에 들고, 그 주에 도착한 봉투 두 개를 뜯어 내용물을 꺼내 읽어봅니다.

첫 번째 편지는 극장 커뮤니케이션 그룹이라는 비영리 단체에서 온 것입니다. 이들은 극장, 연극 전문가, 극작가, 배우를 지원하기 위해 하는 여러 가지 좋은 일을 설명하면서 중요한 일을 계속할 수 있도록 연말 특별 기부를 요청하고 있습니다. 우편 요금이 지불된 반송 봉투와 미리 인쇄된 반송 양식이 함께 들어 있어, 당신은 신용카드 정보를 입력하거나 수표를 작성한 후 봉투를 우체통에 넣기만 하면 됩니다.

당신은 극장 커뮤니케이션 그룹의 요청에 응할지 고민하기 시작합니다. 그런데 결정을 내리기 전에 두 번째 봉투를 열어봅니다. 이 봉투는 세바 재단이라는 비영리 단체에서 보낸 것입니다. 세바 재단은 인도, 네팔, 방글라데시 및 기타 국가에서 실명 예방과 치료를 위해 하고 있는 여러 위대한 일을 설명하면서 그들이 중요한 일을 계속할 수 있도록 연말 특별 기부를 요청하고 있습니다. 우편 요금이 지불된 반송 봉투와 미리 인쇄된 반송 양식이 함께 들어 있어 당신은 신용카드 정보를 입력하거나 수표를 작성한 후 봉투를 우체통에 넣기만 하면 됩니다.

어떻게든 자선 단체에 기부하고 싶어진 당신은 두 요청을 모두 진지하게 고려하기 시작합니다. 올해 일이 잘 풀려서 좋은 일에 쓸 수 있는 돈이 1,000달러 생겼습니다. 게다가 연말이 되기 전에 우편으로 보내면 세금 공제 혜택도 어느 정도 받을 수 있습니다.

마침내 당신은 1,000달러를 기부하기로 결심합니다. 하지만 어느 단체에 기부해야 할까요? 세바에 모두 기부해야 할까요? 극장 커뮤니케이션 그룹에 모두 기부해야 할까요? 아니면 각 자선 단체에 500달러씩 나눠서 기부해야 할까요? 물론 한 단체에 800달러를 기부하고 다른 단체에 200달러를 기부하는 선택도 가능합니다.

여러 선택지가 마련되어 있는 상황에서, 당신은 어떻게 하시겠습니까?

좋은 일을 할 것인가, 아니면 좋은 일을 많이 할 것인가?

만약 자선 단체의 성공 척도가 이들 두 단체가 세상을 더 나은 곳으로 만들고 있는지에 대한 찬반 투표라면, 극장 커뮤니케이션 그룹과 세바 재단 모두 성공하고 있다고 말할 수 있을 것입니다. 두 자선 단체가 초점을 맞추고 있는 영역은 매우 다르지만, 두 단체 모두 세상을 더 나은 곳으로 만드는 데 기여하고 있습니다.

하지만 우리가 좋은 일을 '매우 훌륭하게' 해내길 원하고, 후원하는 자선 단체가 좋은 일을 매우 훌륭하게 해내길 원한다면, 우리는 단순히 엄지손가락을 치켜세우거나 내리는 것 이상의 접근 방식을 취해야 합니다. 실제로 우리는 대부분 이보다 더 사려 깊은 방식으로 접근합니다. 우리는 그저 "이것이 선을 이룰 수 있을까?"라고 질문하는 데에 그치지 않고, "이것이 얼마만큼 많은 선을 이룰 수 있을까?"라고 묻기도 합니다.

당신이 아동을 학대하는 가정에서 아이들을 구출하기 위해 활동하는 세이브 아워 키즈(Save Our Kids)라는 단체에 대한 신문 기사를 읽고 있다고 가정해 보겠습니다. 어느 날 이 단체의 회원이 되었고, 지난주에 웹사이트를 통해 50달러를 기부했습니다. 그래서 관심을 가지고 기사를 계속 읽게 되었고, 세이브 아워 키즈가 여러분과 같은 기부자들로부터 연간 약 100만 달러를 모금한다는 사실을 알게 됩니다.

그런데 세이브 아워 키즈가 기부받은 모든 금액으로 지난 한 해 동안 학대 가정에서 단 한 명의 아동을 구출했다는 사실을 확인하게 됩니다. "한 아이를 보호하는 데 1년에 백만 달러라고?" 당신은 이 단체가 한 일이 너무 적다는 사실에 짜증이 나고 충격을 받습니다. "그 아이가 무사해서 다행이지만, 백만 달러로 할 수 있는 일이 정말 그게 최선일까? 이제 더 이상 그곳에 기부하지 말아야겠다."

이전에 사용했던 엄지 척도로 보면 세이브 아워 키즈도 엄지손가락을 치켜세우는 평가를 받을 것입니다. 한 아이를 도와 세상을 더 나은 곳으로 만들었으니까요. 하지만 우리는 많은 자원을 투입하고도 달성한 성과가 너무 적다는 사실에 짜증이 날 수 있습니다. 이런 짜증은 정당하며, 그 단체에 더 이상 기부하고 싶지 않은 마음도 충분히 이해할 수 있죠.

이제 상황을 조금 바꿔보겠습니다. 세이브 아워 키즈가 지난 한 해 동안 학대 가정에서 1,000명의 아동을 구출했다는 기사를 읽었다고 상상해 보세요. 기분이 어떠신가요? 아마 세이브 아워 키즈를 긍정적으로 평가하게 될 것이고, 이 단체에 기부한 것이 잘한 일이라고 생각하며 뿌듯해질 것입니다. 차후에 이 단체에서 기부를 요청한다면 아마 지난번보다 더 많은 금액을 기부하려 할 것입니다.

제가 여기서 말하고자 하는 것은 우리 대부분에게 자선 활동의 목표는 단순히 좋은 일을 하는 것이 아니라는 것입니다. 우리는 자선 활동을 통해 이왕이면 좋은 일을 많이 하길 원합니다. 학대로부터 한 명의 아동을 구하는 일? 좋은 일입니다. 1,000명의 아동을 학대로부터 구하는 것은? 대단히 훌륭한 일이죠. 좀 더 구체적으로 말하자면, 한 명의 아동을 구하는 것보다 천 배는 더 좋은 일입니다.

물론 이는 우리의 목표가 세상을 실제로 더 나은 곳으로 만드는 것일 경우에만 해당되는 이야기입니다. 이는 기부, 자원봉사, 기타 자선 활동을 하는 이유가 메리엄 웹스터 사전을 따르자면 "특히 궁핍하거나 고통받는 사람들에게 도움을 주기 위한 것"일 경우에만 적절한 이야기죠.

반면 우리의 목표가 단순히 선행을 하는 것이라면, 예를 들어 스스로 자부심을 느끼기 위해, 사회적 기대에 부응하기 위해, 천국에 가기 위해, 또는 다른 이유로 선행을 한다면, 우리의 기부가 한 명의 어린이에게 도움이 되든 1,000명의 어린이에게 도움이 되든 상관없습니다. 이 경우 중요한 것은 우리가 선하다고 생각하는 일을 했다는 사실입니다. 세상을 크게 개선했든 아주 조금만 개선했든 그것은 우리에게 중요하지 않게 됩니다.

하지만 이 책을 읽고 계신다면, 자선이란 나 자신을 위한 것이 아니라 다른 사람을 돕는 것이라는 데 이미 동의하신 겁니다. 또한 세상을 개선하는 데 가능한 한 크게 성공하고 싶다는 데에도 동의하신 거구요. 만약 그러셨다면 앞서 내린 결론은 여전히 유효합니다. 여러분과 저, 그리고 더 중요하게는 학대받는 아이들의 입장에서 보았을 때, 1,000명의 아동을 학대로부터 구하는 것이 한 명의 아동을 구하는 것보다 훨씬 더 낫습니다. 실제로 천 배는 더 낫습니다.

오스카 쉰들러가 제2차 세계대전 이후 느꼈던 깊은 후회를 떠올려 보세요. 그는 나치 정권의 고문과 죽음으로부터 1,200명의 유대인을 구하는 데 성공했지만, 1,300명의 유대인을 구하는 것이, 즉 추가로 100명을 끔찍한 운명에서 구하는 것이 더 좋은 선택이었을 것이라고 생각했습니다. 쉰들러는 자신이 좀 더 신중하게 일을 처리했더라면 더 많은 생명을 구할 수 있었다고 생각하며 안타까워했습니다.

우리는 단순히 비영리 단체가 좋은 일을 하는지 안 하는지를 고려하기보다는, 그 단체가 얼마나 많은 좋은 일을 하는지를 물어야 합니다. 우리가 선한 일을 아주 훌륭하게 하고 싶다면, 즉 가능한 한 많이 세상을 개선하고 싶다면 모든 자선 활동에 대해 이 질문을 던져야 합니다. 우리는 세바 재단, 극장 커뮤니케이션 그룹, 기타 비영리 단체 중 어디에 기부할지를 결정할 때 이러한 질문을 던져야 하며, 어떤 단체에서 자원봉사를 하고 어떤 일을 수행할 것인지를 결정할 때에도 이 질문을 던져야 하죠.

자선의 목표가 세상을 더 나은 곳으로 만드는 것이라면, 우리는 세상을 얼마나 개선했는지에 따라 개별 자선 행위의 성공 정도를 평가할 수 있습니다. 매우 훌륭한 자선 단체는 세상을 크게 개선하며, 평범한 자선 단체는 적당히 개선합니다. 반면, 나쁜 자선 단체는 세상을 조금만 개선하거나 심지어 이전보다 더 나쁘게 만들기도 합니다.

이 모든 것이 세바와 TCG, 그리고 우리가 연말에 어디에 기부해야 할지를 결정하는 데 어떤 의미가 있을까요? 이 질문에 대한 답을 찾기 위해, 눈 덮인 애리조나 산 정상에 있는 스키 리프트라는 의외의 장소로 잠시 화제를 돌려보겠습니다.

3장

우리가 얼마나 많은 선을
행하고 있는지에 대한
'냉엄한 사실' 직시하기

이를 악물고 슬로프를 내려오다

몇 년 전, 저는 제 인생에서 처음이자 아마 마지막으로 스키를 탔습니다. 그 경험은 제가 겪은 가장 불쾌한 순간 중 하나로 기억됩니다.

사고는 애리조나 동부의 화이트 마운틴, 해발 2,740미터 지점에서 일어났습니다. 애리조나에서 스키를 탄다고 하면 농담처럼 들리거나, 적어도 매우 이상하게 여겨질 수 있습니다. 뜨거운 먼지가 수북하게 쌓인 절벽 위에 인공 눈이 덮여 있고, 그 하얀 봉우리 아래 선인장이 삐죽삐죽 자라는 모습을 상상해 보세요. 하지만 '화이트 마운틴'이라는 이름은 꽤나 적절한 명칭입니다. 이곳은 연간 635센티미터의 눈이 내립니다. 미국 남서부 지역에 사는 사람들에게는 스키의

메카가 될 만큼 충분히 많은 눈이 내리는 곳이죠.

여러분이 알아두셔야 할 점은 제가 고소공포증과 속도공포증을 가지고 있다는 사실입니다. 저는 롤러코스터를 탈수 없고, 매우 높이 올라가거나 놀이공원의 빠른 놀이기구를 타는 것도 불가능합니다. 관람차 정도는 괜찮지만 여전히 무섭습니다. 그보다 더 자극적인 놀이기구를 타게 하려는 일은 아예 생각하지 말아 주세요. 저는 제 몸을 스스로 통제할 수 없다는 느낌을 받을 때 극도의 공포를 느낍니다. 악몽을 자주 꾸지는 않지만, 악몽에서 가장 자주 나타나는 장면 중 하나는 내리막길에서 차를 운전하다가 갑자기 브레이크가 작동하지 않는 상황입니다.

제 말의 요지를 이해하시겠죠? 이제 제가 처음으로 스키를 타러 간 순간을 떠올려 보세요. 겨우 한 시간 정도 훈련한 뒤, 점점 더 빠른 속도로 산을 내려갔습니다. 정말 불안했죠. 스키 리프트를 잘못 탔다가 실수로 산 정상에 도착하게 되었고, 스키 외에는 하산할 방법이 없는 상황에서 안절부절 못하게 되더라고요. 겨우겨우 내려왔지만, 그 과정에서 수십번 넘어지고 여러 군데를 크게 다쳤습니다. 정말 끔찍한 경험 중 하나였어요.

그날 밤, 저는 잠을 이루지 못하고 침대에 누워 있었습니다. 눈을 감을 때마다 거대한 언덕 정상에 서 있다가 멈출 방법 없이 아래로 내려가고 있는 제 모습이 떠올랐습니다. 고소공포증, 통제 불능에 대한 두려움, 점점 더 빠르게 내려가는 것에 대한 두려움이 저를 지배하고 있었죠. 저는 5시간이 지나서야 겨우 진정하고 잠을 청할 수 있었습니다.

우리의 한정된 시간과 돈으로 어떻게 하면 세상을 최대한 더 나은 곳으로 만들 수 있을까요? 어떻게 하면 선한 일을 매우 훌륭하게 해낼 수 있을까요?

이는 쉽게 답할 수 있을 것 같은 질문입니다. 하지만 우리는 진지하고 깊이 있는 성찰을 통해 그 답이 무엇인지 고민해 보아야 합니다. 답이 무엇인지를 고민해 보는 것은 비유하자면 산의 경사면을 내려다보는 것과 같습니다. 일단 내리막을 내려가기 시작하면 멈추기 어려울 수 있습니다. 그리고 경사면을 내려가기 시작하면 우리는 곧 자신이, 그리고 자선과 선행의 의미에 대한 자신의 견해가 출발점에서 매우 멀어졌음을 깨닫게 될 것입니다.

이 경우 우리는 자연스럽게 스키 폴을 눈에 박고 이를 악물고 경사면을 내려가는 것을 주저하게 될 것입니다. 인간이라는 존재는 자신의 의견과 행동을 바꾸는 것이 세상을 위해 큰 도움이 되더라도 좀처럼 그것을 바꾸지 않으려는 심리를 가지고 있습니다. 만약 우리가 자신의 자선 활동에 대해 하나하나 "왜?"라는 질문을 던진다면, 그동안 편안하고 익숙하게 느껴왔던 생각과 행동을 모두 바꿔야 할지 모릅니다.

하지만 우리가 기꺼이 그 산에서 내려갈 볼 생각을 하지 않는다면, 선한 일을 매우 훌륭하게 수행할 방법을 찾을 수 없습니다. 근본적인 질문을 제기하고 그에 대한 답을 숙고하며 방향을 전환하지 않는다면, 오스카 쉰들러가 언급했던 '더 많은 사람을 구할' 방법을 찾을 수 없을 것입니다.

비즈니스 분야의 고전인 『좋은 기업을 넘어 위대한 기업으로(Good to Great)』의 저자 짐 콜린스(Jim Collins)와 그의 연구팀은 수십 년에 걸쳐 주식 관련 자료를 조사하여 좋은 기업과 매우 훌륭한 기업을 가르는 요인이 무엇인지를 밝혀내고자 했습니다. 그들은 수십 년 동안 주가가 업계 평균과 유사한 성과를 낸 기업을 '좋은 기업'으로 정의했습니다. 반면, 최소 15년 동안 주가가 동종 업계와 비슷한 수준을 유지하다가 이후 최소 15년 동안 급격하게 주가가 상승한 기업을 '매우 훌륭한 기업'으로 정의했습니다.

콜린스와 그의 팀이 발견한 매우 훌륭한 기업과 단순히 좋은 기업 간의 다섯 가지 주요 차이점 중 하나는, 매우 훌륭한 기업이 업계의 트렌드와 관련된 '냉엄한 사실'을 기꺼이 직시하려 하고, 필요할 경우 접근 방식을 변경하거나 극적인 변화를 시도했다는 점입니다. 반면, 실패한 기업이나 단순히 좋은 기업은 이러한 '냉엄한 사실'을 진정으로 받아들이려 하지 않았습니다. 이들은 중대한 변화가 필요하다는 신호를 무시하거나 경시하며, 기존의 방식을 고수하기로 결정했습니다. 결국, 그들은 그리고 그들의 주주들은 냉혹한 진실을 마주하기를 꺼려한 대가를 치르게 되었습니다 (Collins, 2001).

콜린스는 두 개의 주요 식료품 체인점인 A&P와 크로거 (Kroger)를 예로 들고 있습니다. 이들은 1970년대에 비슷한 딜레마에 직면했던 체인점이었습니다. 당시 기존의 식료품점 모델은 점차 쇠퇴하고 있었고, 고객들은 델리, 약국 및 기타 편의 시설을 갖춘 대형 슈퍼마켓에서 쇼핑하는 것을 선호하게 되었습니다. 크로거는 이러한 새로운 트렌드를 전면적으로 수용하여 매장을 확장하고 업그레이드하는 데 막대한 자금을 투자했습니다. 반면 A&P는 이에 저항했습니다. 그들은 기존 모델을 고수하며 매장 레이아웃과 최대한 낮은 가격 유지에 집중했습니다. 분명 이 모델은 과거 수십 년 동안 효과적이었습니다. 하지만 A&P는 시장 트렌드가 변하고 있음에도 가격을 극도로 낮게 유지하면 기존의 접근 방식이 계속 통할 것이라는 믿음을 고수했습니다.

그 후 몇 년 동안 크로거는 번창한 반면, A&P는 허둥대다가 결국 다른 체인에 인수되었습니다. 크로거는 소비자의 수요를 충족시키려면 대대적인 변화가 필요하다는 냉엄한 사실을 기꺼이 받아들였습니다. 반면, 익숙한 전략에 감정적으로 얽매여 있던 A&P는 현실을 직시하려 하지 않았습니다. 이러한 차이로 인해 한 체인점은 성공을 거두었고, 다른 체인점은 결국 살아남지 못했습니다.

자선 단체들 간의 목표 수행 능력은 서로 다르다

앞서 우리는 '자선의 목표는 고통을 줄이고 복지를 증진하여 세상을 개선하는 데 있다'와 '가능한 한 최대한 자선 활동이 성공하길 원한다'라는 두 전제에 동의했습니다.

이러한 전제를 받아들이고 그에 따라 행동한다면, 결국 우리는 자선의 세계와 관련된 '냉엄한 사실'을 마주하게 될 것입니다. 콜린스가 조사한 영리 기업의 사례에서 확인할 수 있듯이, 우리가 얼마나 성공적으로 선행을 할 수 있는지는 예상치 못한, 어떤 경우는 불편하기도 한 자선 활동의 진실을 얼마나 기꺼이 마주하느냐에 좌우될 것입니다. 우리가 가혹한 현실을 직시하고 때로는 과감하게 방향을 전환하고자 할까요? 아니면 이러한 사실을 무시하고 이전과 거의 동일한 방식으로 일을 계속할 이유를 찾으려 할까요? 우리가 직면해야 할 자선에 관한 냉엄한 사실 한 가지는 극장 커뮤니케이션 그룹과 세바 재단을, 그리고 선한 일에 성공한다는 것이 무엇을 의미하는지를 다시 생각해 보게 합니다.

여기서 '냉엄한 사실'이란 분야별 자선 단체의 영향력에는 엄청난 차이가 있다는 것입니다. 그리고 이러한 차이는 자선 단체의 직원들이 얼마나 똑똑하고, 숙련되고, 배려심이 있는지와 아무런 관련이 없습니다.

우리는 TCG와 세바가 모두 세상을 더 나은 곳으로 만들어가고 있다는 점에 동의합니다. 하지만 세상을 개선하는 정도에는 두 자선 단체 간에 큰 차이가 존재합니다. 극장 커뮤니케이션 그룹은 극장 전문가들 간의 소통 기회를 늘리고 극장과 개인에게 보조금을 지원합니다. 반면, 세바 재단은 매년 10만 명 이상의 사람들의 실명을 예방하거나 치료합니다. 실명을 예방하거나 치료하는 것이 연극 예술 분야의 질을 높이는 것보다 훨씬 공익에 크게 기여한다는 점에 대해 거의 모든 사람들이 동의할 것입니다. 대다수의 사람들은 사람들의 시력을 회복시키는 일이 연극 예술의 질을 높이는 것보다 공익에 더 많은 기여를 한다고 생각할 것입니다. 설령 몇 사람을 구하는데 그친다고 해도요.

이러한 사실은 우리의 윤리적 세계관에 비추어 볼 때, 세바가 극장 커뮤니케이션 그룹보다 더 성공적인 자선 단체라는 것을 의미합니다. 즉, TCG보다 세바가 자선 단체의 목표를 더 크게 달성한다는 뜻입니다. 이는 학대받는 1,000명의 아동을 구하는 것과 학대받는 한 명의 아동을 구하는 것을 비교하는 경우와 유사합니다. 두 단체 모두 좋은 일을 하지만, 대다수의 사람들은 세바가 기여하는 바가 더 크다고 생각합니다. 세바가 세상을 더 나은 곳으로 만들기 위해 더 많은 일을 한다는 거죠.

이렇게 정리할 수 있다면 우리가 식탁에 앉아 핫초코를

마시며 1,000달러를 세바에 보낼지, TCG에 보낼지, 아니면 두 단체에 나누어 보낼지를 고민하는 상황에서 어떤 선택이 최선인지 명확해집니다. 만약 우리의 목표가 세상을 더 나은 곳으로 만드는 것이라면, 그리고 그 목표를 최대한 성공적으로 달성하고자 한다면 후원금을 세바 재단에 보내는 것이 가장 바람직합니다.

두 단체 중 한 곳이 다른 단체에 비해 성공적으로 세상을 더 나은 곳으로 만든다는 사실은 놀랄 일이 아닙니다. 서로 다른 두 단체를 비교해 보면 한 단체가 더 성공적일 수밖에 없습니다. 두 영리 기업을 비교해 보면 한 기업이 다른 기업에 비해 수익성이 높을 수밖에 없습니다. 두 개의 메이저리그 야구팀을 비교해 보면 한 팀의 기록이 더 나을 수밖에 없습니다. 때로는 두 팀, 두 회사 또는 두 비영리 단체가 너무 비슷해서 어느 쪽이 더 성공했는지 구분하기 어려울 때도 있지만 시간을 들여 잘 살펴보면 대개 그 차이가 분명해지죠.

한 비영리 단체가 다른 비영리 단체보다 더 성공한 것처럼 보이는 것은 놀라운 일이 아닙니다. 놀라운 점은 두 비영리 단체의 차이가 믿을 수 없을 정도로 크다는 것입니다. 세바는 TCG보다 조금 더 성공적으로 세상을 더 나은 곳으로 만든 것이 아닙니다. 아마도 그 차이는 천 배 이상 클 것입니다.

그런데 두 단체의 차이가 이렇게 크다는 사실을 어떻게 알 수 있을까요? 너무 다른 일을 하는 두 비영리 단체의 영향력을 어떻게 비교할 수 있을까요?

병 속의 지니에게 물어보기: 비교가 어렵게 느껴질 때 비교해 보기

처음에는 이러한 비교가 불가능하다고 생각할 수 있습니다. 다시 말해 서로 다른 분야의 두 자선 단체를 비교하여 어느 쪽이 세상을 개선하는 데 더 많은 공헌을 하고 있는지를 판단하기가 불가능하다는 것이죠. 만약 당신이 그렇게 생각하신다면, 또는 세바가 극장 커뮤니케이션 그룹보다 세상을 개선하는 데 더 성공적이라는 데 동의하지 않으신다면, 다음과 같은 경우를 상상해 보세요.

퇴근길에 갑자기 자동차 조수석에 지니가 나타났다고 상상해 보세요. 건장한 푸른색 몸통에 하얀 모자를 쓴 지니의 아래쪽에는 작은 요술 램프가 놓여 있습니다. 적어도 그가 입을 열기 전까지의 모습은 전형적인 지니의 모습입니다.

"안녕하세요." 지니가 인사합니다. "저는 요술 램프에서 나온 지니입니다. 그런데 저는 당신의 소원이 무엇이든 들어주는 평범한 지니가 아닙니다. 저는 '자선 지니'이며, 세상을 더 나은 곳으로 만들기 위한 두 가지 소원 중 하나를 들어주기 위해 여기 왔습니다. 어떤 소원을 이루고 싶은지 선택해 주세요. 선택하시면 제가 손가락을 까딱해서 소원을 이

뤄드리겠습니다."

지니는 당신이 말할 기회를 주지 않고 말을 이어갑니다. "먼저 소원 1이 있습니다. 이 소원을 선택하시면 불쌍한 시각장애인 100명의 시력을 즉시 회복시켜 드립니다. 다음으로 소원 2가 있습니다. 이 소원을 선택하시면 극장 단체 간의 소통 방법을 개선하고, 전국 수십 개의 극장에 지원금을 제공할 것입니다."

"어떤 소원을 선택하실 건가요? 서두르세요. 시간이 얼마 없어요!"라고 그가 재촉합니다.

당신은 어느 쪽을 선택하시겠습니까? 소원 1, 2 중 어느 쪽을 고르시겠어요?

결정을 내리기 어려우시다면 친구와 가족이 각 소원의 수혜자가 된다고 상상해 보세요. 앞을 보지 못하는 친구들과 가족이 100명 있고, 소원 1을 통해 그들의 시력을 되찾아 줄 수 있다고 상상해 보세요. 다음으로 친구들과 가족이 모두 연극업계에서 일하며, 정기적으로 연극을 관람한다고 상상해 보세요. 소원 2를 고르면 이들에게 더 많은 지원금을 제공할 수 있고, 서로의 의사소통 방법을 개선할 수 있으며, 공연의 질을 높일 수 있다고 가정해 보세요.

당신이라면 어느 쪽을 선택하시겠습니까?

개인적으로 저는 소원 1을 선택하겠습니다. 저는 연극 예술의 질이 향상되는 것보다 100명이 실명에서 벗어나는 것이 훨씬 더 중요하다고 생각하며, 특히 제 친구와 가족들이 혜택을 받는다면 더욱 그렇다고 생각합니다. 오해하지 마세요. 저는 연극을 좋아하고 정기적으로 관람합니다. 연극이 더 많이 공연되고 그 수준이 높아진다면 정말 좋을 것 같아요. 하지만 저는 100명을 실명에서 구하는 것이 연극 예술의 발전을 돕는 것보다 더 중요한 일이라고 느낍니다. 이렇게 하는 것이 도움이 필요한 사람들을 돕고, 복지 개선을 위해 더 많은 일을 하는 것 같습니다. 이 선택이 더 큰 선이 될 것이라 믿는다는 거죠. 사실 소원 1을 선택해 10명만 실명에서 벗어날 수 있게 한다고 해도, 저는 여전히 소원 1을 선택할 것입니다.

그런데 저만 소원 1을 선택하는 것은 아닌 것 같습니다. 수백 명을 대상으로 온라인 설문조사를 실시한 결과, 97%의 사람들이 더 나은 소통 방법과 수백만 달러의 지원금을 통해 연극 예술의 질을 향상시키는 것보다 100명을 실명에서 구하는 것을 더 원한다고 답했습니다.

만약 당신이 소원 1을 선택했다면, 이는 세바가 연간 100명의 실명 환자만 치료해 줘도 극장 커뮤니케이션 그룹보다 더 성공적인 자선 단체라고 여긴다는 뜻일 것입니다. (혹시 소원 2를 선택했다면, 세바가 얼마나 많은 실명 환자를 치료해야 소원 1을 선택할 것 같습니까? 잠시 생각해 보고 몇 명을 치료해야 선택할지 결정해 보세요.)

물론 세바 재단은 매년 100명의 시력을 회복시켜주는 데 그치지 않습니다. 그보다 천 배 이상 많은 연간 10만 명 이상의 사람들의 시력을 회복시켜 줍니다. 이는 우리—즉 소원 1을 선택한 대다수의 사람들—의 입장에서 볼 때, 세바 재단이 극장 커뮤니케이션 그룹보다 세상을 위해 적어도 천 배는 더 좋은 일을 하고 있다는 뜻입니다. 세바는 TCG보다 적어도 천 배는 성공적으로 자선이라는 목표를 달성하고 있습니다. 저처럼 단 10명이라도 실명에서 구하는 것을 연극 예술의 질을 높이는 것보다 중요하게 생각하는 사람은 세바가 세상을 개선하는 데에서 TCG보다 만 배 더 성공적이라는 결론을 내릴 수밖에 없습니다.

정리해 보겠습니다. 비슷한 규모의 두 자선 단체가 있으며, 둘 다 가장 유명한 자선 단체 자문 웹사이트에서 높은 평가를 받고 있고, 대중적으로도 매우 긍정적인 평판을 얻고 있습니다. 하지만 우리 대부분의 평가에 따르면, 한 단체가 다른 단체보다 세상을 위해 최소 천 배, 어쩌면 만 배 더 많은 선을 행하고 있습니다.

그런데 이러한 사실이 이러한 단체의 잠재적 기부자이자 자원봉사자인 우리에게 의미하는 바는 무엇일까요? 아주 중요한 것을 의미합니다!

이는 평균적으로 세바에 단지 100달러만 기부해도 극장 커뮤니케이션 그룹에 10만 달러라는 큰 금액을 기부하는 경우보다 세상에 더 좋은 일을 할 수 있다는 뜻입니다. (세바는 TCG보다 천 배 이상 더 좋은 일을 합니다. 이렇게 본다면 세바에 100달러를 기부하는 것이 극장 커뮤니케이션 그룹에 100달러×1,000=100,000달러를 기부하는 것보다 더 큰 선을 행하는 것이죠.)

저처럼 연극 예술을 발전시키는 것보다 열 명이라도 시각장애인의 시각을 회복시키는 것이 중요하다고 생각하는 사람이라면, 세바에 100달러를 기부하는 것이 TCG에 100만 달러를 기부하는 것보다 세상에 더 좋은 일을 하는 거라고 결론 내릴 겁니다.

이는 세바에서 단 한 시간만 자원봉사를 해도 TCG에서 주당 40시간씩 6개월(제 경우는 6년)을 쉬지 않고 자원봉사를 하는 것보다 세상에 더 좋은 일을 하는 것이라는 뜻이기도 합니다.

이는 엄청난 차이가 아닐 수 없습니다. 본격적으로 이 문제를 고민하기에 앞서, 우리 중에 특정 자선 단체를 후원하는 것이 다른 자선 단체를 후원하는 것보다 훨씬 더 큰 영향을 미칠 것이라고 생각한 사람이 있나요?

자선 단체 간에는 큰 차이가 있기 마련이다

물론 당신이 100명을 실명에서 구하는 것이 연극 전문가들 간의 소통 방법을 개선하는 것보다 더 큰 선이라고 생각하지 않을 수도 있습니다. 당신이 실명하는 것이 그렇게 나쁘지 않다고 생각할 수도 있고, 극장의 질을 개선하는 것이 세상을 획기적으로 개선하는 방법이라고 생각할 수도 있습니다.

당신이 어떤 가치관을 가지고 있든, 한 가지 중요한 사실은 변하지 않습니다. 다양한 분야의 자선 단체를 비교해 보면, 각 단체가 자선이라는 목표를 얼마나 성공적으로 달성했는지에 큰 차이가 있다는 것만큼은 달라지지 않죠.

물론 TCG와 같은 예술 단체를 세바와 같은 극도로 효율적인 인간 건강 증진 자선 단체와 비교하는 것은 전성기 시절의 마이크 타이슨과 고등학교 복싱 선수를 링에 올리는 것과 비슷하다고 볼 수 있습니다. 말할 것도 없이 고등학교 복싱 선수가 KO되겠지요. 하지만 제가 이 두 단체에 초점을 맞추고 있는 이유는 두 가지입니다.

첫째, 매년 막대한 기부금이 예술계에 전달되고 있기 때문입니다. 2013년 미국인들은 예술 및 문화 단체에 144억 달러를 기부했습니다. 이는 공중보건을 지원하기 위해 기부된 금액의 절반을 넘는 수치입니다. 이는 환경과 동물 보호에 지출된 금액의 두 배에 가까운 금액이기도 하죠. 우리가 인류 역사상 전례 없는 규모의 환경 파괴와 동물 학대가 자행되고 있는 시대에 살고 있음에도 불구하고, 이러한 방식으로 기부가 이루어지고 있습니다. 이러한 상황에서 우리는 예술 단체에 대한 기부와 다른 분야에 대한 기부의 가치를 비교해 보아야 합니다.

둘째, TCG와 세바를 비교해 볼 때 우리가 비영리 단체들이 영향력이라는 측면에서 얼마나 큰 차이를 보이는지 알 수 있기 때문입니다. 한 자선 단체가 세상을 더 나은 곳으로 만드는 데 다른 단체보다 수십, 수백, 수천 배, 심지어 수만 배 더 성공적일 수 있습니다. 두 단체 사례는 특히 차이가 큰 경우이지만, 언뜻 보기에 모두 긍정적으로 보이는 자선 단체들 사이에도 큰 차이가 있는 경우가 많습니다. 수치를 분석해 보면, 자연보호협회가 미국 보이스카우트보다 세상을 위해 50배 더 많은 선을 행하고 있다는 사실을 알 수 있습니다. 국제인구서비스(Population Services International)는 수잔 G. 코멘 포 더 큐어(Susan G. Komen for the Cure)보다 세상을 위해 200배 더 많은 선을 행하고 있을 수 있습니다. 물론 세바와 극장 커뮤니케이션 그룹은 영향력이라는 측면에서 유달리 큰 차이를 보이는 경우입니다. 하지만 어떤 두 자선 단체를 무작위로 선택한다고 해도, 우리는 각각의 단체가 세상을 더 나은 곳으로 만드는 데에서 커다란 차이가 있음을 확인할 수 있습니다.

유의해야 할 점은 이러한 사실이 각 조직의 전문성이나 그곳에서 일하는 사람들의 자질과는 아무런 관련이 없다는 것입니다. 극장 커뮤니케이션 그룹과 세바 재단 모두 간접비를 낮게 책정하고 숙련된 이사회를 갖추고 있을 수 있습니다. 두 재단 모두 투명하게 재정을 공개하고, 능숙한 방법으로 자원봉사자를 참여시킬 수도 있습니다. 우리가 아는한, TCG와 세바의 직원들은 모두 재능 있고 이타적이며 열정적이고 헌신적인 사람들입니다.

하지만 세상을 더 나은 곳으로 만들겠다는 자선 단체의목표를 달성하는 데에는 극장 커뮤니케이션 그룹(TCG)보다세바가 훨씬 더 성공적입니다. TCG가 선택한 사업의 유형자체가 이미 자선이라는 목표를 달성하는 데 한계를 드러내고 있습니다. 다른 많은 자선 단체들도 마찬가지입니다. 아무리 똑똑하고 재능이 뛰어나며 열정이 넘쳐도, 당신이 속한 분야가 가진 한계를 넘어서는 것은 불가능합니다.

따라서 우리는 어떤 유형의 자선 활동을 지원하거나 수행할지를 신중하게 고민해야 하며, 이는 매우 중요합니다.일반 기부자와 자원봉사자에게 이러한 결정은 인생에서 가장 중요한 두 가지 결정 중 하나가 될 수 있습니다. 어떤 선택을 하느냐에 따라 아주 작은 선행을 하게 될 수도 있고, 엄청난 양의 선행을 이끌어낼 수도 있습니다.

(또 다른 중요한 결정은 어떤 특정 자선 단체를 지원할 것인지에 대한 것입니다. 예를 들어, 인구 계획에 초점을 맞추기로 결정했다면, 다음 단계로 어떤 인구 계획 관련 자선 단체를 후원할지를 결정해야 합니다. 이에 대해서는 다음 장에서 자세히 설명하겠습니

다.)

　진정으로 자선 활동의 성공을 원한다면, 즉 세상을 최대한 개선하고자 한다면, 어떤 유형의 자선 활동을 통해 이를 이룰 수 있는지를 먼저 파악하는 것이 중요합니다.

항상 더 좋은 일을 할 수 있다는 사실 인정하기

　세바와 극장 커뮤니케이션 그룹을 비교하면서 우리는 몇 가지 상당히 '냉엄한' 사실을 발견하게 되었습니다. 이러한 사실은 극장 커뮤니케이션 그룹의 직원, 기부자, 자원봉사자들이 인정하기 매우 힘들다는 점에서 '냉엄'하다고 할 수 있습니다. 또한 이 사실들은 두 단체의 영향력 차이가 얼마나 큰지, 그리고 기부하거나 자원봉사를 할 때 얻을 수 있는 결과가 얼마나 다른지를 드러낸다는 점에서도 '냉엄한' 사실이라 할 수 있습니다.

　또한 이러한 사실들은 기부자와 자원봉사자에게 시사하는 바가 매우 뚜렷합니다. TCG에 기부하는 사람들 중에서 그저 '좋은 일'을 하는 데에 그치지 않고, 가능한 한 더 나은 세상을 만들고자 하는 사람들은 기부처를 TCG에서 세바, 또는 이와 유사하면서 영향력이 큰 다른 단체로 옮겨야 할 것입니다. 이는 심리적으로 매우 힘든 전환이 될 수 있습니다. 특히 연극 마니아나 수년간 TCG를 후원해 온 사람들에게는 더욱 그러할 것입니다.

대부분의 사람들은 우리가 지금보다 더 나은 선택을 할 수 있다는 사실을 분명히 인정하지만, 그 변화의 폭이 그리 크지 않을 때에만 이를 실행에 옮깁니다. 예를 들어, TCG에 기부하던 사람들이 TCG 고등학교 연극 지원 기금(가상의 프로그램입니다)에 기부하는 것이 더 나은 선택이라는 것을 깨닫는 경우, 이를 실행에 옮길 수 있습니다. 그러나 이보다 더 큰 변화의 폭을 요구할 경우, 이를 수용하기가 매우 어렵습니다.

　　만약 제가 극장 커뮤니케이션 그룹의 기부자라면, 저는 이 사실을 알면서도 TCG에 계속 기부해야 할 정당성을 찾으려 할 것입니다. 하지만 결국 나는 다른 곳에 기부했다면 더 좋은 일을 할 수 있었을 것이라는 생각으로 마음이 무거워질 것입니다. 이는 제가 완벽한 결정을 하지 못했다는 뜻이겠죠! 할 수 있는 것보다 덜 좋은 일을 했을 수 있다는 뜻이기도 하고요. 자선을 위한 기부에 대해서든 다른 일에 대해서든, 이런 기분을 느끼고 싶은 사람은 없을 겁니다.

　　하지만 선한 일을 아주 잘하고 싶다면, 콜린스의 책에 소개된 성공적인 기업들처럼 '냉엄한' 사실을 기꺼이 받아들이고 그에 따라 행동하고자 하는 의지가 필요합니다. 선한 일을 아주 잘하기 위해서는 우리가 할 수 있는 더 나은 일이 항상 존재한다는 사실을 진지하게 받아들이고, 아직 그것이 무엇인지 모를 뿐이라는 사실을 깨닫고자 하는 의지가 필요합니다.

냉엄한 사실을 마주할 때, 우리는 이를 위협이 아닌 기회로 여기고자 노력해야 합니다. 그러려면 건강한 인격, 즉 성숙함과 겸손이 필요합니다. 기회는 그 자체로 중요한 것이며, 이 기회를 어떻게 활용하느냐에 따라 결과가 달라질 수 있습니다. 우리가 더 나은 방식으로 자선 활동을 할 수 있음을 보여주는 모든 '냉엄한 사실'은 세상을 위해 더 많은 선한 일을 할 수 있는 새롭고도 흥미로운 기회를 제공합니다. 이는 더 많은 사람들에게 도움을 줄 수 있는 기회를, 다시 말해 더 많은 이들을 돕고, 더 많은 고통을 덜어주며, 세상을 더욱 나은 곳으로 만들 수 있는 기회를 제공하죠.

우리는 냉엄한 사실을 외면하기보다 이를 알아내고자 노력해야 합니다. 물론 냉엄한 사실이 우리의 자아를 거스를 수도 있습니다. 하지만 우리가 그러한 사실을 적절히 파악하고 그에 따라 행동한다면, 우리가 살고 있는 세상과 우리의 도움이 필요한 사람들을 위해 놀라운 일을 해낼 수 있을 것입니다.

우리는 주관적일 수밖에 없다

현실적으로 자선 단체를 비교하는 것은 언제나 주관적일 수밖에 없습니다. 각자의 윤리적 세계관에 따라 결론은 달라질 수밖에 없습니다. 우리는 우리가 하는 모든 일에 '좋은 점수'를 부여하는 세상, 여러 가지 상황과 다양한 환경 속에서 일어날 가능성을 모두 탐색할 수 있는 정교한 비디오 게임 속에서 살아가고 있는 것이 아닙니다. 따라서 우리는 시력 회복이 미치는 영향과 극장에서의 소통 방법 개선이 미치는 영향(또는 노숙자에게 식사를 제공하는 것과 공공건물에 벽화를 그리는 것, 또는 약 4,047제곱미터의 야생지를 보호하는 것과 한 사람의 HIV 감염을 예방하는 것의 영향)을 비교할 때, 주관적으로 윤리적 판단을 내릴 수밖에 없습니다.

결과적으로 두 자선 단체 비교에 대한 나의 평가는 당신의 평가와 다를 수 있으며, 당신의 평가는 이웃의 평가와도 차이가 있을 수 있습니다. 이러한 차이는 각자가 고유한 정치적, 사회적, 종교적, 철학적, 윤리적 신념 체계를 가지고 있는 세상에서는 불가피한 현상입니다. 자선 단체가 세상을 위해 얼마나 좋은 일을 하고 있는지를 평가하는 것은 야구팀의 승패 기록이나 기업의 순이익 명세서만큼 정확할 수 없습니다. 자선과 관련된 측정은 항상 객관적이지 않고 주관적입니다. 이는 불가피한 현실입니다.

어떤 사람들은 자선 단체를 객관적으로 비교할 방법이 없으니 굳이 비교하려고 하지 말라고 주장할 수 있습니다. 그러나 그런 생각은 우리가 일상을 살아가면서 행동하는 방식과 상충됩니다.

예를 들어 누구와 데이트할지 또는 결혼할지를 고민하

는 상황을 떠올려 보세요. 자선 단체를 비교하는 경우와 마찬가지로, 잠재적인 연애 상대를 비교하는 것도 복잡하고 불확실하며 주관적입니다. 누구를 선택할지는 가치관, 성격, 취향 등에 따라 다소 달라지기 때문에 본질적으로 주관적일 수밖에 없습니다. 그러나 그렇다고 해서 파트너를 비교할 방법이 아예 없다는 패배 의식에 사로잡힐 필요는 없습니다. 우리의 판단이 언제나 주관적이라고 해서 훌륭한 파트너를 고르려는 노력을 아예 하지 말아야 하는 것은 아니겠죠. 만약 우리의 판단이 본질적으로 주관적이라는 이유로 아예 선택에 관한 고민을 하지 않게 된다면 짝을 이루긴 매우 쉬울 겁니다. 그저 길을 걷다가 성별이나 나이, 그 밖의 어떤 특성과도 상관없이 우연히 지나가는 사람을 평생의 파트너로 선택하면 될 거예요.

물론 우리는 이러한 방식으로 파트너를 선택하지 않습니다. 자신에게 가장 잘 맞는 짝을 예측하기란 쉽지 않습니다. 그러나 우리는 주관적인 판단과 추론을 통해, 자기가 알고 지내는 사람 중 95% 이상이 자기와 어울리지 않는다며 그들을 배제합니다. 이는 직업을 선택하거나 투표 대상을 결정하는 등 우리가 내리는 다양한 결정에서도 동일하게 적용됩니다. 이러한 질문들에 대한 답은 궁극적으로 주관적인 것입니다. 그럼에도 우리는 비교하고 대조하며 최선의 추정을 하려고 노력합니다. 항상 옳은 결과를 얻는 것은 아니지만, 일반적으로 이러한 방법을 사용하면 무작위 선택보다 훨씬 더 나은 결과를 얻을 수 있습니다.

자선 단체를 비교할 때도 마찬가지입니다. 두 자선 단체의 비교에 대한 우리의 추정이 항상 옳을까요? 물론 그렇지 않습니다. 새로운 정보를 알게 되면서 우리의 추정도 시간이 지남에 따라 바뀔 수 있습니다. 하지만 우리가 판단과 추론을 통해 이러한 추정을 할 경우, 단순히 무작위로 자선 단체를 선택하는 경우보다 훨씬 더 좋은 일을 할 수 있습니다. 그저 현재 후원하고 있는 자선 단체를 계속 후원하거나 개인적으로 친분이 있는 자선 단체를 후원하는 것보다 훨씬 더 좋은 일을 할 수 있죠.

그리고 혹시 알고 계시나요? 우리는 이미 어떤 자선 단체가 다른 단체보다 더 낫거나 못하다는 판단을 내리고 있습니다. 그렇지 않다면 왜 어떤 사람들은 지역 티 파티 지부가 아닌 그린피스에 기부하려 할까요? 왜 어떤 사람들은 미국시민자유연합(ACLU) 대신 미국 총기 소유자 협회(NRA)에 기부하기로 선택할까요? 왜 어떤 사람들은 모르몬교 전도 활동보다 기아 구호 자선 단체를 지원하기로 결정할까요?

우리가 현재 내리는 모든 자선 결정은 일정 부분 특정 자선 단체가 얼마나 좋은 일을 하고 있다고 생각하는지를 신속하게 따져본 결과입니다. 제가 강조하고 싶은 점은 이러한 결정을 내릴 때 좀 더 엄격하게 접근하자는 것입니다. 다시 말해 직관적으로 판단하기보다는 펜과 종이를 사용해 계산하고 정량화하는 방식을 채택하자는 것입니다. 그렇게 할 경우 세바와 극장 커뮤니케이션 그룹 간의 비교에서 경험했듯이, 우리가 발견한 사실에 충격을 받는 경우가 생길 것입니다.

이렇게 따져 보는 데 일정 정도의 노력이 필요할까요? 물론입니다. 하지만 우리가 일상에서 중요한 결정을 내릴 때, 즉 이득과 손실이 걸린 결정을 내릴 때 얼마나 많은 시간을 투자하는지를 생각해 보세요. 미국인들은 새 차를 사기 전에 평균적으로 20시간 정도를 조사하고 비교합니다. 그러나 후원할 자선 단체를 결정하는 데 동일한 시간만큼 조사하고 비교하는 사람들은 얼마나 될까요? 사실 닛산 알티마와 도요타 코롤라 중 어떤 차를 선택할지를 결정하는 것보다 어떤 자선 단체를 후원할지를 결정하는 것이 훨씬 더 중요합니다. 그 결정에는 훨씬 더 많은 것이 걸려 있죠. 그러나 안타깝게도, 우리가 아닌 다른 사람이 이득을 보거나 손해를 보는 경우, 우리는 좋은 결정을 내리는 데 필요한 노력을 기울일 내재적 동기를 갖지 못하는 경우가 많습니다.

최선의 방법으로 선을 행하고자 한다면, 이에 합당한 노력을 기울여야 합니다. 우리는 자신의 삶에 영향을 미치는 중요한 선택을 할 때, 비록 그것이 궁극적으로 주관적인 결정일지라도 오랫동안 열심히 고민하다가 신중하면서 합리적으로 결정을 내립니다. 도움이 필요한 사람들의 삶에 영향을 미치는 결정을 내릴 때도 이와 마찬가지로 냉정하면서도 철저하게 이런저런 문제를 따져봐야 합니다.

하지만 잠깐만… 이렇게 하면 모든 극장이 문을 닫게 되지 않을까?

앞서 우리는 세바 재단이 극장 커뮤니케이션 그룹보다 훨씬 성공적으로 세상을 더 나은 곳으로 만드는 데 기여하고 있음을 살펴보았습니다. 대체로 예술 단체는 다른 유형의 비영리 단체에 비해 자선이라는 목표를 달성하는 데 그다지 성공적이지 못합니다. 그런데 이것이 예술 단체를 지원할 필요가 없다는 뜻일까요? 만약 모든 사람들이 이 책에서 옹호하는 접근 방식을 취한다면 모든 극장, 오페라, 발레단 등이 영원히 문을 닫아야 할 운명에 처하게 되지 않을까요?

분명 그렇지 않습니다. 이 책은 자선이라는 매우 구체적인 주제를 다루고 있습니다. 책은 삶의 특별한 부분, 즉 선한 일을 하고, 불우한 사람들을 돕고, 세상을 더 나은 곳으로 만들기 위해 헌신하는 것과 관련된 영역을 다루고 있습니다.

대부분의 미국인은 자선이라고 부르는 삶의 일부 영역에 비교적 적은 시간과 돈을 투자합니다. 평균적인 미국인은 매년 소득의 3%만 자선 단체에 기부하며, 나머지 97%는 개인적인 필요, 욕구, 목표, 즐거움에 돈을 지출합니다. 이는 사람들이 자선 활동에 별로 관심이 없다는 것을 보여주며,

이러한 경향이 지속된다면 사회 전반에 걸쳐 필요한 지원이 부족해질 수 있습니다. 따라서 자선 활동에 대한 인식과 참여를 높이는 것이 중요합니다.

미국인들이 벌어들인 돈의 훨씬 많은 부분을 자선 단체에 기부하고 매년 더 많은 시간을 자원봉사에 할애한다면 정말 좋을 것입니다. 사실 저는 그렇게 하기를 권합니다! 하지만 현재 평균적인 미국인들에게 자선 활동이 차지하는 비중은 매우 작습니다.

마찬가지로 미국인의 평균 자원봉사 시간은 1년에 15시간에 불과합니다. 이는 하루 중에서 우리가 깨어 있는 시간에 해당합니다. 이렇게 본다면 일반인들은 일 년 중 하루만을 자선 활동에 할애하고, 나머지 364일은 개인적인 필요, 욕구, 목표, 즐거움을 추구하는 데 투자하는 셈입니다.

저의 제안은 우리가 자선이라고 부르는 우리 삶의 작은 영역에서, 다시 말해 세상을 더 나은 곳으로 만들기 위해 따로 확보해 놓은 적은 돈과 시간으로 자선의 목표를 최대한 성공적으로 달성하기 위해 노력하자는 것입니다. 즉, 세상을 더 나은 곳으로 만드는 데 가장 큰 도움이 될 수 있는 일에 자선 자금과 시간을 투자하자는 것이고, 가장 커다란 고통을 완화하고 다른 사람들의 복지를 개선하기 위해 가장 많은 일을 할 수 있는 조직 및 프로그램을 지원하자는 것이죠. 요컨대, 이것이 바로 자선 활동이 지향하는 목표입니다. 우리가 선한 일을 하는 데 성공하고 싶다면 그렇게 해야 합니다. 만약 자선 활동을 하는 것이 가치가 있다면 우리는 이러한 활동을 제대로 해야 합니다.

그런데 우리가 이와 같은 접근 방식을 취한다면 극장, 오케스트라, 발레단처럼 세상을 개선하는 일에 직접 도움이 되지 않는 단체는 문을 닫게 되지 않을까요? 아닙니다. 이렇게 해도 평균적인 미국인은 여전히 자신이 가진 돈의 97%와 1년에 364일을 자신이 원하는 곳에 투자할 수 있으며, 여기에는 예술도 포함됩니다. 여러분이나 제가 자선 기부를 전국 평균의 10배로 늘린다고 해도 여전히 수입의 70%를 극장, 오케스트라 등 원하는 곳에 쓸 수 있는 여유가 있을 것입니다.

저는 세상을 근본적으로 개선하지 않는 곳에도 돈을 씁니다. 가령 헬스장, 휴대폰과 옷, 크리스마스 때 가족을 위한 선물 등에 돈을 지출하죠. 이 세상에 존재하는 극장, 오케스트라, 발레단은 우리가 돈을 지출하는 다른 어떤 것들 못지않은, 어쩌면 그보다 더 중요한 위치를 차지하고 있을지 모릅니다. 그러나 우리는 이러한 곳에 돈을 지출하는 것을 효율적인 자선 행위로 간주해서는 안 됩니다. 이와 같은 비영리 단체에 대한 후원 때문에 효과적으로 돈을 사용하는 비영리 단체에 투자하는 시간과 돈이 줄어들면 안 됩니다.

제가 1년에 5,000달러를 자선 단체에 기부하는데, 그중

3,000달러는 세바와 같은 매우 효과적으로 돈을 사용하는 자선 단체에, 2,000달러는 극장 커뮤니케이션 그룹에 기부한다고 상상해 보세요. 그런데 성공적으로 자선 활동을 하고 싶다면, 즉 내가 나눔에 쏟은 노력으로 최대한 세상을 개선하고 싶다면, 저는 5,000달러를 모두 세바와 같은 매우 효과적으로 돈을 사용하는 자선 단체에 기부할 것입니다. 그러고 나서도 여전히 어떤 식으로든 극장을 지원하고 싶다면 그때는 자유롭게 지원할 것입니다. 하지만 저는 그것이 개인의 취향, 즉 하면 좋은 일이자 즐길만한 일이지, 효율적인 자선 활동은 아니라고 생각합니다.

제 말의 핵심은 개인적인 목표를 추구해도 좋고, 세상을 극적으로 개선하지 않는 데에 돈을 써도 괜찮다는 것입니다. 그 누구도 매 순간 완벽하게 이타적일 수는 없으며 그럴 필요도 없습니다. 하지만 자선 활동이라는 삶의 영역에서는 그 의미를 충분히 살려야 합니다. 우리는 최대한 성공적으로 활동하려 해야 합니다. 그리고 우리가 더 나은 세상을 만들기 위해 가장 많은 일을 하는 단체와 프로그램을 지원할 경우 그 목표를 이룰 수 있습니다.

4장

세부 목표 추구

: 적은 돈으로 더 많은 선을 실천하는 방법

세부 목표에 대한 정의

1985년, 존과 랜디 형제, 데이브 프라이가 존의 전 여자 친구인 캐서린 콜더와 함께 캘리포니아 서니베일에 최초의 프라이스 일렉트로닉스(Fry's Electronics) 매장을 개점했습니다. 프라이 형제가 가족 중 최초로 소매 시장에 진출한 것은 아닙니다. 그들의 아버지 찰스와 삼촌 도널드는 슈퍼마켓 체인인 프라이스 푸드 앤 드럭 스토어(Fry's Food and Drug Store)의 창립자였습니다. 현재 이 체인은 전국에 100개 이상의 지점을 보유한 성공적인 슈퍼마켓 체인입니다. 사실 프라이스 일렉트로닉스 설립을 위한 종잣돈은 1972년 이 두 사람이 식료품 체인을 새로운 소유주에게 매각하면서 얻은 수익에서 나온 것입니다.

애초에 존, 랜디, 데이브, 캐서린은 슈퍼마켓 사업에 별다른 관심이 없었습니다. 하지만 이들은 1980년대 급성장하던 전자제품 시장에 진출하는 데 상당한 관심을 가졌고, 실리콘밸리 중심부에서 불과 몇 마일 떨어진 서니베일은 이 사업을 시작하기에 최적의 장소였습니다. 이들은 2만 평방피트의 공간에 매장을 마련하고 컴퓨터, 컴퓨터 부품, 회로, 소프트웨어, 마이크로프로세서, 기타 전자제품은 물론 티셔츠, 책, 잡지, 심지어 식료품과 농산물까지 진열대에 진열하기 시작했습니다. (식료품 코너는 오래 가지 못했습니다. 컴퓨터 칩과 감자칩을 모두 살 수 있는 원스톱 매장이라는 광고가 고객의 마음을 사로잡지 못했기 때문입니다.)

매장을 운영하기 시작한 이후, 그들은 수많은 전략적 소매 및 마케팅 관련 결정을 내려야 했고, 지금도 여전히 결정을 해야 합니다. 여러 해가 지나면서 제품과 부품은 변했지만, 그들이 늘 제기해 온 질문은 변하지 않고 그대로 유지되고 있습니다.

프라이스가 회로 차단기나 마이크로프로세서와 같은 기성 컴퓨터 부품을 계속 판매해야 할까요, 아니면 더 대중적인 제품으로 대체해야 할까요? 컴퓨터 섹션 근처의 키 엔드 캡 공간에 노트북 케이스나 태블릿 케이스를 진열해야 할까요? 비디오 게임에 몇 개의 통로를 할애해야 할까요? 새로운 평면 TV를 399달러에 판매해야 할까요, 아니면 449달러에 판매해야 할까요? 텔레비전과 라디오에 광고를 내보낼 가치가 있을까요?

다른 소매점과 마찬가지로, 프라이스도 최대한 수익을 내려면 계속해서 많은 질문을 던지고 해답을 찾아야 합니다. 해답을 찾기 위해서는 집계된 판매 데이터를 검토하고 분석해야 하며, 거기에서 해답을 찾을 수 있을 겁니다. 해답에는 정답과 오답이 있는데, 이를 찾는 과정에서 실수를 범하지 않는 것이 중요합니다. 어떤 접근 방식은 효과적이고, 어떤 접근 방식은 그렇지 않습니다.

다른 소매점과 마찬가지로, 프라이스도 접근 방식의 장단점을 수익에 따라 판단합니다. 예를 들어, 특정 평면 TV를 449달러에 판매하는 것이 399달러에 판매하는 것보다 더 많은 수익을 창출한다면, 프라이스는 TV를 449달러에 판매해야 합니다. 최대한의 수익을 내고자 한다면 말입니다. 또한 라디오 광고로 인한 순수익 증가가 광고 비용보다 적다면 광고를 할 필요가 없을 것입니다.

프라이스뿐만 아니라 다른 모든 사업체의 궁극적인 목적은 매우 단순합니다. 한마디로 돈을 버는 것이죠. 만약 특정 접근 방식으로 돈을 더 많이 벌 수 있다면 그렇게 할 것이고, 다른 접근 방식으로 돈을 덜 벌게 된다면 그렇게 하지 않을 것입니다. 사업체가 얼마나 성공적으로 결정을 내렸는지 측정하는 것은 쉽습니다. 얼마나 많은 돈을 벌거나 잃었는지를 살펴보기만 하면 되죠. 또한 사업이 전체적으로 얼마나 성공적이었는지도 매우 쉽게 알 수 있습니다. 얼마나 많은 돈을 벌었는지 확인하기만 하면 되죠. 수익이 많으면 많을수록 사업이 성공했다는 뜻입니다.

존, 랜디, 데이브, 캐서린은 매장 소유자로서 단순히 돈을 버는 것 외에 다른 개인적인 목표가 있을 수 있습니다. 예를 들어 그들은 직원들이 가족과 더 많은 시간을 보내도록 일요일에 매장을 열지 않기로 결정할 수 있고, 노동 착취를 일삼는 회사의 제품을 판매하지 않기로 하고 수익이 약간 감소하더라도 진열대에서 그들의 제품을 치워버릴 수도 있습니다. 또한 그들은 직원들에게 더 나은 삶을 제공하고 싶다고 생각하여 업계 평균 이상의 임금을 지급하거나 필요 이상의 종합 건강 관리 패키지를 제공할 수도 있습니다.

이러한 방침들은 캐서린과 프라이 형제가 돈을 버는 것 외에도 다른 목표가 있음을 보여줍니다. 대부분의 사업체 소유자들도 마찬가지입니다. 하지만 회사의 재정적 성공을 측정할 때 가장 중요한 것은 얼마나 많은 돈을 벌고 있는가입니다. 돈을 더 많이 벌수록 회사는 재정적으로 성공했다고 볼 수 있습니다.

영리 기업이 수익 창출이라는 명확하고 측정 가능한 목표를 가지고 있는 것처럼, 자선 단체도 세상을 더 나은 곳으로 만든다는 확실한 목표를 가지고 있습니다. 지난 두 장에서 우리는 진정으로 자선에 성공하고자 한다면 그 목표가 단순히 '좋은 일을 하는 것'이 아니라는 점을 살펴보았습니다. 자선의 목표는 우리가 할 수 있는 최대한의 선을 행하는 것입니다. 가능한 한 세상을 더 나은 곳으로 만드는 것이 목표죠. 다른 사람의 고통을 더 많이 줄이고 복지를 더 많이 개선할수록 우리는 더 성공적으로 자선 활동을 한 것입니다.

우리는 서로 비교하는 방법으로 두 자선 단체가 세상을 더 나은 곳으로 만드는 일을 얼마나 잘 수행했는지를 판가름할 수 있었습니다. 병 속의 지니가 도와줬죠. 이는 기부할 곳이나 자원봉사를 할 곳을 정할 때 매우 유용한 정보입니다. 그런데 만약 여러분이 세바의 프로그램 관리자라면 어떤 느낌일까요? 자신이 속한 단체가 다른 자선 단체에 비해 세상을 개선하기 위한 일을 더 많이 하고 있다는 사실을 알게 되면 어느 정도 자부심을 느낄 수 있을 겁니다. 하지만 수치만으로는 여러분이나 세바가 어떻게 성공할 수 있었는지를 알 수 없습니다. 그렇다면 무엇이 이를 알려줄까요?

잠시 한 걸음 물러나 모든 자선 활동의 궁극적인 목표가 세상을 더 나은 곳으로 만드는 것이지만, 각 비영리 단체마다 궁극적인 목표와 연결되는 고유한 접근 방식과 구체적인 목표가 있다는 점에 주목해 보겠습니다. 농촌 빈곤층에게 깨끗한 식수를 제공하기 위해 노력하는 비영리 단체는 가능한 한 많은 사람들에게 식수를 제공하는 것을 목표로 합니다. 기후 변화에 맞서 싸우는 비영리 단체는 온실가스 배출량을 최대한 줄이는 것을 목표로 합니다. 일부 단체의 목표는 여러 가지일 수 있습니다. 예를 들어, 성소수자 옹호 단체는 가능한 한 많은 커플의 결혼 평등을 실현하고, 가능한 한 많은 성소수자 청소년이 괴롭힘을 당하지 않도록 노력할 수 있습니다.

모든 자선 활동의 궁극적인 목표는 '가능한 한 세상을 최대한 개선한다'로 동일합니다. 하지만 각 비영리 단체의 구체적인 목표는 서로 다를 수 있는데, 이처럼 각 단체가 개별적으로 지향하는 목표를 '세부 목표'라고 부를 수 있을 겁니다. 이 책의 나머지 부분에서는 '세부 목표'라는 용어를 어떤 자선 단체의 구체적인 목표를 지칭하는 데 사용하도록 하겠습니다. 예를 들어 깨끗한 식수를 제공하려는 자선 단체는 사람들에게 깨끗한 물을 공급하는 것을 세부 목표로 삼고 있다고 말할 수 있습니다. 기아 구호 단체는 사람들의 굶주림 방지를 세부 목표로 삼습니다.

프라이스가 대차대조표에 기재된 금액을 정리해 사업 성과를 확인할 수 있는 것처럼, 개별 비영리 단체도 자체적인 세부 목표 달성치를 살펴봄으로써 얼마만큼 목표를 달성했는지 판단해 볼 수 있습니다. 비영리 단체의 세부 목표 달성 수치가 클수록 그 단체는 성공적으로 성과를 이룬 것입니다. 가령 노숙자에게 따뜻하고 깨끗한 옷을 제공하는 단체가 연간 5,000명에게 옷을 제공했다면, 그 단체는 만족스러운 성과를 거둔 것입니다. 그런데 이 단체가 연간 7,000명에게 옷을 제공했다면, 더더욱 만족스러운 성과를 거둔 것으로 볼 수 있습니다. 즉, 편안한 옷을 제공하여 더 많은 노숙인을 도울수록 그 단체는 더 크게 성공한 것이라 말할 수 있을 거예요.

이제 당신이 세바 재단의 프로그램 관리자라고 가정해 보겠습니다. 당신이 재단과 재단을 더욱 성공적인 단체로 성장시키기 위해 할 수 있는 일은 무엇일까요? 당신이 세바를 운영하고 있다면 세부 목표는 분명할 겁니다. '가능한 한 많은 사람들의 실명을 예방하거나 치료하는 것'이죠. 당신이 작년보다 올해 더 많은 사람들을 실명으로부터 구하고 싶다면 기본적으로 두 가지 방법이 있습니다.

첫째, 당신이 프로그램에 활용할 자금을 더 많이 모금할 수 있습니다. 말할 것도 없이 이는 중요합니다. 모금액이 많을수록 더 많은 백내장 수술에 자금을 지원할 수 있게 되겠죠. 둘째, 효율성을 높여 더 많은 사람들을 실명으로부터 구하는 겁니다. 즉, 실명을 예방하거나 치료하는 데 드는 총비용을 낮출 수 있는 방법을 찾아내는 거죠. 예를 들어, 백내장 수술 비용을 20% 낮출 수 있는 방법을 고안해 낸다면, 예산이 한 푼도 늘어나지 않더라도 매년 훨씬 더 많은 시각장애인을 치료할 수 있게 될 겁니다.

이전 장에서 특정 자선 단체의 성공 여부는 세상을 얼마나 개선하느냐에 따라 결정된다고 말씀드렸습니다. 매우 훌륭한 자선 단체는 세상을 크게 개선하고, 평범한 자선 단체는 세상을 조금 개선합니다. 반면, 나쁜 자선 단체는 세상을 아주 조금 개선하거나 상황을 악화시킵니다. 그런데 이것도 분명 사실이지만, 다소 다른 방식으로 특정 자선 단체가 얼마나 일을 잘하고 있는지를 살펴보는 방법이 있습니다. 바로 자선 단체의 효율성을 확인하는 방법입니다. 효율성이란 적은 자원으로 더 많은 일을 하는 것을 말합니다. 자선 단체의 세계에서 이는 더 적은 돈으로 선한 일을 더 많이 하는 것을 뜻합니다.

만약 당신이 비영리 단체의 직원이라면 효율성을 매우 중요하게 생각해야 합니다. 효율성을 높이면 세부 목표를 효과적으로 추진할 수 있으며, 세상을 위해 더 많은 선한 일을 할 수 있게 됩니다. 예를 들어, 세바가 효율성을 향상시키면 같은 비용으로 더 많은 사람들을 실명으로부터 구할 수 있습니다. 또한 노숙자에게 옷을 제공하는 단체가 효율성을 높이게 되면 추가 비용 없이도 더 많은 도움이 필요한 사람들에게 옷을 제공할 수 있습니다.

지금부터 미시간주 칼라마주에 있는 소규모 토끼 구조 단체를 찾아가 효율성 향상이 얼마나 강력한 힘을 발휘하는지 살펴보도록 하죠. 이 단체는 특별한 사람, 바로 당신이 운영하는 곳입니다!

토끼 구조 비용을 절반으로 낮추기

당신이 자원봉사자로 구성된 단체 칼라마주 토끼구조연합(Kalamazoo Rabbit Rescue Alliance)을 운영한다고 상상해 보세요. 이 단체는 버려지거나 학대받거나 원치 않는 토끼를 입양하여, 필요한 기간 동안 돌본 후 새로운 가정으로 입양하는 것을 목표로 하고 있습니다. 당신은 토끼에 대한 깊은 사랑으로 직접 이 단체의 운영을 시작했으며, 도시 보호소에서 안락사당하거나 주인에게 버림받아 홀로 남겨진 토끼들을 가능한 한 많이 구하고자 하는 열망을 가지고 있습니다.

당신은 정성을 다해 일을 하며, 자원봉사자로 운영되는 소규모 단체인 만큼 최대한 비용을 줄이려고 노력합니다. 일을 시작한 지 약 1년이 지난 후, 몇 가지 수치를 계산해 본 결과 구조한 토끼 한 마리당 약 100달러의 비용이 들었다는 사실을 알게 됩니다. 한 마리당 100달러를 들여 토끼를 구했으니 꽤 잘하고 있는 것 같아 만족스럽습니다!

어느 날 저녁, 인근 포티지 마을에서 온 토끼 구조자와 저녁 식사를 하게 됩니다. 그녀는 포티지 토끼 구조대(Portage Bunny Rescue)라는 단체를 운영하는데, 마을은 다르지만 기본적으로 당신과 같은 일을 하고 있습니다. 서로의 업무에 대해 이야기를 나누던 중, 그녀가 자신의 단체가 유달리 효율적인 방식으로 토끼를 구조한다고 귀띔해 줍니다. 그녀에 따르면 토끼 중성화 수술을 무료로 해주는 수의사 자원봉사자들이 줄을 섰다는 거예요. 또한 지역 반려동물 가게에서 토끼 사료를 기부받고 있으며, 과거보다 더 빠르게 토끼를 입양할 수 있는 방법을 찾아내기도 했다고 합니다.

포티지 토끼 구조대는 효율적인 방법을 활용하여 한 마리의 토끼를 단 50달러로 성공적으로 구조합니다. 당신이 토끼 한 마리를 구하는 데 100달러가 드는 것을 감안한다면, 다른 모든 조건이 동일하다고 가정했을 때 포티지 토끼 구조대가 토끼를 구하는데 대략 2배 더 효율적임을 알 수 있습니다.

이 말을 듣고 나서 당신은 질투심과 자괴감에 휩싸입니다. "내가 무엇을 잘못하고 있는 걸까? 어떻게 단돈 50달러로 토끼를 구조하고 입양할 수 있지? 내가 생각하지 못한 다른 요인이 있는 건 아닐까?" 하지만 잠시 후, 당신은 칼라마주 토끼구조연합을 운영하려 했을 때의 초심, 즉 토끼를 구하고자 일을 시작했음을 떠올리고, 다른 마을에서 온 구조자에게 질문을 던지기 시작합니다. 당신은 그녀가 단체 운영을 효율적으로 하기 위해 구체적으로 무엇을 했는지 확인하고자 하며, 가능한 모든 것을 배워 당신도 똑같이 할 수 있게 되길 기대합니다.

그 후 몇 달 동안, 당신은 비용 절감을 위해 가능한 모든 방법을 모색해 봅니다. 지역 수의사에게 연락하여 토끼 중성화 수술에 시간을 할애해 달라고 요청합니다. 근처 반려동물 가게에서 토끼 사료를 무료로 기부받고, 더욱 공격적이고 효과적인 입양 캠페인을 진행합니다. 이듬해, 1년 동안의 계획이 효과를 발휘하여 구조하는 토끼 한 마리당 지출 금액이 100달러에서 85달러로, 75달러로, 60달러로 감소합니다. 비록 구조한 토끼 한 마리당 50달러까지 지출 금액을 내리지는 못했지만, 정말 대단한 일을 해냈습니다.

올해에는 경기 침체로 인해 단체의 예산이 늘지 않았음에도, 작년보다 수백 마리의 토끼를 더 구할 수 있게 되었습니다. 구조한 토끼 한 마리당 비용을 낮춘 덕분이죠. 성과를 자축하면서 자신을 칭찬한 후, 잠시 시간을 내어 성공한 이유를 엄정하게 분석해 보았습니다.

먼저, 당신의 세부 목표가 무엇인지 곰곰이 따져 보았습니다. 그것은 안락사당하는 토끼를 최대한 많이 구하는 것이었습니다.

둘째, 세부 목표에 가격표를 붙였습니다. 여기서 가격표란 토끼 한 마리를 구할 때마다 드는 비용입니다. 당신은 가능한 한 많은 토끼를 구하려면 토끼 한 마리당 비용을 최대한 낮춰야 한다는 사실을 깨달았습니다.

셋째, 세부 목표에 근거하여 의사 결정을 내렸습니다. 포티지 토끼 구조대 운영자와 시간을 보내며 운영을 간소화하는 방법을 배웠고, 입양 방식을 변경했으며, 수의사에게 도움을 요청하고, 토끼 사료를 무료로 제공받기 위해 시간을 보냈습니다. 이러한 노력을 기울인 결과, 토끼 한 마리당 비용이 줄어들면서 수백 마리의 토끼를 추가로 구조할 수 있었습니다.

세부 목표를 따름으로써 더 많은 토끼를 구하게 된 것을 축하드립니다. 토끼와 저희가 모두 당신에게 깊은 감사를 드립니다!

세부 목표 이행의 결과, 그리고 이러한 목표를 따르기 어려운 이유

이 모든 것이 별거 아닌 것처럼 보일 수 있습니다. 물론 토끼를 구조하는 사람이 더 많은 토끼를 구하려면 가능한 최대한 효율적인 방법으로 노력해야 합니다. 그런데 모든 비영리 단체가 그런 식으로 운영되지 않나요? 필요 이상으로 돈을 사용하지 않으려 하면서 절약하고, 적은 돈으로 더 많은 일을 하려는 데 익숙하지 않나요?

모든 비영리 단체가 당신처럼 세부 목표를 정하고 '선행한 건당 드는 비용(HIV 감염 예방 건당 비용, 온실가스 배출량 톤당 비용, 노숙자 옷 입히는 데 드는 비용 등)'을 낮추기 위해 할 수 있는 모든 노력을 기울인다면 정말 좋을 것입니다. 하지만 안타깝게도 현실은 그렇지 않습니다. 대부분의 자선 단체는 세부 목표를 바탕으로 결정을 내리는 것은 물론, 세부 목표를 제대로 정하지도 않습니다. 효율적인 자선 활동을 위한 센터(Center for Effective Philanthropy)의 연구에 따르면, 예산이 1억 달러 이상인 대형 재단 중에도 자신들이 정한 세부 목표를 얼마나 성공적으로 달성했는지를 보여주는 데이터를 보유한 재단은 고작 8%에 불과했습니다. 비영리 단체가 의사 결정의 기준이 되는 세부 목표를 갖지 않는 것은 어둠 속에서 총을 쏘는 정도가 아니라, 무엇을 겨누는지조차 모르는 상황과 다를 바 없습니다(Charity Navigator, 2010).

프라이스 일렉트로닉스가 다양한 의사 결정을 통해 돈을 벌었는지, 아니면 손해를 봤는지 추적해 보는 데 별다른 신경을 쓰지 않았다고 상상해 보세요. 그들은 텔레비전과 라디오 광고가 신규 사업을 창출했는지 알 수 없었을 것이며, 회로 기판이 잘 팔렸는지 아니면 진열 공간의 낭비에 불과했는지를 파악할 수 없었을 겁니다. 또한 주요 재단의 92%가 하는 방식으로 사업체를 운영했을 경우 매년 얼마나 많은 돈을 벌거나 잃었는지 알 수 없었을 것이며, 막대한 수익을 내고 있는지 아니면 빚더미에 앉아 있는지도 알 수 없었을 것입니다. 물론 운이 좋아서 흑자를 내는 경우도 있었을 겁니다. 하지만 그렇게 주먹구구식으로 접근할 경우, 얼마 지나지 않아 분명 파산했을 거예요.

이처럼 우리는 사업체가 세부 목표를 설정하고 이를 중심으로 의사 결정을 내리지 못할 경우 그 결과가 얼마나 처참한지 쉽게 알 수 있습니다. 그런데 대부분의 비영리 단체가 그렇게 하지 못하는 이유는 무엇일까요?

당신과 칼라마주 토끼구조연합은 토끼 구조 비용을 절감하는 데에 필요한 변화를 매우 쉽게 이끌어낼 수 있었습니다. 업무 수행 방식에 커다란 변화를 줄 필요가 없었으니까요. 하지만 수많은 현실 속 비영리 단체가 세부 목표를 따른다는 것은 영화 <오즈의 마법사>에 나오는 노란 벽돌길을 따라가는 것과 매우 흡사합니다. 종착점은 꽤 멋진 곳이지만 그곳까지 가는 것은 일종의 여정입니다. 안전지대를 벗어나야 할 수도 있고, 직면하기 쉽지 않은 일들과 마주해야 할 수도 있으며, 최종 목표를 향해 계속 전진할 수 있는 용기와 자제력이 필요할 수도 있습니다.

세부 목표를 따르는 것이 얼마나 어려운 일인지 보여주는 예로 미국에서 가장 유명한 자선 단체 중 하나인 해비타트(Habitat for Humanity)의 사례를 들어보겠습니다. 해비타트는 1976년 기독교 주택 사역의 일환으로 설립되었습니다. 해비타트와 이 단체의 자원봉사자들은 괜찮은 주택을 자력으로 마련하기 어려운 저소득층 가정에 단순하면서 저렴한 새집을 지어 원가에 판매합니다. 많은 사람들이 해비타트가 극빈층이나 노숙자 가정에 집을 제공한다고 알고 있지만,

실제로는 그렇지 않습니다. 집값을 지불할 수 있음을 증명할 수 있는 가정만 신청할 수 있으며, 신청자에 대해서는 재무 감사와 신용 조사를 실시합니다. 또한 우리에게 해비타트는 새집을 짓는 것으로 잘 알려져 있지만, 기존 주택을 재건하는 데에도 상당한 시간과 자원을 투입하고 있습니다.

창립 이래 해비타트는 주택 수리 및 신축을 통해 75만 가구 이상의 가정에 쾌적한 주거 환경을 제공해 왔습니다. 그 과정에서 해비타트는 유명 인사들의 지지를 받아왔으며, 그중에서도 30년 넘게 해비타트를 위해 적극적이면서 공개적으로 자원봉사를 해 온 전 미국 대통령 지미 카터는 단연 눈에 띄는 인물입니다.

실제로 해비타트 가족은 그레이터 내슈빌 해비타트, 댈러스 해비타트 등 전 세계 수백 개의 개별 독립 비영리 단체로 구성되어 있습니다. 이러한 해비타트 계열사의 기부금을 합치면 연간 약 15억 달러에 달하며, 이를 모두 합치면 해비타트는 미국에서 가장 큰 자선 단체 15개 중 하나인 단체가 됩니다. 해비타트가 받는 기부금 중 가장 큰 금액은 최초로 세워진 비영리 단체 국제 해비타트에 전달됩니다. 이제 국제 해비타트가 자선 사업을 수행하면서 어느 정도 세부 목표를 따르고 있는지 살펴보도록 하죠.

해비타트의 세부 목표는 구체적으로 무엇일까요? 몇 가지 부차적인 목표가 있을 수 있지만, 가능한 한 많은 사람들에게 양질의 주택을 제공하는 것이 그들의 주요한 세부 목표입니다. 해비타트 직원이나 자원봉사자에게 물어보면 아마도 그렇게 대답할 것입니다. 해비타트의 사명 선언문을 살펴보시면 이를 확인할 수 있습니다.

해비타트는 자신들의 프로그램에 투입할 돈을 더 많이 모으는 데 성공했습니다. 지난 수십 년 동안 해비타트의 수입은 매년 증가하여 2013년에 3억 달러를 돌파했습니다. 해비타트는 이처럼 기부금을 더 많이 모을 수 있었기 때문에 더 많은 사람들에게 양질의 주택을 제공할 수 있었습니다. 참으로 대단한 성과입니다!

이번에는 효율성을 고려해 보겠습니다. 효율성을 높이는 것이 해비타트가 양질의 주택을 제공할 수 있는 인원을 늘릴 수 있는 두 번째 방법이기 때문이죠. 앞에서 당신은 칼라마주 토끼구조연합의 효율성 개선에서 가장 중요한 수치가 토끼 한 마리당 비용임을 확인했습니다. 토끼 한 마리당 비용을 낮추면 매년 더 많은 토끼를 구조할 수 있게 됩니다. 그렇다면 해비타트의 핵심 '비용 대비 효과'는 무엇인가요? 아마도 새집을 짓거나 기존 집을 개보수하는 과정에서 발생하는 한 가정당 비용일 것입니다.

해비타트가 건축 가구당 비용을 줄일 수 있을까요? 해비타트는 이미 여러 방법으로 비용을 줄이기 위해 노력하고 있습니다. 예를 들어 그들은 자원봉사자의 노동력을 활용하여 건축 작업을 진행하고, 무료 또는 저렴한 건축 자재를 찾는 등 다양한 방법으로 비용 절감 노력을 기울이고 있습니다. 하지만 해비타트가 한 가구당 주택 건설 비용을 더욱 절감할 수 있는 또 다른 방법이 있습니다. 바로 개발도상국에서의 건축 비중을 늘리는 것입니다.

국제 해비타트는 2013년 연례 보고서에서 프로그램 비용의 70%를 미국에서 지출하고 있지만, 사실상 더 많은 수의 집을 짓고 있는 곳은 개발도상국이라고 밝힌 바 있습니다. 그런데 해비타트가 어떻게 해외에서 더 적은 비용을 지출하면서도 더 많은 집을 지을 수 있을까요? 그 이유는 미국에서 새집을 짓는 것보다 가나와 같은 개발도상국에서 새집을 짓는 것이 훨씬 비용이 저렴하기 때문입니다. (심지어 10배나 저렴할 수도 있습니다.) 또한 기존 주택을 수리하는 비용도 해외가 훨씬 저렴합니다.

해비타트의 한 가구당 주택 건설 비용은 미국보다 개발도상국에서 훨씬 저렴합니다. 즉, 해비타트가 가구당 전체 비용을 낮출 수 있는 아주 쉬운 방법이 있다는 말입니다. 미국에서 진행하는 건축 프로젝트의 수를 줄이고 해외에서 진행하는 건축 프로젝트의 수를 늘리기만 하면 되는 것이죠. 그렇게 하면 해비타트의 한 가구당 주택 건설 비용은 급격히 낮아질 것입니다. 그 결과 해비타트는 훨씬 더 많은 사람들에게 양질의 주택을 제공할 수 있게 될 것입니다. 실제로 해비타트는 프로그램에 한 푼도 더 지출하지 않으면서 양질의 주택을 제공하는 사람들의 수를 두 배, 세 배까지 늘릴 수 있을 겁니다.

해비타트가 모든 건축 공사를 해외로 이전하는 것은 현명한 처사가 아닐 수 있습니다. 해비타트는 이러한 변화가 기부자에게 미칠 수 있는 영향, 그리고 이것이 지원금의 규모에 미칠 수 있는 영향을 의식해야 합니다. 해비타트의 기부자 중 상당수가 미국인이고, 사람들은 자신과 가까운 곳에서 일어나는 일에 기부하는 경향이 있기 때문에 모든 건축을 해외로 이전하면 해비타트가 매년 받는 기부금이 감소할 우려가 있습니다. 반면 해외에 집중할 경우 해비타트가 더 많은 가정을 돕고 있다는 사실을 홍보할 수 있으며, 이로 인해 기부금이 늘어날 가능성도 있습니다.

해비타트가 가능한 한 많은 가정에 집을 지어주려면 이러한 건축의 상당 부분을 해외로 이전해야 할까요? 이 질문에 대한 답을 확인하는 방법은 생각보다 간단합니다.

프라이스 일렉트로닉스가 특정 평면 TV를 449달러에 판매할지 399달러에 판매할지 고민하는 상황을 떠올려 보십시오. 프라이스의 목표는 이 TV를 판매하여 최대한 많은 수익을 올리는 것입니다. 프라이스가 TV를 449달러에 판매하면 TV당 더 많은 수익을 올릴 수 있지만, 가격이 조금 더 비싸지기 때문에 TV를 구매하는 고객이 줄어든다는 것이 문제입니다. 프라이스는 가격을 어떻게 정하는 것이 가장 큰 수익을 창출할 수 있는지를 파악해야 합니다. 가장 커다란 수익을 창출하려면 어떻게 가격을 정해야 할까요?

적절한 가격을 찾아내기 위해 프라이스가 399달러로 책정된 평면 TV 가격을 449달러로 인상해 볼 수 있습니다. 가격을 449달러로 책정했을 때 총수익이 증가한다면 가격을 469달러로 올려 볼 수 있을 겁니다. 이 가격에서도 총 수익이 더 많아진다면 다시 가격을 489달러로 인상해 볼 수 있습니다. 이렇게 했더니 수익이 다소 감소하면 469달러로 되돌아가 그 가격을 최종적인 TV 판매가로 설정하면 됩니다. 이와 같은 조정 과정을 거치면서 프라이스는 어떻게 하면 TV 판매로 최대한 수익을 올릴 수 있는지 알아낼 수 있을 겁니다.

이는 국제 해비타트가 '해외 건축의 가구당 주택 건설 비용이 현저히 낮다는 사실'과 '해비타트 업무의 해외 이전 비율이 점점 더 높아짐에 따라 기부금이 줄어들 수 있다는 사실' 사이에서 균형을 맞추기 위해 고민하면서 답하고자 했던 질문과 유사합니다. 프라이스의 경우처럼 해비타트도 집을 지어주는 가구 수가 줄어들기 시작할 때까지 점점 더 많은 건축 작업을 해외로 이전하면 됩니다.

이 상황을 설명하기 위해 내년에 해비타트가 해외에 지출하는 금액을 30%에서 50%로 늘린다고 가정해 보겠습니다. 연말에 해비타트는 전년도에 비해 얼마나 많은 가구를 위해 성공적으로 주택을 건설했는지 계산해 볼 수 있습니다. 만약 올해 해비타트가 더 많은 가구에 집을 지어줄 수 있었다면(이전하지 않았을 경우 집을 지어줬을 가구 수와 비교해 보았을 때), 변화를 시도한 것이 효과가 있었던 것입니다! 이는 이전으로 인해 기부금의 변화가 없거나 줄어든 경우에도 적용되는 이야기입니다. 이런 과정을 통해 해비타트가 이듬해에 해외 지출을 최대 60%로, 그 다음 해에는 70%까지 늘릴 수 있습니다. 그런데 이처럼 해외 지출을 늘리다가 기부금 감소 폭이 커져 연간 주택을 지어줄 수 있는 가구의 수가 더 이상 증가하지 않는 시점이 도래하게 되는데, 바로 이 시점이 해비타트가 해외로 보내는 자금의 비율을 더 이상 늘리지 말아야 할 시점입니다.

해비타트의 세부 목표는 분명합니다. 가능한 한 많은 사람들에게 양질의 주택을 제공하는 것이죠. 해비타트가 이러한 세부 목표를 따르고, 이를 중심으로 모든 의사 결정—훨씬 많은 비율의 프로그램 기금을 개발도상국에 지출하기로 결정하는 등의—을 내린다면 세부 목표의 수치를 크게 높일 수 있을 것입니다. 해비타트는 이전보다 훨씬 많은 사람들에게 양질의 주택을 제공할 수 있게 될 것입니다.

해비타트가 대부분의 건설 작업을 해외로 이전할 가능성이 있다고 보시나요? 해비타트와 그 임원들이 기부금이 줄어들더라도 기꺼이 그렇게 할 의향이 있고, 계속 그렇게 해 나갈 것이라 생각하시나요?

확실히 알 수 있는 방법은 없지만 그 가능성은 희박해 보입니다. 우선 개인과 기관 모두 변화를 매우 싫어하며, 이로 인해 극복해야 할 관성이 많을 것입니다. 둘째, 해비타트의 직원과 운영진들은 우리와 더 가깝고 비슷한 사람들, 즉 미국인들에게 더 집중하려는 심리적 편향을 가질 가능성이 높습니다. (이 현상에 대해서는 7장에서 상세히 설명하겠습니다.) 셋째, 더 많은 선행을 하기 위해 필요한 일이라면 수입이 줄어드는 것까지도 기꺼이 감수하는 자선 단체는 매우 드뭅니다. 물론 해비타트가 대부분의 업무를 해외로 이전하는 것을 막는 실질적인 장벽은 없습니다. 하지만 아마도 해비타트는 심리적 장벽으로 인해 그렇게 하지 못할 가능성이 큽니다.

하지만 해비타트가 앞으로 무엇을 할 수 있고 하지 않을 수 있는지의 문제는 접어두세요. 이 단체가 아직 이러한 전환을 하지 않았다는 사실은 그 자체가 고도로 전문적이고 존경받는 자선 단체조차도 주요 결정을 내릴 때 세부 목표를 기준으로 삼지 않는 경우가 많다는 사실을 보여줍니다. 이는 해비타트만의 문제가 아닙니다. 해비타트가 유달리 세부 목표를 잘 따르지 못한다고 해서 그들을 사례로 제시하고 있는 것은 아닙니다. 해비타트는 분명 중요한 일을 하고 있으며, 적어도 수익의 일부를 해외 건축에 투자하는 것은 분명 훌륭한 일입니다. 저는 전체 자선 분야에 걸쳐 나타나는 현상을 쉽게 설명하기 위해 해비타트를 집중 조명해 본 것뿐입니다. 크고 작은 비영리 단체 중에서 세부 목표를 명확하게 정하고 이를 중심으로 의사 결정을 내리지 못하는 경우는 실로 많습니다.

세부 목표를 따르기 위해 큰 변화가 필요하다면?

국제 해비타트가 프로그램 기금의 대부분을 해외에 지출할 가능성은 거의 없어 보이지만(특히 그렇게 해서 수익이 감소할 경우), 적어도 그럴 가능성은 열려 있습니다. 해비타트는 이미 프로그램 기금의 30%를 해외에 사용하고 있고, 이에 따라 향후 몇 년 안에 이 비율이 50%, 60%, 심지어 70%로 늘어나지 말라는 법은 없습니다. 이는 해비타트가 다른 지역의 주택 건설에 우선순위를 두는 방향으로 전환할 수 있음을 시사하지만, 그렇다고 이것이 새로운 지평을 여는 것은 아닙니다. 사실 이는 세상의 어떤 지역에서 사업을 더 많이 하고 다른 지역에서 사업을 덜 하는 것만 다를 뿐, 평소에 해 왔던 것과 크게 다르지 않은 사업일 것입니다.

때로는 세부 목표를 따르기 위해 훨씬 더 극적인 변화가 필요할 수 있습니다. 이런 경우에는 극복해야 할 심리적 장벽이 훨씬 더 높아질 수 있는데, 메이크어위시(Make-A-Wish)

재단의 사례를 들어보겠습니다.

1980년 봄, 애리조나에서 근무하던 미국 세관원 토미 오스틴에게 힘든 일이 찾아왔습니다. 아내 친구의 일곱살 아들 크리스 그레이시우스는 백혈병으로 투병 중이었고, 그의 꿈은 경찰관이 되는 것이었습니다. 오스틴은 크리스가 생을 마감하기 전에 경찰관 체험을 할 수 있도록 도와주고 싶었습니다. 그러나 안타깝게도 세관은 그 요청에 대해 협조적이지 않았습니다. 크리스에게 마지막으로 좋은 기억을 남겨주고 싶었지만, 수많은 형식적인 절차가 그 길을 가로막고 있는 듯했습니다.

오스틴은 멕시코 국경 근처에서 근무할 당시 애리조나주 공공안전부 소속 경찰관과 친구처럼 지냈습니다. 그 경찰관은 전화로 오스틴과 이야기를 나눈 후, 크리스가 오스틴과 함께 일생일대의 경험을 할 수 있도록 공공안전부의 공식 승인을 받아냈습니다.

행사 당일, 공공안전부 헬리콥터가 크리스가 치료를 받고 있던 스코츠데일 메모리얼 병원으로 와서 그를 태웠습니다. 크리스는 인근 공공안전국 본부로 이동하여 견학을 했고, 명예 경찰관으로서 모자와 배지를 수여받았습니다. 미소를 띤 일곱 살 소년을 만난 후, 마음이 따뜻해진 일부 공공안전부 직원들은 그날 밤 크리스를 위해 맞춤 경찰복을 만들어 다음 날 그에게 선물했습니다.

크리스는 얼마 지나지 않아 세상을 떠났지만 그의 특별한 경험에 대한 소문이 빠르게 퍼지기 시작했습니다. 공공 안전국 경찰관들과 그들의 아내는 크리스처럼 아픈 아이들이 생을 마감하기 전에 꿈을 이룰 수 있도록 재단을 설립하기로 했습니다. 그해 여름, 몇몇 경찰관과 그들의 가족, 친구들은 메이크어위시의 전신에 해당하는 재단을 출범시켰습니다.

현재까지도 진행되고 있는 메이크어위시의 대표적 활동은 불치병을 앓고 있는 어린이들에게 발레리나 만나기, 헬리콥터 타기, 슈퍼 히어로 되기 등 소원을 이룰 수 있는 기회를 제공하는 것입니다. 이는 일회성 이벤트이지만 한 시간, 하루 또는 며칠 동안 지속되기도 합니다.

1980년대 초 소박하게 시작한 메이크어위시는 비약적인 성장을 거듭해 왔습니다. 대부분의 미국인들은 이 단체와 그 활동에 대해 잘 알고 있으며, 이 단체의 독특한 접근 방식은 수많은 TV 쇼의 줄거리로 활용되기도 했습니다. 2013년 기준으로, 재단의 연간 수입(본부와 지부를 모두 포함해서)은 무려 2억 6,400만 달러에 달했습니다. 메이크위시는 올 한 해 1만 4,003건의 도움이 필요한 어린이들의 소원을 들어주었습니다.

메이크어위시 재단의 세부 목표는 무엇인가요? 메이크어위시의 대표적인 활동은 아프거나 죽어가는 어린이들에게 멋진 소원 경험을 제공하는 것입니다. 이러한 활동 덕분에 재단은 명성을 얻게 되었죠. 이렇게 보았을 때 메이크어위시 재단의 세부 목표는 어린이들의 소원을 들어주는 것이며, 재단이 개선을 위해 할 수 있는 것은 소원을 이뤄주는 건수를 늘리는 것이라고 할 수 있습니다.

하지만 소원 경험을 제공하는 것 자체는 목적이 아닙니다. 이는 도구, 좀 더 구체적으로 말해 메이크어위시의 세부 목표인 '고통받는 아이들의 행복'을 실현하기 위한 수단일 뿐입니다. 이는 분명 훌륭한 세부 목표입니다! 메이크어위시는 고통받는 어린이들을 더 많이 행복하게 만들수록 더 큰 성공을 거두게 되는 것이죠.

메이크어위시 재단과 재단의 세부 목표에 대해 좀 더 상세히 알아보기에 앞서, 고통받는 어린이들을 더 행복하게 만드는 것을 목표로 하는 또 다른 자선 단체인 주혈흡충증 통제 이니셔티브(Schistosomiasis Control Initiative, SCI)에 대해 잠시 살펴보겠습니다. 이 길고 발음하기 어려운 단어는 아프리카, 아시아, 남미에서 발견되는 열대성 질병의 이름입니다. 주혈흡충증은 사람들이 이런 증세가 만연된 지역의 오염된 물에 들어가 목욕, 수영, 해수욕을 할 때 기생충이 몸에 침투하여 감염을 일으키는 질병입니다.

대개 주혈흡충증은 치명적이지 않습니다. 하지만 매년 전 세계적으로 약 2억 명이 이 질병에 걸립니다. 이 질병에 걸리게 되면 설사, 혈변 또는 혈뇨, 복통, 발열, 피로, 피부 병변 등의 증상이 나타날 수 있습니다. 어린이의 경우엔 이 질병이 성장 부진, 학습 장애 및 영양실조를 유발하는 것으로 알려져 있습니다. 가장 우려스러운 점은 주혈흡충증이 만성 질환이라는 것입니다. 그럼에도 다행스러운 사실은 단 한 번의 구충제 투여로 주혈흡충증이 빠르고 효과적으로 치료될 수 있다는 것입니다. SCI는 가능한 많은 사람들, 특히 어린이들에게 이 구충제를 제공하기 위해 노력하고 있으며, 이러한 치료에 드는 비용도 저렴합니다. SCI는 구충을 실시하는 어린이 한 명당 1달러 미만을 지출하며, 평생을 쇠약하게 만드는 질병으로부터 어린이 한 명을 구하는 데 1,000달러 미만을 지출합니다.

SCI의 목표는 메이크어위시 재단의 목표와 대동소이합니다. 두 단체의 목표는 모두 아픈 아이들의 삶을 개선하는 것입니다. 한 가지 차이점은 메이크어위시 재단이 제공하는 소원 성취 경험은 단 몇 시간 또는 하루 동안만 지속된다는 점입니다. 소원 성취 전후 며칠 또는 몇 주 동안 아이의 행복을 더할 수는 있지만, 그 영향은 기본적으로 거기서 끝납니다. 반면 SCI의 작업은 훨씬 더 오래 지속됩니다. 치료를 받는 아이들은 구충제를 복용함으로써 자신이 겪고 있는 질병과의 한판 승부가 마무리됩니다. 일부 아이들에게는 SCI가 평생 지속될 수 있는 심각한 만성 질병을 예방하는 중요한 역할을 합니다.

두 단체의 또 다른 차이점은 고통받는 어린이 한 명을 행복하게 하는 데 드는 비용입니다. SCI는 한 명당 1달러의 '비용'으로 몇 주 또는 몇 달 동안 주혈흡충증 증상을 겪을 뻔한 아동을 치료하여 그들의 행복을 되찾아 줍니다. 또한 평생을 쇠약하게 만드는 질병에서 벗어나는 데 드는 '비용'은 어린이 한 명당 1,000달러입니다. 반면 2013년 메이크어위시 재단의 수익과 소원 성취 건수를 기준으로 볼 때, 아픈 어린이 한 명에게 일시적인 큰 행복을 선사하는 데 드는 '비용'은 약 1만 9,000달러에 달하는 것으로 확인됩니다.

세바 재단과 극장 커뮤니케이션 그룹의 경우와 마찬가지로, 우리는 SCI와 메이크어위시 재단 사이에도 영향력이라는 측면에서 큰 차이가 있음을 확인할 수 있습니다. 우선 SCI는 환아 한 명에게 행복을 되찾아주는 데 드는 비용이 훨씬 적습니다. 또한 SCI는 치료받는 수많은 어린이들을 쇠약하게 만드는 질병으로부터 해방시켜 주며, 이를 통해 평생에 걸쳐 지속적으로 긍정적인 영향을 미칩니다. 반면 메이크어위시 재단의 영향력은 아주 짧은 기간 동안만 지속됩니다.

이제 메이크어위시 재단의 대표들이 이 결과를 확인했다고 상상해 보세요. 그들이 어떤 반응을 보일까요? 그들이 어떻게 할 것 같나요?

메이크어위시 재단이 세부 목표를 최대한 달성하고, 가능한 한 많은 아픈 아이들을 돕고 그들에게 매우 큰 도움을 주고 싶다면, 주혈흡충증 통제 이니셔티브가 하고 있는 일에 예산의 일부를 지원하는 방향으로 전환하는 것이 좋을 겁니다. (이와 유사하게 영향력이 큰 다른 아동 건강 자선 단체의 활동을 후원하는 것도 좋습니다.) 이렇게 하면 메이크어위시는 고통받는 어린이 한 명이 행복해지는 데 드는 비용을 획기적으로 낮출 수 있습니다. 결과적으로 메이크어위시는 매년 훨씬 더 많은 수의 아픈 아이들을 행복하게 해줄 수 있고, 그들에게 훨씬 더 오래 지속되는 도움을 줄 수 있게 될 것입니다.

예를 들어 메이크어위시가 '위시 투 비 웰(Wish To Be Well)'이라는 새로운 프로그램을 만든다고 가정해 봅시다. 이 프로그램의 목표는 주혈흡충증에 감염된 아프리카 어린이들의 '건강해지고 싶다'는 소원을 들어주는 것입니다. 평생 쇠약해지는 질병에 걸리지 않도록 치료제를 제공하여 그들의 소원을 들어주려는 것이죠. 이 프로그램에 사용하기 위해 메이크어위시는 전체 예산의 10%를 할당하기로 결정했습니다.

지난해에 메이크어위시가 이룬 총 성과는 아픈 어린이들 1만 4,000명의 소원을 들어준 것입니다. 그런데 올해 예산의 10%를 새로운 '위시 투 비 웰' 프로그램에 사용할 경우, 메이크어위시는 한 해 동안 1만 2,600명의 소원을 성취해 주고, 2만 6,400명의 어린이를 평생 쇠약해지는 질병으로부터 구해주며, 26만 명의 어린이를 주혈흡충증의 고통으로부터 구해주는 성과를 달성하게 될 겁니다.

이 두 가지 결과 중 아픈 어린이들에게 더 나은 것은 무엇일까요? 또한 이 두 가지 접근법 중 자선 단체의 목표인 고통 감소와 행복 증진을 달성하는 데 더 성공적인 방법은 무엇일까요?

덧붙여 말하자면 메이크어위시가 모금액의 10%를 이런 프로그램에 사용한다고 해도 기부자들은 큰 이의를 제기하지 않을 겁니다. 이렇게 해도 단체의 수입은 영향을 받지 않을 겁니다. 메이크어위시는 새 프로그램을 간혹 언급하는데 머물면서, 계속해서 대부분의 홍보 자료와 모금 호소를 소원 성취에 집중할 수 있을 겁니다.

그리고 위에서 언급한 수치는 메이크어위시가 예산의 10%를 더 효율적인 프로그램에 투자하는 경우에 달성할 수 있는 수치입니다. 이 수치를 25%로 올린다고 해도 원래의 1만 4,000명에서 약간 줄어든 1만 500명의 아픈 아이들의 소원을 들어줄 수 있습니다. 하지만 이 경우 메이크어위시는 6만 6,000명의 어린이를 평생 쇠약해지는 질병으로부터 구하고, 6,600만 명의 어린이를 주혈흡충증 감염의 고통으로부터 보호할 수 있게 됩니다. 예산의 50%를 이 사업에 투자한다면 매년 수천 명의 소원 성취 경험을 아픈 아이들에게 제공하면서 1억 3,000만 건의 주혈흡충증을 퇴치하고 13만 2,000명의 어린이를 평생 불구가 되는 질병으로부터 구할 수 있습니다.

메이크어위시가 아픈 아이들의 삶을 최대한 개선하고자 한다면, 매년 도울 수 있는 아픈 아이들의 수가 더 이상 늘어나지 않는 한도까지 더욱 효율적인 사업에 투자하는 예산 비율을 계속 늘려야 할 것입니다. 해비타트의 사례에서와 마찬가지로, 이러한 접근 방식을 취하려면 메이크어위시는 연간 총 수익이 감소할 가능성을 열어두어야 합니다. (미국에서 죽어가는 어린이들의 소원을 들어주는 것보다 아프리카 어린이 건강 관련 사업에 대한 대중의 관심이 낮을 경우, 메이크어위시에 들어오는 기금이 줄어들 수 있습니다. 이러한 상황은 실제로 발생할 가능성이 높습니다.)

이처럼 프로그램 기금을 크게 전환하는 일은 서서히 진행되어야 하며, 경우에 따라 비영리 단체의 사명 선언문과 헌장을 약간 수정해야 할 수도 있습니다. 그럼에도 현실적으로 이러한 전환은 충분히 가능합니다. 실제로 미국 최대 규모의 자선 단체를 비롯해 이전에도 비슷한 시도가 있었습니다.

거의 한 세기 동안 YMCA의 주요 관심사는 일자리를 찾기 위해 농촌에서 대도시로 이주한 젊은 남녀에게 기독교 환경 속에서 안전한 주거지를 제공하는 것이었습니다. 오늘날 이 단체는 주로 어린이와 그 가족에게 운동과 건강의 중요성을 알리는데 초점을 맞추고 있습니다. 이처럼 극적으로 주력 활동이 바뀌었어도 YMCA는 여전히 번창하고 있습니다. YMCA는 2013년 기준 총 수익 규모로는 미국에서 두 번째로 큰 자선 단체이며, 민간 지원 규모로는 10대 자선 단체 중 하나로 자리 잡고 있습니다.

마찬가지로, 처음 수십 년 동안 미국암협회는 주로 대중 교육에 주력했습니다. 암에 대한 잘못된 인식을 불식시키고, 치료법을 찾는 것에 대한 대중의 관심을 높이기 위해서 그랬던 거죠. 하지만 오늘날 미국암협회는 환자 지원, 의학 연구 및 검사에 더 중점을 두고 있으며, 예산의 극히 일부만 암에 대한 대중의 인식을 높이는 데 사용하고 있습니다. 지금도 여전히 암 퇴치에 가장 큰 관심을 가지고 있지만, 시간이 지남에 따라 질병 퇴치를 위해 수행하는 업무의 유형은 크게 변했습니다. 이러한 변화가 조직의 성장을 방해하지는 않았고, 현재 미국암협회는 연간 거의 10억 달러에 달하는 기부금을 모금하고 있습니다.

메이크어위시 재단이 소원 성취 체험이 아닌, 아픈 아이들에게 훨씬 도움이 될 수 있는 활동으로 전환할 수 있을까요? 다시 한번 말씀드리지만, 미래를 정확히 예측할 수는 없어도 메이크어위시 재단이 그렇게 할 가능성은 거의 없어 보입니다. 우선, 메이크어위시와 그 운영진들은 앞서 해비타트에 대해 논의할 때 언급한 심리적 장벽에 직면할 겁니다. 개인과 조직이 가지고 있는 타성, 가까운 사람들(미국인)을 돕는 것에 대한 타고난 편향성, 단체의 기금 수입을 줄일 수 있는 일을 꺼리는 등 온갖 장애물이 그와 같은 전환을 가로막을 것입니다.

게다가 메이크어위시 운영진은 전환을 이루기 전에 극복해야 할 또 다른, 어쩌면 더 큰 심리적 장벽이 있을 수 있습니다. 그것은 우리 모두가 가지고 있는 강한 욕구, 즉 한 가지 정체성만을 일관되게 유지하려는 경향성이라는 장벽입니다.

메이크어위시 재단은 약 25년 전에 설립된 이래 오직 한 가지 일, 즉 아프고 죽어가는 아이들의 소원을 들어주는 일에 전념해 왔습니다. 때문에 아이들의 소원을 들어주는 일 외에 다른 일에 기금의 일부라도 사용해야 한다는 생각은 우스꽝스럽게 들릴 수도 있고, 어쩌면 다소 순진하게 들릴 수도 있습니다.

한 재단 운영자가 다음과 같이 말할 수 있습니다.

"물론 메이크어위시는 앞으로도 계속 소원 성취에 집중해서 모든 프로그램을 운영할 것입니다. 그것이 바로 우리 단체가 만들어진 이유이고, 우리의 존재 이유죠. 그것이 우리가 하는 일입니다. 우리는 주혈흡충증 단체가 아닙니다. 다른 단체들이 이 문제를 해결하기 위해 노력하는 것은 매우 훌륭하지만, 아쉽게도 그것이 우리의 문제는 아닙니다. 우리가 하는 일이 아니죠."

이는 분명 논리적으로 들립니다. 하지만 이러한 주장이 논리적으로 들리거나 그럴 수 있어도, 좀 더 비판적으로 생각해 보면 결국 다음과 같은 사실이 여전히 참임을 깨닫게 될 겁니다. 즉 메이크어위시가 예산의 일부를 주혈흡충증 퇴치와 같은 더욱 효율적인 프로그램에 투자할 경우, 아픈 아이들이 훨씬 더 나은 삶을 살 수 있다는 것만큼은 분명하다는 거죠.

메이크어위시가 이러한 프로그램에 자금을 투입할 경우 이름이 있고, 미소를 지으며, 가족이 있고, 좋아하는 색깔을 가진 수만 명의 어린이들이 일생 동안 쇠약하게 되는 질병에서 벗어날 수 있을 것입니다. 그리고 극소수의 어린이들만이 일시적인 소원 성취의 기회를 놓치게 될 것입니다. 반대로 메이크어위시가 이러한 프로그램을 위한 기금을 마련하지 않는다면 수만 명의 어린이들은 평생을 쇠약하게 살아야 하는 상황에 놓이게 될 것입니다. 사실 작년에도, 재작년에도, 그 이전에도 그런 일이 실제로 일어났던 이유는 메이크어위시가 아픈 아이들을 더 행복하게 만드는 다른 효율적인 방법보다 소원 성취를 우선순위에 두는 선택을 했기 때문입니다.

더 효율적인 프로그램으로 전환하지 않는 이유를 정당

화하려는 논리와 주장은 어떤 경우에도 그렇게 하지 않으면 어떤 일이 벌어지게 될 것이라는 엄연한 현실에 굴복하고 말 것입니다. 이러한 결과가 초래됨에도 여전히 메이크어위시가 소원 성취에만 집중해야 한다고 생각한다면, 이는 아이들의 삶보다 일관성과 정체성의 일관성을 우선시하고 있음을 시사하는 것이라 할 수 있습니다. 가능한 한 많은 아픈 아이들을 돕는 것보다 단체가 '원래의 모습'을 유지하는 것이 더 중요하다고 생각한다는 것을 시사하죠.

우리가 선한 일을 매우 훌륭하게 해내고 싶고, 세상을 가능한 한 더 나은 곳으로 만들고자 한다면, 우리는 세부 목표와 관련된 성과에 계속 초점을 맞출 필요가 있습니다. 우리가 얼마나 많은 선행을 하고 있는지, 얼마나 많은 아픈 아이들을 돕고 있는지, 얼마나 많은 빈곤 가정에 집을 제공하고 있는지에 초점을 맞추어야 하며, 가장 중요한 것은 더 많은 사람들을 도우려면 우리가 어떻게 변해야 하는지에 대해 고민해야 합니다. 심지어 대대적인 변화까지도 받아들일 각오가 되어 있어야 하죠.

물론 우리가 이러한 질문을 던지고 그에 대한 답을 바탕으로 변화를 이끌어낼 수 있는 절제력과 용기를 갖기가 어려울 수 있습니다. 하지만 그렇게 한다면 우리는 세상을 훨씬 더 나은 곳으로 만들어 갈 수 있게 될 겁니다.

세부 목표를 망각하게 되는 이유

이론적으로 보자면, 세부 목표를 따르는 것은 당연하게 여겨집니다. 요컨대 우리는 아이들을 돕고, 굶주린 사람들을 먹이며, 학대 피해자들을 보호하고 싶기 때문에 기부를 하거나 자원봉사를 하죠. 그런데 뇌의 기본적인 작동 방식으로 인해 우리가 고통받는 사람들을 최대한 많이 돕는 행동을 하게 되는 것은 아닐까요?

비영리 단체들은 이 일을 제대로 하고 있을 것 같습니다. 그들은 이 일을 전업으로 하고 있으니까요. 게다가 대부분의 비영리 단체 직원들은 큰돈을 벌기 위해 이 일을 하는 것이 아니라, 진심으로 그 문제에 대해 관심을 가지고 있기 때문에 일을 하고 있습니다. 그렇다면 어떤 접근 방식이 '더 많은 성과를 낼 수 있는지' 판단하는데 시간을 투자하고 그러한 접근 방식을 채택하는 것이 당연하지 않을까요?

하지만 비영리 단체가 명확하게 설정된 세부 목표를 기준으로 의사 결정을 내리는 경우는 거의 없습니다. 여기에는 여러 가지 이유가 있겠지만, 그중 유달리 우울한 이유 중하나는 비영리 단체가 세부 목표를 무시하고도 생존할 수있기 때문입니다. 심지어 이러한 단체가 후원을 많이 받아번창할 수도 있습니다. 메이크어위시 재단의 눈부신 성장은그 분명한 증거라고 할 수 있습니다.

영리 기업의 경우 세부 목표를 외면할 경우, 기업의 존속이 위협받을 수 있습니다. 왜냐하면 영리를 추구하는 세계에서는 수익을 창출하는 것과 세부 목표를 달성하는 것은 별개의 문제가 아니기 때문입니다. 기업은 수익을 얼마나 내고 있는지에 세심한 주의를 기울여야만 계속 살아남을 수 있습니다.

하지만 영리를 목표로 하지 않는 분야에서는 상황이 다릅니다. 자선 단체의 경우, 아픈 어린이를 돕거나 온실가스 배출을 줄이는 등의 세부 목표는 얼마만큼 모금이 이루어지는지와는 별개입니다. 물론 사람들이 환경 단체에 기부하는 이유는 해당 단체가 온실가스 배출을 줄이려고 노력하기 때문일 수 있습니다. 하지만 비영리 단체가 대기 중으로 유입되는 온실가스를 얼마나 줄였는지는 단체의 모금액에 크게 영향을 미치지 않습니다. 예를 들어 시에라 클럽이 10만 톤의 탄소 배출을 저지하든, 1,000만 톤을 저지하든, 기부자가 이 단체에 기부하는 금액은 크게 변하지 않습니다. 기부금에 영향을 미치는 주요 요소는 소통 및 모금 부서가 사람들의 기부를 얼마나 잘 유도하는지, 단체의 목표가 일반 대중에게 얼마나 감정적으로 와닿는지, 그리고 단체가 얼마나 잘 알려져 있는지 등입니다.

세상을 개선하겠다는 세부 목표는 얼마만큼 모금이 이루어지는지와는 별개이기 때문에 비영리 단체는 자신들의 세부 목표에 집중할 필요가 없습니다. 세부 목표와 관련된 성과가 좋든 나쁘든 비영리 단체는 계속 존재하고 성장할 수 있습니다. 그런데 만약 기부자들이 각 단체의 세부 목표와 관련된 성과를 기준으로 지원할 자선 단체를 선택하기 시작한다면, 이러한 상황은 매우 신속하게 바뀔 것입니다. 이에 대해서는 다음 장에서 자세히 설명하겠습니다. 현재 비영리 단체는 자신들의 세부 목표에 세심한 주의를 기울일 필요도, 재정적 유인(誘引)에 관심을 가질 필요도 별로 없습니다.

'재정적 유인 부족' 외에 비영리 단체가 세부 목표를 토대로 의사 결정을 내리지 못하는 또 다른 이유는 무엇일까요?

가장 큰 이유 중 하나는 이러한 단체들이 세부 목표라는 개념을 제대로 접해보지 못했기 때문입니다. 세부 목표를 바탕으로 한 접근 방식을 취하는 비영리 단체는 거의 없으며, 그래서 대부분의 비영리 단체 종사자들은 이러한 관점에서 생각하는 법을 배운 적이 없습니다. 세부 목표를 의식한 활동은 한 번 들으면 당연하게 여겨지는 자선 활동 방식이지만, 특히 주변 사람이나 단체들이 모두 다른 방식으로 자선 활동을 하고 있을 때는 개별적으로 이를 생각하지 못할 수도 있습니다.

둘째, 다음 장에서 자세히 설명하겠지만, 우리의 뇌는 본래 논리적이고 효율적인 방식으로 자선을 수행하도록 설계되지 않은 것 같습니다. 우리가 본능적으로 세부 목표를 기준으로 하는 접근 방식을 취하진 않는다는 거죠. 이러한 사실은 우리가 내리는 수많은 자선 결정이 사실상 최선의 결과 창출보다는 개인적인 욕구를 따른다는 것을 시사합니다. 가령 우리는 믿어 의심치 않는 입장을 고수함으로써 기분이 좋아진다거나, 대의에 동참하는 느낌을 갖는다거나, 불의에 대한 분노를 해소하게 됩니다. 이는 비영리 단체 직원뿐만 아니라 기부자와 자원봉사자에게도 해당되는 이야기입니다.

또한 더 나은 자선 단체를 선택하는 데 방해가 되는 다양한 심리적 편향이 존재하는데, 그중 일부는 앞서 언급한 바 있습니다. 우리는 우리와 유사한 사람들, 예를 들어 같은 나라나 같은 도시에 사는 사람들을 돕고 싶어 하는 편향이 있습니다. 이로 인해 우리가 다른 곳에서 선한 일을 할 수 있는 더 낮은 '비용당' 기회를 간과하게 될 수 있습니다. 또한 개인과 조직 모두 상황이 그대로 유지되기를 바라는 경향이 있으며, 문제에 대한 현재의 접근 방식이 최선이라고 믿는 확증편향을 가지고 있습니다. 이 외에 더 나은 방법이 있을 수 있다는 사실을 인정하기를 꺼리기도 하죠. 이러한 편향과 그 외의 여러 편향에 대해서는 이 책의 뒤에 가서 더 상세히 설명하겠습니다.

셋째, 세부 목표를 따르지 않는 것이 훨씬 더 편하기 때문입니다. 세부 목표를 설정하고 이를 기반으로 의사 결정을 내리려면 시간과 정신적 에너지가 필요합니다. 세부 목표를 염두에 둔 접근 방식을 취할 경우, 조직이 내리는 모든 의사 결정에 "이것이 우리의 세부 목표에 어떤 영향을 미칠까?"와 같은 질문이 추가됩니다. 이러한 사고를 요구하는 조직 문화나 이를 보상하는 인센티브 시스템이 없다면, 이러한 질문을 지속적으로 제기하고 답하기 위해 노력하는 사람은 거의 없을 것입니다. 설령 그 사람이 대의에 깊은 관심을 갖고 있더라도 마찬가지일 거예요. 우리는 모두 쉬운 방법을 선호하는 경향이 있으며, 이는 비영리 단체 직원, 기부자 또는 자원봉사자로서 우리가 내리는 자선 결정에도 그대로 적용됩니다.

마지막으로, 세부 목표를 염두에 둔 접근 방식은 우리의 직관에 어긋납니다. 비영리 단체에서 일하는 많은 사람들은 자신의 일생이 돈으로 평가되는 것을 원하지 않기 때문에 비영리 단체에서 일하고 있습니다. 회계사, 영업 담당자, 마케터, 관리자 등 수익과 숫자 중심의 직업을 그만두고 자신의 삶에 더 많은 변화를 일으키고 싶거나 수치로 따져 보는 데에서 벗어나고 싶어서 자선 단체에 들어온 사람들로 가득하죠. 또한 기부자이든 자원봉사자이든 선한 일을 하려는 이유는 대부분 도움이 필요한 개인의 곤경에 공감하기 때문입니다. 이러한 상황에서 우리는 좀처럼 냉정하고 객관적으로 계산하지 않습니다. 이상의 이유로 미루어 보자면, 설령 세부 목표를 염두에 둔 접근 방식이 세상을 개선하는 데 도움이 되어도, 그러한 접근 방식을 취하는 것이 자연스러운 것은 아닙니다.

위에서 언급한 모든 장벽은 대부분의 비영리 단체와 개인이 명확한 세부 목표를 바탕으로 자선 활동에 대한 결정을 내리지 못하는 이유를 파악하는 데 도움이 됩니다. 하지만 분명한 사실은 세부 목표를 기반으로 한 접근 방식을 취하지 않을 경우, 자선 활동은 언제나 잠재력을 제대로 발휘하지 못하게 된다는 것입니다. 물론 이러한 접근 방식이 현재 우리가 자선 활동을 펼치는 방식에 혼란을 가져올 수 있으며, 더 나은 일을 할 수 있다는 사실을 받아들일 경우 불편해질 수 있습니다. 하지만 적어도 우리가 성공적인 활동을 하려면 세부 목표에 집중하는 것보다 중요한 것은 없습니다. 비영리 단체가 이러한 접근 방식을 채택하거나 기부자가 비영리 단체에 이를 강요할 때까지, 그들이 돕고자 하는 사람, 동물, 생태계는 그다지 변하지 않은 채 남아 있을 것입니다. 우리가 개인으로써 이러한 접근 방식을 채택하지 않는 한, 우리 또한 선한 일을 할 수 있는 잠재력을 제대로 발휘하지 못할 것입니다.

비영리 단체에서 일하지 않지만 자선 단체에 기부하는 사람들이 세부 목표에 기반한 접근 방식을 채택한다면, 그

모습은 어떠할까요? 이를 알아보기 위해 미시간주 칼라마주로 돌아가 보겠습니다.

* 이 장에서 다룬 프라이스 일렉트로닉스는 2021년 폐업함.—편집자주

5장

기부자_(그리고 자선 단체)에게
효율성이 중요한 이유

토끼에게 성과 되돌려주기

앞서 언급한 칼라마주 토끼구조연합에서 당신이 한 달에 한 번 자원봉사를 한다고 상상해 보세요. (죄송하지만 이번 시나리오에서는 당신이 더 이상 창립자가 아니라 그저 평범한 자원봉사자에 불과합니다.) 케이지 청소, 물병 보충, 토끼에게 애정 어린 관심을 주는 등의 일은 특별히 화려하지 않지만, 당신은 즐겁게 일을 합니다. 당신은 그저 토끼들의 삶을 조금이라도 더 낫게 만들고, 칼라마주 토끼구조연합이 최대한 잘 운영되도록 도울 수 있다면 그걸로 충분하다고 생각합니다.

얼마 지나지 않아 당신이 칼라마주 토끼구조연합의 창립자와 친해졌습니다. 당신은 전적으로 자원봉사로 운영되는 이 단체를 만들어 이끌며 수많은 토끼의 생명을 구하기 위해 노력하는 그녀를 존경하게 됩니다. 어느 날, 그녀와 대화를 나누던 중 단체를 유지하는 데 얼마나 비용이 드는지 궁금해집니다. 그녀는 자신이 최근 여러 수치를 살펴봤고, 단체가 구조하는 토끼 한 마리당 약 100달러의 비용이 든다고 귀띔해 줍니다. "우와"라고 감탄하며 혼잣말을 합니다. "한 생명을 구하는 데 겨우 100달러라니!" 그 순간, 칼라마주 토끼구조연합과 그 창립자에 대한 존경심이 더욱 커집니다.

몇 달 동안 자원봉사를 한 후, 당신은 불가피하게 토끼 한 마리를 입양하게 되었습니다. '머핀'이라는 이름의 커다란 흰색 뉴질랜드 토끼인데요. 대부분의 입양자들은 나이가 많은 머핀에게 별다른 매력을 느끼지 못했고, 그는 보호소에 오랫동안 머물러야 했습니다. 결국 당신이 머핀을 입양하게 되었고, 머핀은 집 구석구석을 행복하게 뛰어다니며 빠르게 집에 적응합니다. 전기 코드를 씹거나 벽에 칠해진 페인트를 먹는 등 토끼들이 가끔 하는 나쁜 행동을 하지 않으면서 말이죠. 몇 주 만에 머핀은 가족의 소중한 일원이 되었고, 그가 없는 삶은 상상조차 하기 힘들 정도가 되었습니다.

연말이 되어 가족과 친구들, 그리고 다른 토끼 구조대원 몇 명을 집으로 초대해 크리스마스 파티를 열게 됩니다. 애피타이저를 먹으며 근처 포티지 토끼 구조대에서 자원봉사를 하는 친구와 이야기를 나누던 중, 자금 조달 문제로 이야기가 흘러갑니다. 당신이 봉사하고 있는 단체와 다를 바 없이, 소규모 구조대는 늘 자금이 부족합니다. 때문에 서로 이야기를 나누다보면 자금 조달이 중요한 이슈가 되기 마련이죠. 그때 칼라마주 토끼구조연합 설립자와의 대화가 문득 떠오릅니다. 당신은 친구에게 비록 자금 상황이 어려운 건 사실이지만, 다행히도 소속 단체가 토끼 한 마리를 구조하는 데 드는 비용이 100달러에 불과하다는 사실을 알려줍니다.

친구가 말합니다. "대단하네. 그런데 포티지는 그보다 더 저렴한 금액으로 구조를 해. 우리는 토끼 한 마리를 구조하는 데 50달러 정도만 지출하지!"

당신이 놀란 표정으로 친구에게 묻습니다. "우와! 그게 어떻게 가능하지?"

"많은 노력이 필요했지만 그만큼 성과가 있었어. 우리 지역의 대형 애완동물 가게에서 토끼 사료를 무료로 기증해줬고, 아는 수의사님도 토끼의 중성화 수술을 모두 무료로 해주신다고 하셨지. 게다가 토끼를 좋은 가정에 더 빨리 입양할 수 있는 매우 효과적인 몇 가지 방법도 배웠어."

감명을 받은 당신이 무언가 말하려 했지만, 그 전에 다른 친구가 대화에 끼어들면서 화제가 바뀝니다.

몇 주 후인 12월 28일, 당신은 식탁에 앉아 핫초코 머그잔을 손에 들고 연말 자선 기부에 대해 생각하고 있습니다. 은행 계좌를 살펴보던 중, 1,000달러를 기부하기로 결심합니다. 당신이 가장 좋아하는 일이 토끼를 구하는 것이기에, 토끼를 구조하는 데에 기부하려 합니다.

수표책을 꺼내 칼라마주 토끼구조연합에 1,000달러를 기부할 준비를 합니다. 그러면서 이 기부에 대해 단체의 설립자가 얼마나 고마워할지 상상해 봅니다. 잠시 후, 당신은 칼라마주 토끼구조연합 '본부'(실제로는 따뜻하게 덥혀 놓은 설립자의 차고)에서 새집에 입양되기를 애타게 기다리고 있는 토끼들도 떠올려봅니다. 당신은 기부금으로 내놓을 1,000달러가 그곳에 살고 있는 토끼가 새로운 보금자리를 찾는 데 도움이 되기를 기원합니다.

그런데 수표를 작성하기 전, 크리스마스 파티 도중 포티지 토끼 구조대에서 일하는 친구와 나눈 대화가 떠오릅니다. 포티지는 한 마리당 50달러를 들여 토끼를 구조하는 반면, 칼라마주는 한 마리당 약 100달러의 비용을 들여 토끼를 구조합니다. 두 단체 모두 자금이 부족한 상황이며, 만약 더 많은 돈이 있으면 두 단체 모두 더 많은 토끼를 구조할 수 있을 것입니다. 당신은 어느 구조 단체에 기부해야 할지 고민에 빠집니다.

칼라마주 토끼구조연합에 기부하면 대략 10마리의 토끼

를 구하는 데 도움을 줄 수 있는 반면, 포티지 토끼 구조대에 기부하면 약 20마리의 토끼를 구하는 데 도움을 줄 수 있을 것입니다.

"그런데 잠깐!" 당신은 다음과 같이 생각을 이어갑니다. "포티지가 더 저렴하게 토끼를 구조하는 방법을 찾아낸 건 분명해. 하지만 칼라마주 토끼구조연합은 내게 제2의 집과도 같은 곳이야. 매달 자원봉사를 하러 갈 때마다 우리에 있는 토끼들을 볼 수 있고, 나는 모든 토끼의 이름을 일일이 기억하고 있지. 나는 칼라마주가 얼마나 자금이 필요한지 알고 있고, 그곳은 토끼들이 살기 좋은 집을 찾을 수 있도록 돕고 있어. 게다가 그곳에서 일하는 사람들은 모두 좋은 사람들이자 친구들이고, 나는 내 친구들을 돕고 싶어. 무엇보다도 칼라마주는 우리 마을 단체이고 우리의 토끼 구조대지. 내가 우리 지역 사회의 필요에 먼저 관심을 갖는 것이 당연한 것 아닐까?"

핫초코를 몇 모금 마시고 잠시 생각에 잠긴 당신은 지금 직면한 상황이 목표의 충돌임을 깨닫게 됩니다. 여기서 하나의 목표는 안락사당하거나 학대받는 상황에 놓인 토끼를 최대한 많이 구하는 것입니다. 이 목표를 추구한다면 포티지에 기부하는 것이 맞습니다. 그러나 또 다른 목표는 여러 면에서 당신과 가까운, 소중하고 훌륭한 단체를 지원하는 것입니다. (그리고 그곳에 있는 친구, 그리고 친근감이 느껴지는 토끼들을 지원하는 것입니다.) 이 목표를 추구한다면 칼라마주에 기부하는 것이 맞습니다.

이 상황에서 당신은 어느 쪽을 선택할 것인가요?

여기서 우리는 오스카 쉰들러와 그가 제1차 세계대전이 끝날 당시 느꼈던 깊은 후회를 떠올려 볼 필요가 있습니다. 그는 자신이 구한 많은 사람들, 즉 아는 사람, 친구였던 사람, 매일 공장에서 악수를 나누던 사람들을 구한 것에 대해 자부심보다는 회한을 느꼈습니다. 좀 더 사려 깊고 엄격하게 접근했다면 구할 수 있었던 얼굴도 이름도 모르는 사람들을 구하지 못한 것에 대한 후회였습니다. 쉰들러는 "더 많은 사람들을 구할 수 있었을 텐데"라는 생각을 하며, 그렇게 하는데 요구되는 사려와 자제력이 부족했음을 알고 깊은 회한에 빠졌던 것이죠.

토끼를 구조하여 세상을 더 나은 곳으로 만드는 것이 우리의 목표라면, 포티지 토끼구조연합에 기부하는 것이 분명 더 나은 선택입니다. 포티지에 기부하면 더 많은 토끼들이 나은 삶을 살 수 있게 됩니다. 우리가 이웃인 포티지가 아닌 칼라마주에 살고 있다는 사실은 별로 중요하지 않습니다. 칼라마주 토끼구조연합에서 자원봉사를 시작했고, 입양을 했으며, 직원들, 그리고 토끼들과 친구가 된 것은 우연한 일이었을 뿐입니다. 포티지 토끼구조연합이 우리에게 커다란 정서적인 가치를 지니고 있고, 우리가 그 단체와 강한 유대감을 느낄 수도 있지만, 포티지 토끼구조연합에 기부하면 죽임을 당하게 될 토끼를 두 배나 더 구할 수 있다는 것만큼은 변함없는 사실입니다. 세상을 더 나은 곳으로 만드는 것이 우리의 최우선 과제라면, 그리고 토끼를 돕는 것이 우리의 최우선 과제라면, 토끼를 두 배 더 구할 수 있다는 사실은 다른 무엇보다 큰 의미를 갖습니다.

인간으로 살아가는 데 필요한 공간

멀리서 상황을 바라보면 무엇이 옳은 일인지 쉽게 알 수 있는 경우가 많습니다. 쉰들러가 자신의 차를 팔아 그 돈으로 더 많은 유대인을 강제수용소의 공포로부터 구했어야 했다는 점은 어렵지 않게 파악할 수 있는 사실입니다. 마찬가지로 우리가 자신이 살고 있는 지역 보호소에 기부하는 것보다 열 마리의 토끼를 더 구하는 것이 더 의미가 있다는 점도 어렵지 않게 파악할 수 있는 사실입니다.

칩과 댄 히스 형제(그들은 『스틱(Made to Stick)』과 『스위치(Switch)』의 저자이기도 합니다)는 자신들의 저서 『후회 없음(Decisive)』에서 더 현명한 결정을 내리는 데 도움이 되는 유용한 도구를 소개합니다. 그들이 강조하는 핵심 원칙 중 하나는 결정을 내리기 전에 거리를 두는 것이 중요하다는 것입니다. 우리는 종종 단기적인 감정에 휩쓸려 이상적인 선택을 하지 못하게 됩니다. 그러나 한 걸음 물러서서 어느 정도 시각을 확보할 수 있을 경우, 무엇이 올바른 결정인지를 깨닫기가 용이해집니다(Heath & Heath, 2013).

여기서처럼, 또한 병 속의 지니 시나리오에서 그랬던 것처럼 가상의 사례를 검토하는 것도 현명한 결정을 내리는 데 도움이 됩니다. 히스 형제가 추천하는 또 다른 도구는 10년 후 우리가 어떤 생각을 하게 될지 상상해 보는 것입니다. 10년 후, 우리가 이웃 마을의 토끼를 구조하는 대신 당시 내가 자원봉사를 했던 토끼 구조 단체에 기부했더라면 좋았을 거라고 후회할 것 같나요? 아마도 그렇지 않을 겁니다. 반대로 우리는 10년 후 쉰들러가 그랬던 것처럼 "더 많은 것을 이룰 수 있었는데"라고 후회하며 열 마리의 토끼를 더 구할 수 있었지만 그렇게 하지 못한 것을 아쉬워할 가능성이 크죠.

하지만 이와 같이 거리를 유지하면서, 신중하게 따져 보는 방식으로 결정을 내리기란 쉽지 않습니다. 우리는 감정과 선호, 욕구를 완전히 차단하고 항상 완벽하게 선을 행할 수 있는 이타적인 로봇이 아닙니다. 우리는 생물학적 인간으로 살아가기 위한 공간—충분한 공간—이 필요합니다. 가령 우리는 직감에 따라 살아갈 수 있어야 하고, 감정에 관여하는 뇌의 영향을 받아 반응하고 행동할 수 있어야 하며, 그냥 우리가 하고 싶은 방식으로 일을 할 수 있어야 합니다. 또한 본능적으로 타인에게 공감하고 친절을 베풀 수도 있어야 합니다. 그렇게 할 경우 기분이 좋아지고, 우리는 그렇게 하는 것이 우리의 일부이자 살아가는 방식이라 느낍니다.

우리는 이 모든 것들을 늘 충족시켜야 합니다. 이들은 실로 행복하고 건강한 인간으로 살아가는 데 중요한 부분이죠. 우리에게는 개인적인 관계에서 우정을 나누고, 취미생활을 즐기며, 여가 시간을 보내는 동안 기분이 좋아지는 일을 할 기회가 많습니다. 고민할 필요 없이, 자연스럽게 떠오르는 일을 하거나, 좋아하는 일을 지원하거나, 본능적인 공감이 솟아나서 행동할 수 있는 기회도 얼마든지 있죠.

하지만 자선을 행하는 우리 삶의 작은 영역, 즉 우리가 세상을 더 나은 곳으로 만드는 데 바치는 돈과 시간이라는 작은 영역에서는 이러한 개인적인 욕구를 제쳐두고 가능한 성공하는 데 집중해야 합니다. 왜냐하면 자선의 영역에서는 우리의 결정 하나하나가 매우 중요한 의미를 지니기 때문입니다. 현실 속에서의 수많은 삶, 행복과 고통에 영향을 미치죠.

우리가 연말 기부를 어디에 해야 할지 고민하는 칼라마주 토끼구조연합의 자원봉사자라면, 위의 모든 사항을 고려하면서 다음과 같이 혼잣말을 하며 극도로 짜증스러워하고 있을지 모릅니다. "알았어, 알았어, 알았다고! 하지만 그냥 내가 기부하고 싶은 단체, 내가 매달 자원봉사를 하고 있는 단체에 기부하면 안 될까? 그게 그렇게 무리한 요구란 말이야?"

물론 원한다면 칼라마주 구조대에 기부할 수 있습니다. 결국 기부하는 것은 나이고 내가 선택하는 것이니까요. 하지만 우리가 피할 수 없는 매우 단순한 사실은, 무엇이 공정하거나 합리적인 것이고, 무엇이 우리의 권리인지를 떠나 포티지 대신 칼라마주에 기부할 경우 구할 수 있었던 토끼 열 마리가 죽게 된다는 사실입니다.

선택은 당신의 몫입니다. 하지만 자선에 관한 이러한 결정을 내릴 때, 저는 당신이 최대한 선한 결과를 낳을 수 있는 선택을 하기를 바랍니다.

동일 분야의 자선 단체 간에는 엄청난 차이가 있다

지난 장에서 우리는 비영리 단체에서 일하는 사람들에게 효율성이 얼마나 중요한지에 대해 살펴보았습니다. 아픈 어린이 한 명당 치료비나 한 가구당 주택 건립 비용을 낮추는 것은 메이크어위시 재단이나 해비타트와 같은 자선 단체들이 더 많은 사람들을 돕고 더 큰 성공을 거둘 수 있는 중요한 방법 중 하나입니다.

하지만 기부자에게도 효율성은 중요한 요소입니다. 실제로 기부할 곳을 정할 때 우리는 효율성을 가장 중요하게 생각해야 합니다. 여러 자선 단체 중에서 어디에 기부할지를 결정할 때 내가 스스로에게 던져야 할 핵심 질문은 "어떤 비영리 단체가 세상을 가장 많이 개선하고 있는가?"가 아니라, "내 기부금으로 어떤 비영리 단체가 세상을 가장 많이 개선할 것인가?"입니다. 이 질문은 "어떤 비영리 단체가 지출한 금액당 가장 큰 성과를 내는가?" 또는 "어떤 비영리 단체가 가장 효율적인가?"를 묻는 또 다른 방식입니다.

칼라마주 토끼구조연합에 1,000달러를 기부할지, 아니면 포티지 토끼구조연합에 기부할지를 결정할 때, 각 단체의 규모가 얼마나 큰지는 중요하지 않습니다. 칼라마주 토끼구조연합이 백만 달러 규모의 단체인 반면, 포티지 토끼구조는 연간 예산이 수천 달러에 불과할 수도 있습니다. 물론 그 반대일 수도 있고요. 마찬가지로, 각 단체가 매년 구한 토끼의 수는 중요하지 않습니다. 가령 칼라마주가 연간 1만 마리의 토끼를 구할 수 있고 포티지는 100마리를 구할 수 있습니다. 또는 그 반대일 수도 있습니다. 어느 쪽이든 상관없습니다.

우리에게 중요한 것은 각 단체에서 구한 토끼 한 마리당 비용입니다. 칼라마주는 한 마리당 100달러의 비용으로 토끼를 살렸고, 포티지는 한 마리당 50달러의 비용으로 토끼를 살렸습니다. 이 정보는 우리가 각 단체에 기부할 경우 달성할 수 있는 바를 정확히 알려줍니다. 즉 칼라마주에 1,000달러를 기부하면 약 10마리의 토끼를 구할 수 있고, 포티지에 기부하면 약 20마리의 토끼를 구할 수 있음을 알려주죠.

어떤 경우에는 소규모 조직이 대규모 조직보다 더 효율적일 수 있습니다. 소규모 조직은 간접비가 적고, 모든 비용을 절감해야 하기 때문에 유사한 대규모 조직보다 '단위당 비용'이 낮을 수 있죠. 반면 대규모 조직이 소규모 조직보다 더 효율적일 수도 있습니다. 대규모 조직은 더 큰 플랫폼과 전문성을 활용하여 소규모 조직이 할 수 없는 큰일을 수행할 수 있으며, 이로 인해 소규모 조직에 비해 '단위당 비용'이 낮을 수 있습니다. 기부자가 주목해야 할 것은 자선 단체의 규모나 그 단체가 세상을 위해 얼마나 많은 선행을 하고 있는지가 아니라, 자선 단체가 지출한 금액당 얼마나 많은 선행을 하고 있는지를 살펴보는 것입니다.

두 개의 토끼 구조 단체처럼 매우 유사한 자선 단체를 비교했을 때, 지출된 1달러당 얼마나 많은 성과를 거두었는지를 비교해 보면 실로 놀라운 사실을 한가지 발견할 수 있습니다. 앞서 우리는 서로 다른 자선 분야에서 활동하는 두 단체인 세바 재단과 극장 커뮤니케이션 그룹이 얼마나 큰 영향력의 차이를 나타내는지 살펴봤습니다. 하지만 주위를 둘러보면, 분야가 다른 비영리 단체들 간의 영향력뿐만 아니라, 같은 분야의 자선 단체들 간의 영향력에도 큰 차이가 있음을 알 수 있습니다. 실제 사례를 다루기 전에 가상의 사례부터 먼저 살펴보겠습니다.

어느 날 칼라마주에 있는 웨스턴 미시간 대학교 대학원

생인 스물두 살 앨리슨이 토끼를 돕기 위해 무언가를 하겠다는 결심을 했다고 가정해 보겠습니다. 다른 토끼 구조 단체 운영자들처럼 그녀도 우리에 갇혀 고통받는 토끼들이 줄어들고, 좋은 집을 찾지 못해 죽음을 맞이하는 토끼들이 줄어들기를 바랐습니다. 온라인 조사를 통해 그녀는 토끼를 키우던 사람들이 토끼를 버리거나 칼라마주 토끼구조연합과 같은 단체에 넘기는 데에는 몇 가지 주요 원인이 있음을 알게 되었습니다.

앨리슨이 발견한 문제 중 하나는 앞서 언급한 것처럼 토끼가 가구, 전선, 그리고 기타 가정용품을 물어뜯어 사람들의 짜증을 유발한다는 것이었습니다. 또 다른 문제는 사람들이 토끼를 건강하게 키우기 위해 지켜야 할 기본 규칙들을 잘 모른다는 점이었습니다. 토끼는 병에 걸리기 쉬운데, 사람들은 동물 병원비가 늘어나는 것을 부담스럽게 생각하며, 이 경우 토끼를 키울 가치가 없다고 판단해 유기하는 경우가 많았습니다.

앨리슨은 많은 토끼가 버려지는 주요 원인이 무엇인지를 이해하고 난 후, 이를 예방하기 위한 계획을 세웠습니다. 우선 토끼에 관한 일반적인 문제를 해결하는 방법을 안내하는 간단한 웹사이트(RabbitGuide.com)를 몇 주에 걸쳐 제작했습니다. 이 사이트에는 사람들이 토끼에게 문제가 생겼을 때 도움을 받을 수 있는 이메일 주소와 전화번호도 포함되었습니다. 또한 웹사이트와 동일한 정보를 담은 짧은 브로슈어도 만들었습니다. 그런 다음 앨리슨은 지역 반려동물 가게, 집에서 토끼를 분양하는 개인 사육자, 그리고 칼라마주 지역의 토끼 입양보호소 등에 연락을 취했습니다. 약간의 설득 끝에 이들은 모두 토끼를 구입하거나 입양하는 사람들에게 앨리슨의 브로슈어와 웹사이트 홍보 전단지를 전하기로 결정했습니다.

작업 비용은 매우 저렴했습니다. 앨리슨이 웹사이트를 구축하고 브로슈어를 인쇄하기만 하면 되었기 때문이죠. (대학원생이었던 그녀에게 이는 커다란 장점이었습니다.) 모든 작업에 쓰인 비용은 단 400달러에 불과했고, 추가로 필요한 것은 이 프로젝트를 운영하는데 필요한 약간의 시간뿐이었습니다. 그리고 결과는 성공적이었습니다! 사람들의 도움 덕분에 칼라마주 토끼구조연합과 다른 지역 보호소에 유기되는 토끼의 수가 점차 줄어들기 시작했습니다. 실제로 한 해 동안 버려지는 토끼의 수가 100마리나 감소했습니다. 대부분의 주와 마찬가지로, 미시간주는 토끼 입양을 원하는 사람들의 수보다 입양될 가정이 필요한 토끼가 항상 훨씬 많습니다. 때문에 100마리의 토끼가 철장 우리 안에 갇혀 있거나 안락사를 당하는 대신, 좋은 가정에서 새로운 삶을 시작할 수 있게 되었죠.

연말에 앨리슨이 '한 마리의 토끼를 구하는 데 지출한 비용'은 얼마였을까요? 칼라마주 토끼구조연합의 경우처럼 100달러도 아니었고, 포티지 토끼구조연합의 경우처럼 50달러도 아니었습니다. 앨리슨이 구조한 토끼 한 마리당 비용은 단 4달러로, 두 지역 토끼 구조 단체보다 10배 이상 낮았습니다. 예산도 거의 없고 경험도 부족한 한 젊은 대학원생이 수년간 운영되어 온 숙련된 토끼 구조 단체보다 10배나 더 효율적으로 토끼를 구한 것입니다.

이 사례는 비록 가상의 이야기지만, 비영리 단체의 놀라운 실상을 잘 보여줍니다. 첫째, 같은 분야의 자선 단체라도 접근 방식에 따라 효율성이라는 측면에서 큰 차이가 날 수 있으며, 실제로 그 차이가 매우 클 때가 많습니다. 어떤 접근 방식은 다른 접근 방식에 비해 기하급수적으로 더 비용 효율적일 수 있습니다. 둘째, 가장 효율적인 접근 방식이 반드시 화려하거나 특별히 흥미로운 것은 아닙니다. 때로는 기부자, 자원봉사자 또는 비영리 단체 종사자에게 정서적인 만족감을 주지 못하는 경우도 있습니다. 우리는 예상치 못한 곳에서, 예상치 못한 형태로 이와 같은 효율적인 방식을 파악하기도 합니다.

이에 대한 예시로 동물 보호의 세계를 언급해 보도록 하겠습니다. 이 분야는 제가 지난 10년간 전문적으로 일해 온 분야이기 때문에 잘 알고 있습니다. 동물 보호 자선 단체마다 구체적인 업무는 다를 수 있지만, 동물을 보호한다는 세부 목표는 동일하기 때문에 여기서 예시로 사용하기에 적절한 분야이기도 하죠. 이 단체들이 수행하는 일에는 안락사될 뻔한 개를 입양하여 건강하게 살게 하는 활동, 모피에 대한 소비자의 수요를 줄여 동물이 비참한 삶과 고통스러운 죽음을 겪지 않도록 하는 활동, 돼지 농장에서 어미 돼지를 작은 금속 케이지에 가두는 관행을 개선하는 활동 등이 포함됩니다. 또한 특정 삼림지대나 열대우림의 파괴를 방지하여 그곳에 서식하는 야생동물의 생존을 돕는 활동도 있습니다.

이 모든 활동은 가능한 한 많은 동물을 보호한다는 동일한 세부 목표로 수렴됩니다. 이는 비교적 정량화하기 쉬운 세부 목표로, 비영리 단체가 보호한 동물의 수가 많을수록 더 큰 성공을 거둔 것으로 평가할 수 있습니다. 예를 들어, 투견장에서 10마리의 핏불이 학대당하는 것을 막는 것은 좋은 일입니다. 하지만 100마리의 핏불이 투견장에서 학대당하는 것을 방지하는 것은 훨씬 더 좋은 일입니다.

사실 도움을 받은 동물의 수만이 중요한 것은 아닙니다. 그 동물들이 어느 정도 도움을 받았는지도 중요합니다. 우리는 모두 한 사람의 실명을 막는 일이 한 사람에게 무료로 등 마사지를 제공하는 것보다 더 큰 선이라는 데 동의할 것입니다. 두 상황 모두 한 사람이 도움을 받지만, 각각의 상황에서 제공되는 도움의 정도는 크게 다릅니다. 마찬가지로,

동물 보호 단체가 각 동물에게 제공하는 선의 크기도 중요합니다. 동물의 얼굴을 한 차례 가격하지 못하게 하는 것은 좋은 일입니다. 하지만 강아지 공장, 공장식 축산농장 등에서 흔히 볼 수 있는 것처럼, 동물이 몸을 돌리기도 힘든 좁은 케이지에서 평생을 비참하게 지내는 것을 막는 일은 훨씬 더 좋은 일입니다.

매우 훌륭하게 운영되는 동물 보호 단체의 모습은 어떠할까요? 결론부터 말씀드리자면, 운영이 잘 되는 동물 자선 단체는 많은 수의 동물을 돕고 그 동물들에게 매우 큰 도움을 주는 단체일 것입니다.

이 책에서 언급한 여러 논점들과 마찬가지로, 가능한 한 많은 동물을 돕겠다는 생각은 매우 자연스럽고 당연하게 느껴집니다. 이에 따라 우리는 동물 보호 단체가 가능한 한 많은 동물을 돕기 위해 열심히 노력할 것이라 생각합니다. 그리고 그러한 단체가 가장 심하게 학대받는 동물들을 돕기 위해 노력할 것이라고 믿습니다.

하지만 안타깝게도 대부분의 동물 보호 단체는 이러한 접근 방식을 취하지 않습니다. 그 결과, 여러 동물 보호 단체를 서로 비교해 보면 각 단체가 '동물을 위해 좋은 일을 하는 정도'라는 측면에서 엄청난 차이가 있음을 확인할 수 있습니다.

국세청에서 비영리 단체로 인정한 약 2만 3,000개의 동물 보호, 복지 및 서비스 단체 중 거의 모두가 동물 구조 또는 동물 보호소입니다. 대체로 이러한 단체는 안락사될 동물을 입양하여 보호소에서 돌보거나 새로운 보호자에게 입양하는 일을 주로 합니다. 일부 단체는 향후 입양 가정이 필요하게 될 동물의 수를 줄이기 위해 돌보는 동물들의 난소를 적출하거나 중성화 수술을 시행하기도 합니다. 대부분의 단체는 고양이와 개에 중점을 두지만 말, 새, 양서류, 농장동물, 야생동물 등을 구조하거나 수용하는 보호소도 있습니다.

대부분의 사람들은 동물 보호 활동이라고 하면 고양이와 개, 그리고 가끔 다른 동물을 구조하여 새로운 보금자리를 찾아주는 단체를 떠올립니다. 사람들의 기부 패턴 또한 사람들의 이러한 경향을 반영합니다. 이는 동물 자선 단체에 기부되는 금액의 대부분이 동물 구조 및 보호 활동을 주로 하거나 오직 그 일만을 하는 단체에 기부된다는 사실로 확인할 수 있죠. 하지만 개별 동물을 구조하는 것이 정말로 동물을 돕는 최선의 방법일까요? 세부 목표라는 측면에서 보았을 때, 동물 자선 단체가 그렇게 해야 가장 많은 동물을, 가장 크게 도울 수 있는 것일까요?

그 해답을 찾기 위해 미국 휴메인 소사이어티(Humane Society of the United States)를 살펴보겠습니다.

1954년, 언론인 프레드 마이어스(Fred Myers)와 지역 동물 보호 단체의 여러 지도자들이 모여 전국 단위의 휴메인 소사이어티 설립에 대해 논의했습니다. 각 단체가 해결하려 했던 동물 복지 문제는 범국가적인 것이었고, 마이어스는 하나의 통합 단체가 있으면 이러한 문제를 해결하는 데 필요한 영향력을 발휘할 수 있을 거라고 믿었습니다. 새 단체의 본거지는 워싱턴 D.C.로 정했습니다. 전국적인 입법 변화를 이끌어내기 위한 거점이 되는 곳이죠. 그리고 그해, 미국 휴메인 소사이어티(HSUS)라는 이름의 단체가 탄생했습니다.

대부분의 사람들이 '휴메인 소사이어티'라고 하면 고양이와 개 보호소를 떠올리지만, HSUS는 설립 당시부터 동물 보호와 관련된 모든 문제를 해결하려는 노력을 기울여 왔습니다. 이 단체가 설립 초기에 이룬 성과 중 하나는 전국의 동물 보호 단체를 통합하여 1958년 인도적 도축법을 지지했던 것입니다. 이 법은 도축장에서 도살되는 소, 돼지, 말, 양의 복지를 어느 정도 고려해야 한다는 내용을 담고 있었습니다. 이후 HSUS는 지역 동물 보호소 지원, 강아지 공장 단속, 야생동물 보호, 일부 농장 동물을 밀집 감금으로부터 보호하는 법안 통과 등 다양한 동물 문제에 대해 활발한 활동을 이어가고 있습니다.

HSUS는 동물 보호와 관련된 수많은 일들을 포괄적으로 하고 있으며, 오늘날 미국에서 가장 큰 동물 보호 자선 단체로 자리 잡았습니다. 이 단체는 정치적으로 가장 성공한 동물 보호 단체이기도 한데요. 지난 수십 년 동안 동물 보호를 위한 수백 개의 법안을 통과시키는 데 중요한 역할을 해왔습니다. 대부분의 미국인들은 HSUS가 주도한 법안을 지지합니다. 하지만 동물을 이용하는 일부 업계는 이를 그다지 반기지 않았습니다. 이러한 업계 단체 중 일부는 더 많은 동물보호법이 통과되는 것을 막기 위해 소비자 자유 센터(CCF)라는 단체에게 도움을 요청했습니다.

이 수상한 단체(설립자인 릭 버먼의 아들은 아버지를 "비열한 사람… 일종의 인간 성추행범"이라고 공개적으로 비난했습니다.)는 주류업계를 대변하여 음주 운전법에 반대하는 로비 활동을 벌였고, 담배업계를 대신하여 금연 캠페인에 반대하는 로비 활동을, 또한 패스트푸드 체인을 대신하여 건강한 식습관을 장려하는 데 반대하는 로비 활동을 벌였습니다. 더욱 최근에는 동물 산업 단체의 재정적 지원을 받아 막대한 돈을 들여가며 TV, 인쇄물, 대중교통, 온라인 광고 등을 통해 HSUS를 공공연하게 공격하고 있습니다. CCF가 휴메인 소사이어티를 비판할 때 주로 내세우는 주장은 무엇일까요? 그들은 HSUS가 예산의 대부분을 동물의 직접적인 구조와 보호에 사용하지 않는다는 점을 비판합니다. 실제로 CCF는 휴메인 소사이어티가 예산의 50% 이상을 실제 동물 보호소 활동에 사용하기로 동의하면 공격적인 광고를 중단하겠다는 제안을 한 바 있습니다.

그렇다면 휴메인 소사이어티가 예산의 대부분을 구조 및 보호소 활동에 사용하지 않는 이유는 무엇일까요? 그리고 왜 HSUS는 대부분의 자금을 동물 보호소에 사용하는 방향으로 전환하기보다는 CCF의 공격으로 인한 폭풍우를 견디는 편이 낫다고 생각하는 것일까요? 기부자들의 지원을 어느 정도 잃을 위험이 있음에도 말이죠.

답은 간단합니다. 대부분의 자금을 직접적인 동물 보호 활동이 아닌 다른 분야에 집중할 경우 더 많은 동물을 도울 수 있기 때문입니다. HSUS가 모든 자금을 개별 동물 구조에 사용할 경우, 연간 수십만 마리의 동물을 도울 수 있을 것입니다. 하지만 현재 HSUS는 입법 및 기업 정책에서의 승리만으로도 연간 수백만 마리의 동물을 돕고 있습니다. 때문에 HSUS는 새로운 동물보호법에 반대하는 단체들이 공격성 광고를 하고 있음에도 불구하고, 그 길을 계속 가고 있는 것입니다. HSUS가 그렇게 함으로써 동물들은 훨씬 더 나은 삶을 살아가고 있습니다.

이러한 싸움은 동물 보호 활동 분야의 중요한 현실을 조명해 줍니다. 소비자 행동, 기업 정책, 법적 보호의 부재 등 동물 학대의 근본 원인을 효과적으로 해결하는 단체는 직접적인 구조와 보호에 중점을 둔 단체보다 훨씬 더 많은 동물을 돕습니다. 보호소에 초점을 맞추는 단체의 영향력과 교육 및 공공 정책에 초점을 맞추는 단체의 영향력을 비교하면 그 차이가 얼마나 극명한지를 엿볼 수 있습니다.

연례 보고서를 살펴봤는데, 제가 살고 있는 지역의 한 동물 구조 단체는 구조하여 입양시키는 개, 고양이 또는 기타 반려동물 한 마리당 약 600달러를 지출하더군요. 물론 한 생명을 구하는 데 600달러를 지출한다는 것은 나쁘지 않은 비용입니다. 조금 더 높은 비용을 지출하는 미국의 한 유명 국립 동물 보호소는 보호 중인 동물 한 마리당 연간 3,000달러 이상을 지출합니다. 이들 단체는 피난처와 보호소에 초점을 맞추는 단체를 대표한다고 봐도 잘못은 아닌데, 이들의 '동물 한 마리당 지원 비용'은 대략 수백에서 수천 달러에 달합니다.

이제 이를 동물 자선 평가자(Animal Charity Evaluators, ACE)에서 추천하는 상위 단체의 '동물 한 마리당 드는 비용'과 비교해 보겠습니다. ACE는 동물을 돕고자 하는 기부자에게 지침을 제공하는 자선 단체 자문 사이트입니다. 독립적으로 운영되고 있죠. 이 글을 작성하는 시점에 ACE는 웹사이트(www.animalcharityevaluators.org)에서 세 곳의 추천 자선 단체를 집중 조명했습니다. 그중 한 곳인 머시 포 애니멀스(Mercy for Animals)는 공장식 축산농장에 대한 비밀 조사, 채식을 장려하기 위한 대중 교육 활동, 법률 옹호 활동, 그리고 주요 식품 회사가 공급망에서 농장 동물의 처우를 개선하도록 설득하는 연합 옹호 활동 등을 수행하고 있습니다. 또 다른 단체인 휴메인 리그(The Humane League)는 채식을 장려하기 위한 공공 교육 활동, 그리고 식품 회사와 학교가 공급망에서 농장 동물의 처우를 개선하도록 설득하기 위한 캠페인 활동을 펼치고 있습니다. 세 번째 단체인 동물 평등(Animal Equality)은 다양한 동물 산업에 대한 잠복 조사를 수행하고, 동물에게 이익을 주기 위한 연합 및 법률 개혁을 추진하며, 채식을 장려하고 있습니다. 이 세 단체는 모두 직접적인 동물 구조 활동은 거의 하지 않습니다. 그리고 세 단체 모두 농장 동물 문제에 전적으로 또는 주로 초점을 맞추고 있습니다. 흥미롭게도 이들이 처음부터 농장 동물에만 초점을 맞추었던 것은 아닙니다. 시간이 흐르면서 그 방향을 바꾸었죠.

중요한 참고 사항인데요. 저는 이 세 자선 단체 중 두 곳에 개인적으로 관여하고 있습니다. 저는 머시 포 애니멀스에서 일하고 있으며, 휴메인 리그의 창립자이자 운영진입니다. 따라서 제가 편향된 시각을 가지고 있을 수 있고요. 제가 말하는 내용을 액면 그대로 받아들이지 말고 신중하게 판단해 주시기 바랍니다. 또한 제가 이 자선 단체와 다른 동물 보호 자선 단체를 검토하고 순위를 매긴 독립 기관인 ACE와 아무런 관련이 없다는 점도 알아두세요. ACE의 평가 방법과 데이터에 대한 자세한 내용을 확인하려면 ACE 웹사이트를 방문해 보시기 바랍니다.

ACE는 머시 포 애니멀스, 휴메인 리그, 애니멀 이퀄리티의 영향력과 지출을 검토한 결과, 이들 단체가 돕는 동물 한 마리당 1달러 미만을 지출하고 있을 가능성이 높다고 결론지었습니다. 이 단체들은 기업이 덜 잔인한 사육 시스템을 채택하도록 설득함으로써 동물의 고통을 크게 줄이는 데 주력하고 있습니다. 이들은 동물성 제품에 대한 수요를 줄이기 위해 노력함으로써 동물이 사육 과정에서 일생 동안 겪는 극심한 고통을 예방하는 데 기여하고 있기도 합니다. 한편 휴메인 소사이어티의 농장 동물 보호 부서는 독립적인 조직은 아니지만, ACE가 "특출한 자선 단체"로 선정한 조직 중 하나입니다. 이 부서 역시 동물 한 마리를 돕는데 드는 비용이 1달러 이하로 추정됩니다.

이제 구조 및 보호소에 초점을 맞추는 대부분의 단체들이 동물 한 마리당 수백 달러에서 수천 달러에 이르는 비용을 지출한다는 점을 떠올려 보세요. 실제로 그러한 단체들이 이처럼 지출을 한다면 특정 동물 보호 자선 단체가, 그리고 특정 접근 방식이 다른 단체나 접근 방식에 비해 1달러당 수백에서 수천 배 많은 동물을 도울 수 있다고 결론내릴 수 있습니다.

동물권 옹호 활동과 농장 동물에 초점을 맞춘 단체가 구조 및 보호소에 초점을 맞춘 단체에 비해 더 많은 동물을 도울 수 있는지에 대해서는 의견의 차이가 있을 수 있습니다. 만약 병 속의 지니가 다시 나타나 다음의 두 가지 소원 중 하나를 선택하라고 한다면, 여러분은 무엇을 선택하시겠습니까? 한 마리의 동물이 태어나 평생 비참한 환경에서 살지 않도록 하는 것(이는 농장 동물 보호 활동의 주요 목표입니다)을 선택하시겠습니까? 아니면 한 마리의 동물이 남은 생을 편안하게 살 수 있도록 하는 것(이는 동물 구조 활동의 주요 목표입니다)을 선택하시겠습니까?

약 100명의 동물 활동가를 대상으로 한 설문조사에 따르면, 거의 90%의 응답자가 단 한 가지를 선택해야 한다면 첫 번째 선택지인 한 마리의 동물을 평생 고통에서 구하는 것을 선택하겠다고 답했습니다. 이러한 결과를 보면, 대부분의 동물 활동가들에게 이러한 기관들 사이의 영향력은 앞서 추정한 수백 배에서 수천 배의 차이보다 더 클 수 있습니다. (만약 개인적으로 당신이 동물을 살리는 것을 선호한다면 그 차이가 이보다는 적겠지만 그럼에도 여전히 꽤 클 것입니다.)

이 책의 앞부분에서 우리는 세바 재단과 극장 커뮤니케이션 그룹과 같은 상이한 분야의 자선 단체들 간의 영향력의 차이가 클 수 있음을 살펴보았습니다. 그렇다면 동일 분야 자선 단체들 사이의 영향력에도 동일하게 큰 차이가 있을까요? 예를 들어, 한 동물 보호 단체에 기부하면 두 마리의 동물을 돕고, 다른 단체에 기부하면 2,000마리의 동물을 도울 수 있다는 것이 정말 가능한 일일까요? 두 단체 모두 대체로 대중의 평판이 좋고, 두 단체에서 일하는 사람들 모두 친절하고, 똑똑하고, 열정적이고, 헌신적이고, 훌륭한 사람들인데도 그럴까요?

네, 그렇습니다. 그럴 가능성이 있는 게 아니라 그것이 현실입니다. 이러한 차이는 동물 보호 분야에서 두드러지게 나타나지만, 환경 옹호, 빈곤 감소, 가족 계획에서 의료 등 모든 분야에서 이러한 차이가 나타납니다.

이러한 엄청난 차이는 우리가 다른 자선 단체가 아닌 특정 자선 단체에 기부하는 선택이 얼마나 중요한지를 잘 보여줍니다. 또한 비영리 단체가 다른 프로그램이 아닌 특정 프로그램을 수행하기로 결정할 때 얼마나 큰 차이가 나타나는지를 보여주기도 합니다. 우리의 결정은 수많은 사람들의 인생을 바꿀 수 있는 결과를 가져옵니다.

이 말이 다소 암울하게 들릴 수도 있지만, 동시에 매우 짜릿하고 힘을 주는 이야기이기도 합니다. 이는 현재 효율성이 떨어지는 프로그램에 돈이나 시간을 투자하고 있는 우리에게 동물이나 돕고 싶은 다른 대상들을 위해 훨씬 더 많은 선행을 할 수 있는 힘이 있다는 것을 의미합니다. 즉, 기부자들은 유사한 단체들 간의 '비용 대비 효과'를 비교함으로써 자신이 힘들게 번 돈으로 엄청나게 더 좋은 결과를 가져올 수 있는 방법을 찾을 수 있죠.

비영리 단체에서 일하는 사람들에게는 이것이 각 프로그램의 '비용 대비 효과'를 비교하고, 가장 효율적인 프로그램에 지출을 집중함으로써 자신들의 목표를 위해 훨씬 더 많은 선행을 할 수 있다는 뜻입니다. 큰 변화를 원하지 않는 단체도 더욱 효과적으로 일을 할 수 있습니다. 예를 들어, 동물 보호소나 피난처는 주력 사업을 완전히 전환하는 데는 동의하지 않더라도, 예산의 상당 부분을 교육 및 정책 프로그램에 지출함으로써 훨씬 더 적은 비용으로 더 많은 동물을 구할 수 있습니다. 해비타트는 미국에서 계속 집을 지으면서도 후원금을 해외로 더 많이 보내 더 많은 가구에 집을 지어줄 수 있습니다. 메이크어위시도 단순히 예산의 일부를 더 효율적인 아동 건강 프로그램으로 전환하는 것만으로도 아동들의 소원을 계속 들어주면서 수만 명의 어린이를 더 도울 수 있습니다.

이것이 바로 세부 목표를 따를 때 얻을 수 있는 힘입니다. 이를 통해 우리와 우리가 관여하는 단체는 수십, 수백, 수천 배 더 좋은 일을 할 수 있습니다. 이를 위해서는 세부 목표를 따르는 것만으로 충분하며, 충격적인 정보를 접해도 따를 수 있는 자기 통제력만 있으면 됩니다.

어려운 사실 이해하기

두 자선 단체, 특히 같은 분야의 자선 단체가 세상을 더 나은 곳으로 만드는 데 얼마나 성공했는지라는 측면에서 큰 차이가 날 수 있다는 사실을 이해하기 어려울 수 있습니다. 실감이 나지 않죠. 기부자인 우리에게는 한 자선 단체와 다른 자선 단체, 또는 한 프로그램과 다른 프로그램을 선택하는 것이 대수롭지 않게 느껴질 때가 많습니다. 우리 입장에서 세상을 더 나은 곳으로 만드는 데 도움이 된다는 정서적 보상은 어느 쪽이든 동일하게 느껴지기 때문입니다. 따라서 우리가 느끼기에 별다른 차이가 나지 않는 어떤 선택이 세상에 엄청난 결과를 초래할 수 있다는 사실을 이해하기란 쉽지 않습니다. 예를 들어, 수표에 한 자선 단체의 이름 대신 다른 자선 단체의 이름을 적는 것만으로 10명의 어린이가 쇠약해지는 질병에 걸리거나, 100명의 중년 여성이 여생을 실명 상태로 살아야 하거나, 1,000마리의 동물이 평생 고통을 겪어야 하는 등의 심각한 결과를 초래할 수 있다는 사실을 이해하기란 어려운 일입니다.

우리가 돕고자 하는 사람들을 직접 볼 수 있다면, 그들이 우리 옆집에 살고 있거나 직장의 옆자리에 앉아 있다면, 우리의 자선 결정에 얼마나 많은 사람들이 영향을 받는지를 훨씬 더 쉽게 이해할 수 있을 것입니다. 하지만 대부분의 경우, 우리는 우리가 제공한 혜택을 받는 사람들과 거의 마주치지 않습니다. 이로 인해 한 아이를 돕는 것과 100명을 돕는 것 사이의 차이는 심리적으로 별다른 의미가 없게 됩니다. 정서적으로, 우리가 한 마리의 동물을 돕는 것보다 600마리의 동물을 돕는 것이 더 중요하다는 느낌을 갖는지도 분명하지 않죠.

세부 목표를 받아들이고, 그에 따라 행동하기 어렵게 만드는 요인은 이뿐만이 아닙니다. 두 번째 문제는 그렇게 하는 것이 과거에 우리가 했던 일이 돈, 시간, 에너지를 최적으로 사용한 것이 아님을 의미할 수 있다는 점입니다. 이는 우리를 매우 불편하게 합니다. 누구도 시간이나 돈을 낭비했다고 느끼고 싶지 않으며, 지금까지 내린 결정이 완벽하지 않았다고 생각하고 싶은 사람도 없습니다.

일반 기부자가 이러한 사실을 받아들이기 어렵다면, 비영리 분야에서 일하는 사람들이나, 다른 자선 단체에 비해 특별히 영향력이 크지 않은 일을 하는 사람들에게는 이를 받아들이는 것이 거의 불가능할 수도 있습니다. 우리는 어떤 일에 많은 노력을 기울일 때, 자연스럽게 그 일이 충분한 가치를 지닌다고 믿게 됩니다. 이는 우리의 시간과 에너지가 헛되이 쓰이지 않았다고 느끼게 만드는, 뇌의 무의식적인 자기방어 기제입니다. 이러한 심리는 대학 캠퍼스 내 남학생과 여학생 모임에서 신입생 괴롭히기가 흔한 이유이자, 신병 훈련소가 여전히 군사 훈련의 필수적인 부분으로 남아 있는 이유 중 하나입니다. 이러한 경험은 힘들고 불쾌하지만, 이를 거쳐 나온 사람들은 조직에 대한 충성심이 더욱 강해지는 경향이 있습니다.

이로 미루어 보았을 때, 극장 커뮤니케이션 그룹이 다른 자선 단체에 비해 세상을 위해 훨씬 적은 선행을 하고 있다고 지적할 경우, 그 그룹의 전무이사가 어떤 반응을 보일지는 매우 정확하게 예측할 수 있습니다. 마찬가지로, 메이크어위시 재단이 예산의 일부를 새로운 프로그램으로 전환하면 아픈 어린이들에게 더욱 큰 도움을 줄 수 있다고 제안할 경우, 이 재단의 전무이사가 보일 반응도 충분히 예상할 수 있습니다. 또한, 소비자 교육과 공공 정책 문제에 집중하고, 고양이와 개 대신 농장 동물 보호에 초점을 맞추는 것이 훨씬 더 많은 동물을 구할 수 있는 방법이라는 주장에 대해, 구조 및 보호소 중심의 동물 보호 단체가 어떻게 반응할 것인지도 상당히 정확하게 예측할 수 있죠.

현재의 접근 방식을 바꿔야 한다는 강력한 증거에 직면한 사람들과 다를 바 없이, 그들 또한 동의하지 않을 핑곗거리를 찾으려 할 것입니다. 이러한 핑계에는 여러 유형이 있을 수 있습니다. 예를 들어 특정 요인을 간과했다고 주장하거나, 다양한 접근 방식이 필요하다고 말할 수 있습니다. 또한 '세부 목표'가 가장 중요하다는 주장에 동의하지 않거나, 자신들의 조직이 애초에 소원을 들어주거나 래브라도 리트리버를 구조하는 등의 특정 활동을 해왔기 때문에 계속 그 일을 해야 한다고 주장할 수도 있죠. 핑계는 사람마다 다를 수 있지만, 중요한 것은 자선 단체에서 일하는 사람 중 자신이 속한 단체의 접근 방식이 다른 접근 방식보다 효과적이지 않음을 인정하는 경우는 거의 없다는 점입니다.

충분히 이해할 수 있는 이야기입니다. 비영리 활동을 하는 사람에게 이는 민감한 주제일 수밖에 없습니다. 자선 활동은 우리를 위한 것이 아니며, 그렇게 되어서도 안 되지만, 이는 우리의 자존감 및 역량과도 관련이 있기 때문입니다. 이러한 이유로, 자선 단체나 프로그램을 이와 같은 방식으로 비교하는 경우가 드문 것일지도 모릅니다. 비교는 무례하게 느껴질 수 있으며, 감정을 상하게 할 수도 있습니다. 이렇게 될 경우 분명 어색하고 방어적인 대화가 이어지게 되겠죠.

특정 자선 단체가 다른 자선 단체보다 열 배에서 천 배까지 효과적이지 않은 활동을 한다는 이야기를 듣고 싶어 할까요? 당연히 그렇지 않을 것입니다. 기부자가 자신의 기부금이 같은 분야의 다른 비영리 단체에 기부했을 때보다 3,000배나 적은 수의 동물을 도왔다는 이야기를 듣고 싶어 할까요? 당연히 아니겠죠. 이 책에서 다루고 있는 것과 같은 대화가 드문 이유 중 하나가 바로 여기 있습니다.

하지만 우리가 선한 일을 잘하고, 진정으로 세상을 더 나은 곳으로 만들고자 한다면, 이러한 대화를 나누어 보는 것은 반드시 필요합니다. 이러한 대화를 나누는 자리는 우리가 얼마나 똑똑하고 자비롭고 열심히 일하며 열정을 갖고 있는지를 평가하는 장이 되어서는 안 됩니다. 이러한 대화는 개인적인 이야기를 나누는 것이 아니며, 이에 따라 우리는 이를 개인적인 대화가 아니라고 생각하려 해야 합니다.

솔직하고 치밀한 방식으로 선한 일을 하려면 이러한 대화는 반드시 필요합니다. 우리가 원하는 더 좋은 세상을 더욱 효과적으로 만들려면, 비록 불쾌할 수 있지만 이 과정을 반드시 거쳐야만 합니다.

6장

우리가 좋아하는 자선 단체를
성공으로 이끄는 방법

1,500달러짜리 탄산음료

토요일 아침 10시 30분, 당신이 마트에서 쇼핑 카트를 밀면서 장을 보고 있다고 상상해 보세요. 트레이닝복 차림에 머리가 조금 헝클어진 상태입니다. 대개 토요일 아침에 이렇게 일찍 외출하는 일은 드물죠. 하지만 오늘은 조금 다릅니다. 현충일이 포함된 연휴로 3일간의 바비큐와 햇살 축제가 시작되는 날이라 장을 많이 봐야 합니다.

스낵은요? 이미 구매했습니다. 카트 한구석에는 반짝이는 봉지들이 가득한데, 토르티야 칩, 감자칩(일반 감자칩과 두꺼운 융기가 있는 감자칩), 프레첼 막대, 팝콘 등이 그곳을 차지하고 있습니다. 과일과 채소는요? 확인해 보죠. 카트 한쪽에는 신선한 옥수수와 지금까지 본 것 중 가장 튼실하고 과

즙이 풍부한 수박이 높이 쌓여 있네요. 다음으로 가야 할 곳은 음료수 가판대입니다.

모퉁이를 돌아 물(수돗물을 마실 수 있는데 왜 사 먹을까요?)과 주스(너무 비싸요)가 진열된 구역을 지나 음료가 진열된 통로를 따라 걸어가다 탄산음료 진열대 앞에 멈춰 섭니다. 2리터짜리 탄산음료 병이 쭉 늘어선 진열대에는 달콤하고 상큼한 음료수를 고를 수 있는 다양한 옵션이 준비되어 있습니다. 대부분의 브랜드는 꽤 익숙하지만, 당신이 한 번도 본 적 없는 흥미로운 보라색 병이 눈길을 사로잡습니다. "크래시 콜라"라고 써져 있네요.

한 병을 집어 들고 살펴봅니다. 겉보기에는 펩시나 코카콜라와 거의 차이가 없어 보이는 평범한 콜라일 뿐입니다. '새로운 브랜드인가 보다'라고 혼자 생각하며, 평소 펩시를 즐겨 마시지만 이 새로운 콜라를 마셔볼지 잠시 망설입니다. 그 순간 가격표가 눈에 들어옵니다. 대부분의 2리터짜리 탄산음료가 1.50달러 정도인데, 이 탄산음료는… 잠깐, 아니 뭐라고? 그럴 리가 없는데….

가격표에 "$1,500.00"이라고 적혀 있네요. 그러니까 2리터 탄산음료 한 병에 1,500달러라는 거네요. 어떤 멍청한 직원이 1.5달러 대신 1,500달러라고 잘못 찍힌 가격표를 붙여 놓았는지 궁금해하며 웃기 시작합니다. 그러고는 친구들이 이 사진을 보면 웃음을 터뜨릴 것이라 생각하며 휴대폰을 꺼내 사진을 찍습니다.

　휴대폰을 트레이닝복 주머니에 다시 집어넣는 순간, 점원이 통로를 따라 당신을 향해 걸어옵니다. 당신은 미소를 지으며 "이봐요, 잠시만요."라고 점원에게 말을 건넵니다. "가격표를 보니 이 탄산음료의 가격이 1,500달러네요. 가격표를 만든 분이 누구인지 모르겠지만 라벨 기계 작동법을 다시 교육받아야 할 것 같네요. 그게 아니라면 정말 비싼 콜라네요!" 점원은 예상했던 것과 달리 전혀 놀라지 않으면서 다소 짜증스러운 표정을 짓습니다.

　"가격표에 이상 없는데요? 실제로 그 탄산음료는 1,500달러예요."

　당신은 웃으려 하는데 점원의 얼굴에는 짜증이 약간 묻어나고 불만스러운 기색이 역력합니다. 당신은 점원이 진정성 있게 말하는 것인지 궁금해지기 시작합니다.

　"잠깐만요, 농담이신 거죠?"라고 물어봅니다.

　"농담 아닌데요? 1,500달러 맞아요. 비싼 거 압니다. 우리 매장에 와 주셔서 감사합니다. 주말 잘 보내시기 바랍니다." 그렇게 말하며 점원은 통로를 따라 시야에서 사라집니다.

　크래시 콜라 한 병을 손에 들고 서 있으면서 당신은 몹시 혼란스럽습니다. "2리터짜리 콜라 한 병이 1,500달러라고? 그게 가능하기나 해?" 천천히 병을 선반에 다시 올려놓습니다. 실수로 바닥에 떨어뜨려서 돈을 지불하고 싶지 않은 탄산음료라는 생각이 듭니다. 크래시의 가격표를 다시 한 번 살펴본 후, 당신은 돌아서서 펩시 한 병을 집어 듭니다. 당신은 너무나도 기가 차서 고개를 절레절레 흔듭니다.

"정말 1,500달러라고?" 당신은 마음속으로 이런 의문을 품습니다. "펩시콜라 한 병을 50센트에 살 수 있는데 도대체 누가 일반 탄산음료 한 병을 1,500달러에 사려 할까? 이번 주말이면 저 크래시 사(社)는 문을 닫게 될 거야. 제정신이라면 그 누구도 탄산음료에 그렇게 많은 돈을 지불하지 않을 거야. 심지어 이 식료품점에 저런 탄산음료가 있다는 게 믿기지 않아."

물론 당신의 말이 맞을 수 있습니다. 그 누구도(적어도 거의 대부분은) 일반 탄산음료 한 병의 가격에 비해 천 배나 비싼 음료를 사 마시려 하지 않을 것입니다. 만약 크래시 콜라가 실제로 존재하고 가격이 그렇게 높다면, 그 회사는 순식간에 망할 수밖에 없습니다. 영리 기업의 세계에는 생산량과 수입 사이에 즉각적인 피드백 루프가 존재하기 때문입니다. 크래시가 얼마나 많은 돈을 버는지는 다른 탄산음료 회사와 비교해 소비자에게 얼마나 많은 가치를 제공하는지와 직접적인 관련이 있습니다. 어떤 고객도 1,500달러를 내고 탄산음료 한 병을 사 마시려 하지 않을 것이므로, 크래시 사는 결국 망할 수밖에 없을 것입니다.

탄산음료 구매는 상당히 단순한 활동입니다. 탄산음료 고객은 단맛이 나는 맛있는 음료를 원하며, 많은 돈을 쓰고 싶어 하지 않습니다. 그런데 다른 요소들이 구매 결정에 영향을 미칠 수 있습니다. 예를 들어, 들어본 적도 없는 기업의 브랜드보다는 펩시나 코카콜라와 같은 유명 브랜드의 탄산음료를 구입하는 데 더 많은 돈을 쓸 수 있습니다. 만약 당신이 크래시의 맛이 정말 마음에 든다면 펩시나 코카콜라보다 두 배, 심지어 서너 배의 비용을 기꺼이 지불할 수도 있습니다. 하지만 여기에는 한계가 있습니다. 아무리 크래시를 좋아하는 사람일지라도 펩시 대신 크래시를 사 마시기 위해 천 배나 많은 돈을 쓰지는 않을 것입니다.

어떤 회사가 경쟁력 있는 가격으로 많은 가치(가령 맛있는 콜라)를 제공한다면 사람들은 그 회사 제품을 구매할 것입니다. 반면 회사가 많은 가치를 제공하지 않거나(예를 들어 콜라 맛이 형편없거나) 가격이 경쟁사 가격보다 훨씬 높으면 사람들은 그 회사 제품을 구매하지 않겠죠. 이런 경우, 즉 제품이 형편없거나 경쟁사보다 가격이 지나치게 높으면 그 회사는 살아남지 못할 것입니다. 그 회사는 소비자들이 더 이상 그 회사 제품을 구매하지 않으려 하게 됨에 따라 망할 것임에 반해, 더 저렴하면서도 훌륭한 탄산음료는 매장 진열대에 계속 남아 있을 것입니다.

장기적으로 볼 때, 이러한 자유 시장 경쟁은 일반적으로 고객에게 매우 유리하게 작용합니다. 가격은 내려가고 제품의 품질은 향상되죠. 주변을 둘러보세요. 우리는 가격이 매우 저렴하고, 건강에 해롭기는 하지만 맛이 꽤 좋은 탄산음료를 마실 수 있는 세상에 살고 있습니다. 이런 세상에 살 수 있는 것은 대부분의 기본 소비재와 마찬가지로 탄산음료 또한 사람들이 무엇을 원하는지가 명확하기 때문입니다. 사람들은 단맛의 맛있는 음료를 원합니다. 그들은 고장 나지 않는 빠른 컴퓨터를 원하며, 적당한 크기와 무게의 농구공을 원합니다. 또한 사람들은 대체로 이러한 것들을 얻기 위해 가능한 한 적은 비용을 지출하고자 합니다.

자유 시장과 자선 활동의 세계

자유 시장을 염두에 두고 이제 자선의 세계로 돌아가 봅시다. 1장에서 우리는 두 가지 전제에 동의했습니다. 첫째, 자선의 목표는 세상을 더 나은 곳으로 만드는 것입니다. 자선의 목표는 내가 기분이 좋아지거나 나를 위해 더 나은 환경을 만드는 것이 아니라, 다른 사람들의 고통을 줄이고 그들의 행복을 증진하는 데 있습니다. 둘째, 우리는 자선 활동 분야에서 성공하고 싶다는 데 동의했습니다. 우리는 자선 활동을 통해 세상을 가능한 한 더 나은 곳으로 만들고자 하는 목표를 가지고 있습니다.

곰곰이 따져 보면, 우리가 자선 활동에서 원하는 것은 우리가 탄산음료 한 캔을 손에 넣을 때 원하는 것과 별다른 차이가 없습니다. 우리는 가능한 한 많은 가치를 창출하길 원해야 합니다. 즉, 세상을 가능한 한 더 나은 곳으로 만들고 싶어 해야 하는 것이죠. 또한 우리는 소기의 목적을 달성하면서 가능한 한 적은 비용을 지불하기를 원해야 합니다. 우리는 우리의 돈이나 시간을 최대한 효율적으로 활용하길 원해야 합니다. 이는 우리가 인색해서가 아니라, 우리의 기부나 활동을 통해 세상을 최대한 개선하고자 하기 때문입니다.

선행과 제품은 분명 다릅니다. 선행은 탄산음료 한 병이 아니죠. 하지만 자선 활동에서 성공하고 싶다면 자금을 최대한 효과적으로 활용해야 합니다. 자금을 더욱 효과적으로 활용할수록, 고통받는 더 많은 사람들이 필요한 도움을 받을 수 있습니다. 우리가 자금을 효과적으로 활용하지 못할수록, 우리가 도울 수 있는 개인의 수는 줄어들게 될 것입니다.

자선의 세계가 자유 시장처럼 작동한다고 가정해 보세요. 실제로 그럴 경우 기부자들은 가장 효율적인 자선 단체에 기부할 것입니다. 기부자들은 최소한의 비용으로 최대의 효과를 내는 단체, 즉 지출한 금액당 세상을 최대한 개선하는 단체에 기부할 것입니다. 매우 효율적인 자선 단체는 매우 크게 성장할 것이고, 더 많은 사람들이 그 조직과 그들이

하는 일에 대해 알게 되면서 기부자들이 점점 늘어날 것입니다. 반면, 약간의 좋은 일을 하는 데 많은 돈이 필요한, 극도로 비효율적인 비영리 단체(자선 단체계의 크래시 콜라)는 기부자들이 돈을 낭비하고 싶어 하지 않기 때문에 성장하지 못할 겁니다.

이론상으로 보자면, 비영리 단체 기부자들이 일반 소비자들처럼 최대한의 효과를 얻고자 할 경우 이런 일이 일어날 수 있습니다. 하지만 같은 분야의 자선 단체이건 일반적인 자선 단체이건, 이들을 비교해 볼 경우 이런 일이 일어나지 않는다는 사실이 분명해집니다. 실제로 비영리 단체의 경우 효율은 전혀 중요하지 않은 것처럼 보입니다. 비영리 단체가 매년 얼마나 많은 기부금을 모금하는지와 그들이 세상을 위해 얼마나 좋은 일을 하는지는 거의 관계가 없습니다. 자선 단체의 성과와 모금 사이에는 상관관계가 거의 없습니다. 세상을 더 나은 곳으로 만드는 데 매우 효율적인 비영리 단체라고 해서 예산이 급증하는 것은 아닙니다. 마찬가지로 세상을 더 나은 곳으로 만드는 데 극도로 비효율적인 비영리 단체도 예산이 바닥나거나 줄어드는 경우는 없습니다.

세바 재단과 극장 커뮤니케이션 그룹을 떠올려 보세요. 우리는 대부분 연극 예술의 질적 향상보다 시각장애인 치료가 더 중요하다고 생각하며, 이러한 점에서 세바가 TCG보다 1달러당 천 배는 더 좋은 일을 하고 있다는 데 동의했습니다. 하지만 각 단체의 예산을 살펴보면 두 단체의 예산이 거의 동일하다는 사실을 알 수 있습니다. 기부자들은 세바에 기부하는 것만큼이나 TCG에도 많은 돈을 기부하고 있습니다. 본질적으로 보면, 이 상황은 기부자들이 1.50달러짜리 콜라가 진열대에 나란히 놓여 있음에도, 1,500달러짜리 크래시 콜라를 찾아서 구매하고 있는 것과 다를 바 없습니다.

이러한 현상은 다른 분야의 자선 단체뿐만 아니라 같은 분야의 자선 단체에서도 나타납니다. 앞서 살펴본 주혈흡충증 통제 이니셔티브(SCI)와 또 다른 공중보건 관련 자선 단체인 낭포성 섬유증 재단(Cystic Fibrosis Foundation, CFF)을 예로 들어 보겠습니다. 여러분은 SCI가 매년 약 2억 명의 사람들을 감염시키는 기생충에 의해 전파되는 열대성 질병인 주혈흡충증 퇴치를 위해 노력하고 있다는 점을 기억하실 것입니다. 주혈흡충증은 혈변이나 소변, 위경련 등의 단기적인 증상 외에도, 감염된 일부 사람들에게는 평생 동안 지속되는 심각한 질병을 유발할 수 있습니다.

앞에서 낭포성 섬유증 재단에 대해서는 소개하지 않았으니 관련된 이야기를 간략하게 해드리겠습니다. 낭포성 섬유증은 전 세계적으로 약 7만 명이 앓고 있는 희귀 유전 질환으로, 그중 절반 가까이가 미국에서 발생하고 있습니다. 이 질환을 앓고 있는 사람들은 결함이 있는 유전자로 인해 폐와 다른 장기에 점액이 쌓이게 됩니다. 점액이 축적되면 염증, 반복적인 감염, 폐 손상, 그리고 치명적인 호흡 부전이 이어질 수 있습니다. 현재 이 질병에 대한 알려진 치료법은 없으며, 조기 사망으로 이어지는 경우도 종종 발생합니다. 낭포성 섬유증을 앓고 있는 사람들은 반복되는 감염과 호흡기 문제로 신체가 쇠약해질 수 있습니다.

안타깝게도 낭포성 섬유증을 해결하기 위한 노력에는 막대한 비용이 소요됩니다. 1955년에 설립된 낭포성 섬유증 재단은 현재 연간 3억 달러 이상의 예산을 투입하여 이 질환에 대한 연구, 치료 및 대중 교육을 진행하고 있습니다. 이처럼 엄청난 예산 투여와 반세기에 걸친 노력에도 불구하고, 낭포성 섬유증은 치료가 매우 어려운 질환임이 밝혀졌습니다. CFF의 연구와 전문 치료 기술의 발전 덕분에 오늘날 낭포성 섬유증 환자의 평균 수명은 1950년대보다 훨씬 더 길어졌습니다. 그럼에도 전체 환자의 절반은 여전히 40세 이전에 사망합니다. 현재로서 알려진 치료법은 없으며, 낭포성 섬유증을 앓고 있는 대부분의 사람들은 여전히 앞서 언급한, 신체가 쇠약해지는 건강 문제에 시달리고 있습니다.

낭포성 섬유증 재단이 하는 일은 고귀하지만, 선한 일의 양 대비 지출 금액은 매우 높습니다. CFF가 내일 낭포성 섬유증을 완전히 치료할 수 있는 치료법을 발견하더라도, 이 쇠약해지는 병을 완치하려면 한 사람당 수십만 달러가 소요

되는 등 엄청난 비용이 들게 될 것입니다. 반면 SCI가 평생을 쇠약하게 만드는 질병으로부터 한 사람을 구하는 데 드는 비용은 단지 1,000달러에 불과합니다.

낭포성 섬유증과 주혈흡충증은 모두 매우 심각한 질병이지만, 후자의 치료 비용이 훨씬 저렴합니다. 여러분과 저는 낭포성 섬유증 퇴치를 위해 기부하는 것보다 주혈흡충증 퇴치를 위해 기부함으로써 더 많은 사람들을 평생 동안 쇠약해지는 질병으로부터 구할 수 있습니다. 이러한 사실을 고려할 때, 주혈흡충증 통제 이니셔티브는 낭포성 섬유증 재단만큼은 아니더라도 적어도 그 이상의 기부를 받을 것이라 생각해 볼 수 있습니다. 요컨대, 동정심 많은 기부자들이 쇠약해지는 질병으로부터 더 적은 수의 사람들을 살리기보다는 더 많은 사람들을 구하고 싶어 하지 않을까요?

그러나 SCI의 예산은 연간 1,000만 달러에 불과하며, 기부자들은 SCI보다 낭포성 섬유증 재단에 30배나 더 많은 돈을 기부하고 있습니다. SCI에 기부할 경우 더 많은 사람들을 도울 수 있음에도, 기부자들은 그렇게 하지 않고 있습니다. (물론 기부자들이 이 사실을 알고 있다는 것은 아닙니다. 그 점에 대해서는 곧 설명하겠습니다.)

이와 비슷한 예는 얼마든지 들 수 있지만, 여기서 강조하고자 하는 핵심은 비영리 단체의 수입이 그 단체가 이끌어 낸 긍정적인 성과와 비례하지 않는다는 것입니다. 기부금을 활용해 좋은 성과를 낸다고 해서 그 비영리 단체의 기부금이 급증하는 것은 아닙니다. 반대로, 많은 지출에도 불구하고 성과가 미흡한 비영리 단체라고 해서 기부금이 줄어드는 것도 아니죠. 이로 인해 효율적으로 선행을 하는 단체가 그 성과를 충분히 이루는 데 필요한 재원을 제공받지 못하는 비극적인 상황이 발생합니다. 그 결과, 더 좋아질 수 있는 세상이 그만큼 좋아지지 못하고 있습니다. 자선 활동을 통해 더 많은 고통을 줄이고 더 많은 사람을 도울 수 있는 잠재력이 발휘되지 못하고 있는 것이죠.

우리가 이러한 상황을 변화시킬 수 있습니다. 우리가 해야 할 일은 가장 효율적인 자선 단체, 즉 지출한 금액 대비 가장 좋은 일을 많이 하는 자선 단체에 집중적으로 기부를 하는 것입니다. 자선 단체를 바라보는 태도는 적어도 우리가 탄산음료를 구매할 때만큼이나 진지하고 솔직해야 합니다. 먼저 주어진 선택지를 면밀히 살펴보고, 가장 적은 금액으로 최대한 큰 가치를 창출할 수 있는 곳이 어디인지를 확인합니다. 그런 다음, 그런 곳에 기부를 하는 것이죠.

이러한 접근 방식을 취할 경우, 우리는 훌륭하고 효율적인 단체가 세상을 위해 멋진 일을 하는 데 필요한 자원을 더 많이 제공할 수 있습니다. 그런데 이러한 방식으로 기부를 하는 데에는 또 다른 커다란 장점이 있습니다.

비영리 단체에 훌륭한 성과를 낼 수 있는 동기 제공하기

자선 단체에 기부하시나요? 기부를 하신다면 일단 계속 손을 들고 계셔보세요. 이제 두 번째 질문입니다. 자선 단체가 받는 기부금의 액수가 그 자선 단체가 세상을 위해 얼마나 좋은 일을 하는지와는 관련이 없는 이유는 무엇일까요?

아직 손을 들고 계신가요? 그러길 바랍니다. 왜냐하면 상황이 이렇게 된 것은 바로 우리 때문이기 때문이죠. 이는 기부자들인 우리가 모두 멋쩍게 인정해야 할 사실입니다. 이러한 단체들에 후원금을 내는 것은 바로 우리입니다. 비영리 단체가 세상을 더 나은 곳으로 만드는 데 얼마나 효율적인지 충분히 고려하지 않고 기부하는 것도 바로 우리죠. 진열대 바로 옆에 1.50달러짜리 콜라가 있는데도 1,500달러짜리 크래시 콜라 한 병, 700달러짜리 한 병, 20달러짜리 한 병을 사는 것도 우리입니다. 왜 훌륭한 자선 단체가 필요한 만큼의 기부금을 받지 못하고, 평범한 자선 단체가 충분한 기부금을 받고 있는지 의아할 수 있습니다. 하지만 우리는 그 원인이 우리 자신에게 있음을 깨달아야 합니다.

2010년과 2011년에 경영 컨설팅 회사인 호프 컨설팅 (Hope Consulting)은 비영리 단체에 기부하는 사람들을 대상으로 일련의 대규모 설문조사를 실시했습니다. 이 연구는 '머니 포 굿'과 '머니 포 굿 II'라는 제목으로 진행되었으며, 연간 소득이 8만 달러 이상인 가구를 중심으로 조사가 이루어졌습니다. 이러한 가구에 초점을 맞춘 이유는 이들이 미국 전체 개인 자선 기부의 약 4분의 3을 차지하기 때문입니다. 총 1만 5,000명의 개인 기부자를 대상으로 한 머니 포 굿 설문조사 결과는 놀랍지는 않았지만, 그럼에도 다소 우울하게 느껴졌습니다.

설문조사 결과에 따르면, 기부처를 결정할 때 해당 자선 단체가 세상을 위해 얼마나 좋은 일을 하는지(다른 자선 단체와 비교해)가 가장 중요한 요소라고 답한 기부자는 단 3%에 불과했습니다. 또한, 서로 다른 비영리 단체의 영향력을 비교하는 데 어떤 방식으로든 시간을 할애했다고 답한 비율은 6%에 불과했습니다(Hope Consulting, 2014).

물론 기부자들은 자선 단체가 얼마나 좋은 일을 많이 하는지의 중요성에 대해 입에 발린 관심을 보였습니다. 대다수가 영향력에 관심이 있다고 답했으며, 그중 1/3은 다양한 비영리 단체를 비교한 연구를 확인해 보고 싶다고 말했습니다. 하지만 말과 행동은 다릅니다. 안타까운 점은 현재 우리 중 극히 일부만이 가장 좋은 일을 할 수 있는 단체에 기부를 하고 있다는 사실입니다. 실제로 우리 중 극히 일부만이 여러 자선 단체를 비교하여 가장 좋은 단체를 후원하기 위해 노력하고 있습니다.

푸드 포 라이프(Food for Life)와 같은 기아 구호 자선 단체에 기부하려는 사람들이 후원금을 내기 전에 해당 자선 단체를 다른 자선 단체와 비교해 보는 경우는 거의 없습니다. 다른 기아 구호 기관과 비교하여 푸드 포 라이프에서 아동 한 명당 지출하는 비용이 얼마인지 알아보려는 사람도 드뭅니다. 어떤 단체에 기부하면 영양실조에 시달리는 아동 5명을 먹일 수 있는 반면, 다른 단체에 기부하면 영양실조 아동 50명을 먹일 수 있다는 사실을 파악하기 위해 시간을 들여 조사해 보는 사람도 거의 없습니다. 기부자들은 그저 굶주린 아이들에게 음식을 제공한다는 대의를 따르고 싶어 할 뿐, 실제 영향력을 고려하는 경우는 대체로 거의 없습니다. 기부자들은 관심이 있다고 말하지만, 머니 포 굿 연구에 따르면 실제로 그 관심을 행동으로 옮기는 사람은 거의 없습니다.

그 결과, 많은 돈이 낭비되는 비극적인 상황이 초래되고 있습니다. 이 경우, 기부자들의 후원금은 그들이 실현할 수 있는 선의 일부만을 실현하게 됩니다. 이는 기부자들이 자신의 후원금이 실제로 어떻게 사용되는지에 대해 충분히 관심을 기울이지 않기 때문에 나타나는 결과죠.

이로 인해 두 번째의, 동일하게 불편한 결과가 산출됩니다. 기부자인 우리가 이런 식으로 행동함으로써, 자선 단체는 자신이 얼마나 많은 선행을 실천하고 있는지에 대해 신경 쓸 필요가 없다는, 바람직하지 못한 교훈을 얻게 됩니다. 결과적으로 자선 단체는 세상을 더 나은 곳으로 만들겠다는 궁극적인 목표나 그 목표를 얼마나 효율적으로 달성하고 있는지에 대해 고민할 필요가 없게 됩니다. 즉 기부자인 우리가 비영리 단체에게 성과는 별로 중요하지 않다고 일러준 셈이 된 거죠.

물론 예외도 있습니다. 예를 들어, 재단이나 정부로부터 더 많은 자금을 지원받기 위해 비영리 단체가 더 많은 활동을 해야 하는 경우나, 비영리 단체가 극적인 실패를 겪거나 공개적인 스캔들이 발생해 기부자나 지원금을 잃는 경우도 있습니다. 또한 매우 효율적인 일부 자선 단체는 가능한 한 많은 선을 행하는 데 관심이 있는 기부자들의 관심을 성공적으로 촉발해 오기도 했습니다. 하지만 이는 예외적인 경우입니다. 평균적으로 볼 때, 비영리 단체가 얼마나 많은 선을 실천하는지와 모금 금액 사이에는 별다른 관계가 없습니다.

영리 기업의 경우, 수익 창출이라는 목표에서 눈을 떼면 생존을 위협받게 됩니다. 돈을 벌어들이지 못하거나 경쟁력 있는 가격으로 가치 있는 제품을 판매하지 못하면 폐업을 면치 못하게 되죠. 반면 비영리 단체의 경우, 세상을 더 나은 곳으로 만든다는 목표에서 눈을 돌린다고 해도 실존적인 위협을 받지 않습니다. 비록 선한 일을 많이 하지 않더라도, 혹은 선한 일을 할 때마다 많은 돈을 쓰더라도 폐업하게 되지는 않을 것입니다. 예산의 80%를 모금에 사용하거나 임원이 중대 범죄로 유죄 판결을 받는 등의 큰 스캔들만 피할 수 있다면, 그리고 가시적인 성과가 있는 한 자금은 계속해서 유입될 것입니다. 자선 단체는 비록 무의식적인 수준이라 할지라도, 세상을 위해 얼마나 선을 행하는지에 크게 신경 쓸 필요가 없다는 사실을 알고 있습니다.

안타까운 현실은 비영리 단체가 세부 목표에 초점을 맞출 경제적 유인이 부족하다는 것입니다. 이러한 단체에게는 지출 비용 대비 더 많은 성과를 거둘 수 있게 할 경제적 유인책이 없습니다. 예를 들어 푸드 포 라이프와 같은 자선 단체에게는 아동 1인당 급식비용을 절감하면서 더 많은 아동을 돕게 할 만한 경제적 유인이 없습니다. 동물 보호 단체에게도 공공 교육이나 정책개선에 집중하여 동물 한 마리당 비용을 줄이게 할 경제적 유인이 없습니다. 해비타트에게도 개발도상국에 더 많은 주택을 지어 수용 가구당 비용을 낮추게 할 경제적 유인이 없습니다. 대부분의 사람들은 특정한 방식으로 행동할 만한 유인책이 없다면 그 방향으로 행동하지 않습니다.

당신이 이렇게 말할 수도 있습니다. "잠깐만요. 이러한 자선 단체들이 더 나은 일을 하게 만드는 유인은 분명히 있습니다. 그들은 관련 문제에 관심을 갖고 있으며, 돕고자 하는 마음이 있는데, 이것만으로도 충분히 유인이 있다고 할 수 있죠."

물론 많은 비영리 단체 직원들은 자신이 일하는 목적에 깊이 관심을 갖고 있고 그들 중 일부는 실제로 효율적인 결과를 내기 위해 노력할 것입니다. 그들 중 상당수는 공공연하게 돈을 낭비하지 않으려고 노력할 것입니다. 하지만 비영리 단체 직원도 여러분과 다르지 않다는 사실을 명심하세요. 만약 어떤 대의에 깊은 관심을 나타내는 사람들이 세부 목표에 별다른 관심을 갖지 않으면서 기부를 한다면, 비영리 단체 직원들이라고 해서 일상 업무에서 특별히 다른 모습을 보일 것이라 기대할 수 있을까요? 대부분의 직원들이 세부 목표에 깊은 관심을 기울일 것이라고 믿을 수 있다면 얼마나 좋을까요? 마찬가지로, 대부분의 기부자들이 세부 목표에 깊은 관심을 기울인다고 믿을 수 있다면 얼마나 좋을까요? 안타깝게도 현실은 이와 다릅니다. 이 책에서 인용된 메이크어위시 재단, 해비타트 포 휴머니티, 낭포성 섬유증 재단, 극장 커뮤니케이션 그룹 등의 자선 단체만 살펴봐도 대부분의 기부자와 대부분의 비영리 단체 직원들이 최선의 성과로 나아가는 길을 선택하지 않고 있다는 사실을 알 수 있습니다.

이 모든 것이 매우 큰 문제이지만, 어두운 구름 속에서도 희망의 빛은 있습니다. 우리는 상황을 바꿀 수 있습니다. 기부자로서 우리는 모두 좋아하는 자선 단체가 세부 목표에 집중하도록 유도함으로써 위대한 단체로 이끌 수 있습니다. 구체적으로 어떻게 해야 할까요? 현재는 소수에 불과하지만 점점 그 비율이 늘어나고 있는 사람들의 일원이 되는 것입니다. 이들은 자선 단체의 효율성을 기준으로 기부처를 선택하는 사람들이죠. 또한 기부금으로 가장 큰 효과를 거둘 수 있는 자선 단체를 찾기 위해 유사한 자선 단체를 비교하고 고민하는 데 시간을 투자하는 사람들의 일원이 되는 것입니다. 이들 또한 소수이지만 점점 그 비율이 늘어나고 있습니다. 이렇게 하는 사람들이 많아질수록 자선 단체는 세부 목표에 초점을 맞추는 것이 세상을 위한 것일 뿐만 아니라 자신들에게도 긍정적인 결과를 가져온다는 사실을 더 빠르게 깨닫게 될 것입니다.

자선 단체들이 이런 방식으로 활동하기 시작하면 어떤 변화가 일어날지 상상해 보세요. 우리가 탄산음료를 구매하는 것만큼이나 진지하면서도 간단한 방식으로 자선을 실천하고, 가장 적은 비용으로 가장 선을 잘 행하는 단체에만 기부한다고 상상해 보세요. 이럴 경우, 비영리 단체는 자선이라는 목표를 달성하기 위한 강력한 경제적 유인을 갖게 될 것입니다. 이렇게 되면 탄산음료의 가격을 낮추는 것과 동일한 시장 원리가 작용하여, 세상을 더 나은 곳으로 만드는 데 드는 비용도 낮출 수 있게 될 것입니다.

1달러를 지출할 때마다 세상을 크게 개선하는 자선 단체는 점점 더 많은 기부금을 받으며 보상을 받게 될 것입니다.

반면 세부 목표를 무시하고, 지출한 1달러로 별다른 효과를 거두지 못한 자선 단체는 규모가 축소되거나 문을 닫게 될 것입니다. 자선 단체들이 선을 행하고 기부자의 관심을 끌기 위해 세부 목표를 강화함에 따라, 그들의 '활동 대비 비용'은 상당히 줄어들 것입니다.

기부자가 각 단체의 1인당 기아 구제 비용을 기준으로 기부를 시작할 경우, 기아 구호 분야에서 어떤 일이 일어날지 고찰해 봅시다(직접 식량을 공급하는 방법을 통해서든, 농업 역량 강화와 같은 제도적 개선을 통해서든). 기부자의 기부를 계속 받으려면, 특히 단체로 성장하려면 푸드 포 라이프와 다른 모든 기아 단체는 기아 구제에 드는 1인당 비용이 해당 분야의 다른 자선 단체보다 낮거나 최소한 경쟁력이 있어야 한다는 사실을 알고 있어야 할 것입니다. 푸드 포 라이프 직원들은 자신의 조직이 기아에서 한 사람을 구하는 데 드는 비용을 계산해 볼 것이며, 다른 단체의 관련 비용이 얼마인지 알아보기 위해 최선을 다할 것입니다. 그들은 프로그램의 모든 측면을 재검토하여 비용을 절감할 수 있는 방법을 모색할 것입니다. 비효율적인 요소들은 과감히 제거하고, 효과가 낮은 프로그램은 점진적으로 축소하며, 효과가 높은 프로그램은 확대하려 할 것입니다. 이러한 과정을 통해 개별 자선 단체뿐만 아니라 기아 구호 분야 전반에서 1인당 기아 구제 비용이 급격히 감소할 것입니다.

또한 각각의 기부자는 자신이 기부한 금액으로 훨씬 더 많은 선행을 할 수 있게 될 것이며, 결과적으로 기아 구제 활동을 위한 총 기부액이 한 푼도 늘지 않아도 더 많은 사람들이 기아에서 벗어날 수 있게 될 겁니다.

이와 유사한 변화가 거의 모든 자선 분야에서 일어날 것입니다. 동물 보호 분야에서는 동물 한 마리를 구하는 데 드는 비용이 급감할 것입니다. 동물 자선 단체는 더 많은 기부를 받기 위해, 그리고 하나의 단체로 성장하기 위해 가장 많은 동물을 구할 수 있는 문제(예를 들어 농장 동물)와 접근 방식(예를 들어 교육 및 정책 업무)에 집중해야 한다는 사실을 깨닫게 될 것입니다. 이런 과정을 거쳐, 머지않아 동물 보호 분야는 기부금의 총액이 늘지 않더라도 매년 기하급수적으로 더 많은 동물을 구할 수 있게 될 것입니다.

환경 보호 분야에서는 개발로부터 보호되는 토지의 에이커당 비용이 줄어들어 더 많은 토지를 보호할 수 있게 될 겁니다. 노예제 반대 분야에서도 노동 착취나 성매매로부터 사람들을 해방시키는 1인당 비용이 줄어들어 더 많은 사람들이 자유를 얻을 수 있게 될 겁니다. 이와 동일한 효과가 기부자가 지원하는 모든 자선 분야로 확산된다고 생각해 보세요. 세상은 빠르게 훨씬 더 나은 곳으로 변할 것입니다.

이것이 바로 기부자인 우리 각자의, 좀 더 엄밀하게 말해 수표와 신용카드의 힘입니다. 우리는 자선 단체들이 더 효과적인 방향으로 나아가게 할 수 있는 힘을 가지고 있습니다. 우리는 지원하는 특정 자선 분야 내에서 비영리 단체들이 더 많은 사람들에게 음식을 제공하고, 더 많은 숲을 보호하며, 해당 단체와 우리가 이루고자 하는 목표를 달성하도록 유도할 수 있는 힘을 가지고 있습니다.

이 모든 일을 이루기 위해, 우리는 가장 큰 선행을 할 수 있는 곳에 기부하는 사려 깊은 기부자 대열에 동참하기만 하면 됩니다. 우리는 시간을 들여 자선 단체를 비교하고, 기부금으로 세상을 가장 많이 개선할 수 있는 단체를 파악한 뒤, 그 정보를 바탕으로 신중하게 결정을 내릴 수 있는 자제력을 갖추기만 하면 됩니다.

기부자만의 잘못이 아닙니다

다음 장에서는 기부자들이 가장 좋은 일을 하는 자선 단체에 기부를 집중하지 못하는 심리적 이유에 대해 살펴볼 것입니다. 하지만 그에 앞서, 기부자들이 직면하는 현실적인 장애물을 먼저 살펴볼 필요가 있습니다. 대부분의 기부자들은 변화를 일으키는 가장 효과적인 방법이 무엇인지 잘 알지 못합니다. 기부자들은 어떤 자선 단체와 프로그램이 가장 효율적인지를 파악할 수 있을 만큼 충분한 시간이나 자료를 갖추고 있지 않습니다.

말라리아 퇴치 재단(Against Malaria Foundation)과 빌 앤

멀린다 게이츠 재단(The Bill and Melinda Gates Foundation) 중 어느 쪽이 말라리아 확산을 줄이는 데 더 효과적일까요? 100달러의 기부금으로 더 많은 굶주린 사람들에게 음식을 공급할 수 있는 단체는 푸드 포 라이프일까요? 아니면 유니세프일까요? 입법, 소송, 공공 교육 중에서 대기 및 수질 오염을 줄이는 데 가장 성공 가능성이 높은 접근 방식은 무엇일까요?

이 주제들을 오랫 동안 연구해 보지 않은 이상, 이러한 질문들에 답하기는 어려울 것입니다. 우리가 알아내기 위해 노력하더라도, 이들에 답하기는 쉽지 않을 것입니다. 세부 목표 지향적 접근 방식을 취하는 비영리 단체는 거의 없기 때문에 이러한 질문에 답하는 데 필요한 자료가 존재하지 않는 경우가 많으며, 설령 존재하더라도 그 자료가 공개되는 경우는 드뭅니다.

그런데 무엇이 가장 효과적인지 모른다고 해서 항상 문제가 되는 것은 아닙니다. 예를 들어, 주식 시장을 생각해 보세요. 미국인의 약 절반이 직접 또는 뮤추얼 펀드나 인덱스 펀드 등을 통해 주식을 소유하고 있습니다. 하지만 이들 대부분은 자신이 투자하고 있는 회사에 대해 아는 것이 거의 없습니다. 그들은 회사의 대차대조표를 보거나 분기별 보고서를 검토한 적이 없으며, 각 기업이 속한 업계의 동향도 파악하지 못합니다. 현재의 금융 또는 정치적 사건이 시장 전체에 미칠 영향에 대해서도 잘 알지 못할 수 있습니다. 주식을 보유한 대부분의 사람들은 이 모든 자료를 조사하는 데 시간을 할애하지 않으며, 때문에 특정 회사 주식을 가지고 있는 것이 좋은 투자인지 나쁜 투자인지 현명한 결정을 내릴 수 없을 가능성이 높습니다. 그럼에도 그들은 어쨌든 투자를 하고 일반적으로 돈을 벌게 됩니다. 어떻게 이런 일이 가능할까요?

이는 주식에 투자하는 대부분의 사람들이 스스로 특정 주식을 선택하지 않기 때문에 가능한 일입니다. 주식 투자는 위험천만합니다. 다시 말해 투자에 성공하면 큰 이익을 얻을 수 있지만, 실패할 경우 큰 손실을 입을 수 있죠. 대부분의 개인 투자자들은 이 분야에 대한 자신의 지식에 한계가 있다는 것을 잘 알고 있을 만큼 현명합니다. 실제로 금융 전문가들은 일반인들이 스스로 특정 주식을 선택하지 말라고 흔히 경고합니다. 왜 그럴까요? 주식 시장은 대처하기가 매우 어렵기 때문입니다. 스스로 주식을 골라 안정적으로 좋은 성과를 내고 투자 수익을 얻으려면 방대한 데이터와 경험이 필요합니다.

이에 따라 대부분의 사람들은 특정 주식을 직접 고르는 대신 인덱스 펀드(특정 주식이 아닌 주가지수의 움직임에 따라 수익률이 결정되는 방식)에 투자하거나 목표를 달성하는 데 도움을 줄 수 있는 전문가를 찾습니다. 그들은 뮤추얼 펀드 매니저나 풀 서비스 주식 브로커와 같은 중개인을 이용하기도 합니다. 이러한 중개인은 성과가 좋을 것으로 예상되는 특정 주식을 고를 수 있는 데이터와 경험을 갖춘 전문가입니다. 이들은 정해진 수수료 또는 수익의 일부를 받고서 투자할 주식을 고른 다음, 해당 투자를 모니터링하고 필요할 때 조정합니다. 이러한 중개인은 좋은 종목을 고를 수 있는 데이터와 경험을 가지고 있기 때문에 일반적으로 고객에게 수익을 안겨줍니다. 고객은 모든 단계에서 자신의 수익을 검토할 수 있고, 얼마나 많은 돈을 벌고 있는지 확인할 수 있습니다.

여러 면에서 주식 시장의 세계는 자선 단체의 세계와 그리 다르지 않습니다. 기부자는 본질적으로 투자자이지만, 금전적 수익 대신 사회적 수익을 추구한다는 점이 다를 뿐입니다. 기부자들은 기부를 통해 세상을 긍정적으로 개선하는 결과를 얻고자 합니다. 대부분의 개인 투자자가 특정 주식을 고르는 가장 좋은 방법을 모르는 것처럼, 대부분의 기부자도 아동 비만, 노숙자, 인구 과잉 또는 기타 사회 문제를 해결하는 가장 좋은 방법을 알지 못합니다. 개인 투자자가 특정 주식이 다른 주식에 비해 얼마나 좋은 성과를 낼지 예측하기 어려운 것처럼, 기부자도 특정 자선 단체가 다른 단체에 비해 얼마나 효율적인지 판단하기 어렵습니다.

이상적으로 보자면, 기부자에게도 개인 투자자가 자신

의 문제를 해결하는 방식과 유사한 형태의 해결책이 제공되어야 합니다. 투자자가 주식 중개인이나 펀드 매니저에게 주식 선택을 맡기는 것처럼, 기부자도 특정 자선 분야에 대한 전문성을 개발하는 데 필요한 시간과 돈을 투자하는 중개인에게 기부 결정을 맡길 수 있어야 합니다. 이러한 중개인은 기부자에게 특정 자선 분야와 전반적인 자선 분야에서 기부금당 가장 큰 성과를 낼 수 있는 비영리 단체를 선택하라는 조언을 할 수 있을 겁니다.

토끼를 구하는 데 도움이 되는 기부를 하고 싶으신가요? 이상에서와 같은 기부 관리자는 어느 단체가 토끼 한 마리당 가장 낮은 비용으로 토끼를 구할 수 있는지, 또는 최대한 많은 토끼를 구하고 싶다면 어디에 기부해야 하는지를 알려 줄 수 있습니다. 집이 없는 사람에게 집을 지어 주는 기부와 환경 보호를 위한 기부 중 어느 쪽이 더 좋은 결과를 가져올지 잘 모르시겠어요? 기부 관리자가 여러 분야의 달러당 영향력을 비교하는 데 도움을 줄 수 있습니다.

기부금 관리자는 이러한 결정을 내리는 데 도움이 되는 데이터를 어디서 찾을 수 있을까요? 발품을 팔아 정확한 정보를 확인하는 것이 매우 중요합니다. 비영리 단체의 비용 구조와 프로그램의 실제 영향력을 분석하면 해당 단체가 세부 목표를 얼마나 잘 달성하고 있는지 파악할 수 있습니다. 비영리 단체는 관련 데이터를 공개해야 합니다. 왜냐하면 기부 관리자는 데이터를 공유하지 않는 자선 단체는 추천하지 않을 것이기 때문입니다. 뮤추얼 펀드 매니저가 회사에 대한 구체적인 재무 정보 없이 그 회사 주식을 매입하지 않는 것처럼(실제로 연방법에 따라 상장 기업은 해당 정보를 공개해야 합니다), 기부금 관리자는 해당 자선 단체의 영향력에 대한 구체적인 정보가 공개되지 않는 한, 해당 단체를 추천하지 않을 것입니다.

하지만 안타깝게도 비영리 분야에는 이러한 중개자가 존재하지 않습니다. 여기에는 여러 이유가 있겠지만, 적어도 한 가지 사실만큼은 분명합니다. 우리는 돈을 벌고자 할 때만큼 자선 활동에 대해 진지한 고찰을 하지 않습니다. 자신에게 관심을 기울이는 만큼 다른 사람을 돕는 일을 진지하게 고찰해 보지 않죠.

뮤추얼 펀드 매니저와 풀 서비스 주식 중개인은 그들의 서비스에 대한 수요가 있으니 영업을 할 수 있습니다. 투자자들은 돈을 버는 데 관심이 많아 자신을 위해 올바른 결정을 내릴 수 있도록 브로커와 매니저에게 돈을 지불합니다. 만약 우리가 돈을 버는 것만큼 자선 활동을 중요하게 생각한다면, 기부자를 위한 중개 서비스 시장도 존재할 것입니다. 안타깝게도 이러한 기부 관리자는 현재 존재하지 않으며, 이는 이러한 서비스가 대중이 돈을 지불할 만큼의 관심을 끌지 못하고 있다는 것을 시사합니다. 반면, 이러한 중개업체가 설립된다면 기부자와 재단이 기꺼이 서비스 비용을 지불할 가능성도 있습니다. 그러나 이러한 시도는 한 번도 시도된 적이 없어서 기부자들은 이것이 하나의 선택지가 될 수 있다는 사실조차 깨닫지 못할 수도 있습니다.

도움이 되지 않는 충고

그렇다고 기부자와 비영리 단체 사이에 전혀 중개자가 없는 것은 아닙니다. 몇몇 기관에서는 이러한 역할을 수행하고 있습니다. 일부 재무 설계 회사에는 고객이 재단을 설립하거나 그들이 지원할 비영리 단체를 선택하는 데 도움을 주는 자선 자문가가 있습니다. 그러나 안타깝게도 이러한 자문가들의 목표는 고객이 기부한 달러당 가장 큰 효과를 거둘 수 있는 단체를 알려주는 것이 아닙니다. 실제로 머니 포 굿의 연구에 따르면, 자선 자문가는 추천할 자선 단체를 결정할 때, 비영리 단체의 효과적인 자금 활용을 개인 기부자만큼이나 중요하게 여기지 않는 것으로 나타났습니다. 자선 자문가 중에서 얼마나 좋은 일을 하는지를 기준으로 자선 단체를 추천하는 비율은 5% 미만에 불과했습니다. 자선 활동 자문가는 그런 정보를 제공하지 않습니다. 고객이 그런 종류의 정보에 관심이 없기 때문이죠. 자선 자문가는 그저 고객이 관심을 갖는 분야 내의 존경받고 재정적으로 건전한 비영리 단체와 고객을 연결해주고, 기금 이체를 처리하는 데 도움을 줄 뿐입니다.

자선 자문가 외에도 기부자가 더 많은 정보를 바탕으로 기부 결정을 내릴 수 있도록 도와주는 비교적 잘 알려진 웹사이트들이 있습니다. Charity Navigator.org, Guidestar.org, MyPhilanthropedia.org(가이드스타 소유) 등이 그 예죠. 이러한 사이트들 중 일부는 다양한 자선 단체에 대한 평가나 순위를 제공하기도 합니다. 이들 사이트가 기부자에게 매우 유용한 정보원이라는 평가를 받았을 수 있으며, 언젠가는 실제로 그렇게 될 수도 있습니다. 하지만 현재로서는 이러한 사이트들이 제공하는 정보와 순위 시스템은 비영리 단체가 실제로 세상을 더 나은 곳으로 만드는 데 얼마나 성공했는지와는 전혀 또는 거의 관계가 없습니다.

정보 측면에서는 가이드스타(Guidestar)와 채리티 내비게이터(Charity Navigator)가 IRS에 자선 단체가 제출한 연례 보고서의 재정 내역을 알려줍니다. 이를 통해 여러 단체의 비용과 수익을 검토할 수 있고, 모금 및 관리에 지출한 금액도 확인할 수 있습니다. 우리는 이러한 웹사이트에서 최고 경영진의 정보와 그들의 급여 수준을 찾아볼 수 있으며, 단체가 수행하는 프로그램에 대한 기본 사항도 살펴볼 수 있습니다.

이 모든 정보가 공개되어 있는 것은 좋지만, 문제는 자선 단체가 세부 목표를 달성하는 데 얼마나 성공했는지에 대해서는 거의 알려주지 않는다는 것입니다. 열대우림을 몇 에이커나 보존했는지, 원치 않는 임신을 몇 건이나 예방했는지, 기부금 1달러당 얼마나 많은 노숙자 재향군인이 서비스를 받았는지에 대해 알려주지 않는다는 거죠. 가이드스타와 채리티 내비게이터에는 그러한 정보가 없기 때문에 이를 제공하지 않습니다. 이에 따라 이러한 사이트를 이용하는 사람들이 주목하는 정보는, 또한 주목해야 한다고 생각하는 정보는 단체의 간접비 지출 규모, 최고 경영진의 급여, 재무상태 및 이사회에 관한 정보가 얼마나 투명한지 등입니다. 머니 포 굿 설문조사에 따르면, 기부자들이 자선 단체를 물색할 때 가장 먼저 살펴보는 항목은 운영비, 즉 모금과 관리에 지출하는 비용입니다.

기부자들이 간접비, 급여, 투명성을 중요하게 생각하는 나름의 이유가 있습니다. 이와 관련한 수치를 살펴보면, 기부하려는 자선 단체가 스캔들과 관련하여 심각한 문제가 있는지를 파악할 수 있습니다. 사기성 비영리 단체는 기부금 1달러 중 80~90센트를 전문 모금 수수료로 지출하거나, 전체 예산이 200만 달러에 불과한데 상임 이사에게 50만 달러의 연봉을 지급하는 등 자금을 부적절하게 사용합니다. 또한 일부 단체는 개인적인 이익을 위해 기부금을 오용하기도 합니다. 바로 이러한 이유로 사실상 대부분의 기부자들은 해당 단체의 관련 수치를 면밀하게 검토하게 되죠.

머니 포 굿이 확인한 바에 따르면, 기부를 하기 전에 여러 단체를 탐색해 본 기부자들은 대부분 기부하려는 자선 단체에 특별한 문제가 없는지를 확인하고자 했습니다.

그런데 도덕적으로 문제가 없는 98%의 자선 단체의 경우, 간접비, 급여, 투명성만으로는 해당 단체가 얼마나 좋은 일을 하는지, 그리고 비슷한 자선 단체와 어떻게 비교되는지를 파악하기 어렵습니다. 다시 한번 세바 재단과 극장 커뮤니케이션 그룹을 예로 들어보겠습니다. 여기에서는 세바가 예산의 60%를 간접비로 지출하고, 40%만 프로그램에 사용한다고 가정해 보겠습니다. 또한 전무이사의 연봉이 40만 달러라고 가정해 보죠. 아니면 이사회 구성원이 네 명에 불과하고, 대부분의 비영리 단체처럼 재무 정보를 공개하지 않는다고 가정해 보죠(이 모든 것은 이 예시를 위한 가상의 숫자입니다). 반면 TCG는 예산의 5%만 모금에 사용하고, 상임 이사의 연봉이 2만 달러에 불과하며, 이사회가 재능 있고 존경받는 다양한 인물들로 구성되어 있고, 재정의 모든 항목을 완전히 공개한다고 가정해 봅시다.

만약 위의 내용이 사실이라면, 우리는 세바가 하는 일의 일부 또는 전부가 마음에 들지 않게 될 겁니다. 예를 들어, 우리는 세바의 전무이사가 그렇게 많은 보수를 받는 것이 비윤리적이라고 느낄 수 있으며, 기부자의 기부금 중 상당 부분을 간접비로 지출하는 것이 과도하다고 생각할 수 있습니다. 반면 극장 커뮤니케이션 그룹의 전무이사가 그렇게 적은 보수를 받는 것이 대단하다고 생각할 수 있고, 극장 커뮤니케이션 그룹 이사회의 규모와 그 구성원의 능력에 감명을 받을 수도 있습니다.

하지만 이러한 것들에 대해 우리가 어떻게 생각하든, 세바에 기부하는 것이 극장 커뮤니케이션 그룹에 기부하는 것보다 세상을 위해 천 배나 더 선한 영향력을 미친다는 사실은 변하지 않을 것입니다. 각 단체의 간접비, 급여, 투명성과 관련된 정책이 어떠하든, 각 단체가 세상에서 달성하는 세부 목표와 관련된 결과는 이전과 달라지지 않을 것입니다. 우리가 세상을 가능한 한 더 좋은 곳으로 만들고, 가능한 한 많은 개인을 돕고자 한다면, 가장 중요한 것은 바로 세부 목표입니다.

지금까지 기부자들은 채리티 내비게이터나 가이드스타와 같은 사이트를 통해 자선 단체의 간접비 지출 규모에 주목하라는 조언을 받아왔습니다. 일반적으로 간접비가 높은 단체는 비효율적인 단체로, 간접비가 낮은 단체는 효율적인 단체로 간주됩니다. 하지만 현실에서는 간접비가 자선 단체의 효율성과는 거의 무관합니다. 왜 그럴까요? 가장 큰 비효율이 우리가 생각지도 못한 곳, 즉 프로그램 예산 내에 존재하기 때문입니다.

자선 단체가 운영 중인 프로그램이 그다지 효율적이지

않다면, 자금의 95%를 프로그램에 투입하더라도 큰 의미가 없습니다. 어떤 프로그램은 다른 프로그램보다 기하급수적으로 더 효율적일 수 있습니다. 예를 들어 어떤 프로그램은 다른 프로그램보다 10배 더 많은 수의 가족에게 주택을 제공하거나, 아픈 아이들을 수백 배 더 많이 돕고, 지출된 1달러당 훨씬 더 많은 선을 행할 수 있습니다. 이러한 프로그램 간의 차이는 매우 크기 때문에 비영리 단체가 지출하는 간접비의 비율은 단체 운영의 효율성에 거의 영향을 미치지 않습니다. 유일한 예외는 거의 모든 비용을 간접비로 지출하는 비영리 단체인데, 이런 경우는 드뭅니다.

이렇게 말한다고 해서 우리가 비영리 단체에게 과도한 급여 지급을 피하고, 비효율적인 모금 활동에 돈을 낭비하지 말라고 권고할 수 없는 것은 아닙니다. 우리가 재정을 더욱 투명하게 공개하도록 장려할 수 없는 것도 아니며, 그러한 노력을 해서는 안 되는 것도 아닙니다. 우리는 이 모든 것을 할 수 있고, 실제로 종종 해야 하기도 합니다. 그러나 중요한 점은 기부금 1달러당 얼마나 선행을 많이 하는지에 초점을 맞추지 않고 간접비, 급여, 투명성 등에 초점을 맞출 경우, 숲을 보지 못하고 나무만 보게 될 우려가 있다는 것입니다.

가이드스타는 자선 단체의 순위를 매기지 않지만, 채리티 내비게이터는 자신들이 검토한 수천 개의 자선 단체에 대해 1~100점의 평점 외에 0~4점의 별 등급을 매깁니다. 안타깝게도 사이트가 제공하는 정보와 마찬가지로, 이 순위 또한 자선 단체가 세상을 더 나은 곳으로 만드는 데 얼마나 효과적인지에 초점을 맞추지 않는다는 문제점을 안고 있습니다. 채리티 내비게이터는 그 대신 자선 단체의 재무 성과, 간접비, 재무 및 거버넌스 정보를 웹사이트와 세금 신고서에 얼마나 많이 제공하는지 등을 기준으로 순위를 매깁니다. 앞서 언급했듯이 이러한 요소들은 흥미롭기는 하지만, 비영리 단체가 실제로 세상을 더 나은 곳으로 만드는 데 얼마나 성공했는지에 대해서는 제대로 알려주지 않습니다.

예를 들어 동물 보호 자선 단체에 대한 채리티 내비게이터의 평가를 고찰해 봅시다. 앞서 동물 보호에 대해 논의할 때, 동물 보호 단체의 세부 목표가 매우 뚜렷하다는 점을 언급했습니다. 동물 보호 단체의 세부 목표는 동물을 돕는 것입니다. 돕는 동물의 수가 많을수록, 그리고 각 동물에게 제공하는 도움의 정도가 클수록 그 단체는 더 큰 성공을 거두었다고 볼 수 있습니다.

하지만 채리티 내비게이터의 동물 보호 단체 순위를 살펴보면, 동물 보호 자선 단체에 부여된 등급과 해당 단체가 얼마나 많은 동물을 돕는지 사이에는 아무런 관계가 없다는 사실을 알 수 있습니다. 이러한 순위를 보면, 아주 적은 비용으로 많은 동물에게 많은 도움을 주는 단체라고 해서 반드시 좋은 평가를 받는 것은 아니며, 아주 많은 비용을 들여

소수의 동물에게 적은 양의 도움을 제공하는 단체라고 해서 반드시 낮은 평점을 받는 것도 아님을 알 수 있습니다. 실제로, 채리티 내비게이터의 순위에는 전년도에 수십만 또는 수백만 마리의 동물을 도왔지만, 웹사이트에 특정 항목이 게시되지 않았거나 단체의 운영진 규모가 충분히 크지 않아서 낮은 등급을 받은 자선 단체가 다수 포함되어 있습니다. 반면, 전년도에 수백 마리의 동물을 도왔을 뿐이고, 그러면서 매우 많은 비용을 들인 다수의 자선 단체는 별 네 개의 등급을 받았습니다.

인간 건강 관련 자선 단체를 살펴봐도 동일한 사실을 확인할 수 있습니다. 자선 단체에 부여된 등급과 그 자선 단체가 얼마나 많은 아픈 사람을 도왔는지, 또는 기부금 1달러당 얼마나 많은 아픈 사람을 도왔는지 사이에는 거의 또는 전혀 관계가 없습니다. 빈곤 퇴치, 교육, 환경 보호 등 모든 분야의 자선 단체들도 동일한 방식으로 오해의 소지가 있는 등급을 받는 경우가 있습니다.

바로 이와 같은 이유로 채리티 내비게이터의 등급은 기부자에게 어떤 자선 단체가 지원할 가치가 있는지에 대한 유용한 정보를 거의 제공하지 않고 있습니다. 오히려 기부자가 잘못된 기준에 초점을 맞추도록 유도하여 득보다 실이 더 많을 수도 있습니다. 기부자가 차라리 무작위로 자선 단체의 이름을 고르는 것이 더 나을지도 모를 일입니다.

그런데 가이드 스타나 채리티 내비게이터와 같은 사이트가 기부자에게 효과가 가장 중요하다는 점을 강조하기 시작하고, 기부자가 '비용 대비 효과'를 기준으로 자선 단체를 비교할 수 있도록 세부 목표와 관련된 데이터를 제공하기 시작한다고 가정해 보죠. 이 경우 이러한 사이트들은 선행을 확대하는 강력한 힘을 발휘할 수 있을 것입니다. 주목할 만한 점은 채리티 내비게이터가 향후 몇 년 내에 웹사이트에 '결과 보고' 기능을 추가할 계획이라고 발표했다는 점입니다. 이들은 데이터베이스에 있는 자선 단체의 실제 영향력에 대한 가능한 모든 데이터를 수집하고, 그 정보를 평가 프로세스의 일부로 활용할 계획입니다. 채리티 내비게이터가 결과 보고를 언제, 어떻게 구현할지는 아직 지켜봐야 합니다. 만약 채리티 내비게이터가 이를 잘 구체화하고, 기부자에게 수익 정보를 제공하며, 단체가 1달러당 얼마나 좋은 일을 했는지에 따라 등급을 매기기 시작한다면, 이들은 귀중한 자료를 제공하는 원천이 될 수 있습니다. 하지만 그런 변화가 일어나기 전까지는 채리티 내비게이터와 이와 유사한 다른 사이트들은 기부자들에게 별다른 도움이 되지 않을 것입니다.

새로운 유형의 자선 자문가

한편, 자선 단체 순위 매기기 분야에서 좀 더 사려 깊은 일부 경쟁자들은 기부자들에게 특정 자선 단체의 세부 목표에 관한 정보를 제공하는 데 앞장서기 시작했습니다. 예를 들어, 웹사이트 GiveWell.org는 수많은 빈곤 퇴치 및 보건 관련 자선 단체를 분류하여 기브웰의 윤리적 세계관에 따라 기부금 1달러당 가장 많은 선행을 실천하는 자선 단체를 선정합니다. 가장 높은 순위로 추천된 자선 단체에 대한 보고서에는 각 단체의 세부 성과, 성공적인 개입 당 비용, 강점과 약점에 대한 검토, 비용 효율성이 떨어지기 전 추가로 받을 수 있는 기부금 예상액 등에 대한 철저한 분석이 포함되어 있습니다.

기브웰의 권고안이 자신들의 윤리관을 반영하는 것은 불가피합니다. 그들의 권고안은 설립자들이 대체로 질병으로 인한 사망으로부터 인류를 구하고, 극심한 세계 빈곤을 줄이기 위해 노력하는 것을 우선순위로 삼고 있음을 시사합니다. 여러분과 내가 생각하는 우선순위는 이들과 다를 수 있습니다. 우리가 다른 것을 더 중요하게 여길 수도 있죠. 우리가 덜 중요하게 생각하지만 훨씬 더 저렴한 비용으로 실현할 수 있는 것들이 있을 수도 있습니다. 이런 종류의 자선 단체에 기부하는 것이 장기적으로 미칠 수 있는 영향을 생각하면 망설여질 수도 있습니다. 여기서 말하고자 하는 핵심은 우리가 최적의 기부처를 판단할 때 기브웰과 반드시 동일한 결론에 도달할 수는 없다는 것입니다.

하지만 이것이 웹사이트에 대한 비판은 아닙니다. 자선 단체의 순위를 매기는 모든 사이트는 각기 다른 가치 체계에 따라 순위를 매깁니다. 기부웰은 명확한 세부 목표를 바탕으로 순위를 매기며, 기부자가 기부한 돈으로 자선 단체가 어떤 결과를 산출할 것인지에 초점을 맞추도록 유도한다는 점에서 박수를 받아 마땅합니다.

앞서 소개한 AnimalCharityEvaluators.org(ACE)도 미국에서 가장 비용 효율적인 동물 보호 자선 단체에 대한 유사한 분석을 제공합니다. ACE는 현존하는 수만 개의 동물 자선 단체들 중에서 각 단체의 활동 범위와 효율성을 고려하여 100개의 가장 효율적인 동물 보호 자선 단체를 선정했습니다. 이러한 100개의 자선 단체를 1차적으로 검토한 후, ACE는 소수의 단체를 대상으로 심층 인터뷰와 조사를 진행하여 각 단체가 일시적이거나 지속적으로 도운 동물의 수, 그리고 이에 소요된 비용을 정량적으로 분석했습니다. 그 결과, ACE는 기부금 1달러당 동물에게 가장 많은 선행을 실천한 단체로 휴메인 리그, 머시 포 애니멀스, 애니멀 이퀄리티 등 세 개 자선 단체를 추천했습니다.

기브웰과 마찬가지로, 애니멀 채리티 이밸류에이터스(Animal Charity Evaluators)의 추천 또한 그들만의 윤리적 세계관을 반영합니다. ACE는 동물의 생명을 구하거나 극심한 고통을 예방하고 줄이는 것을 최우선 과제로 삼고 있습니다. 그들은 동물 종에 따른 차별을 하지 않습니다. 예를 들어 ACE는 개를 학대로부터 구하는 것이 판다 곰이나 돼지를 동일한 유형의 학대로부터 구하는 것보다 더 가치 있거나 덜 가치 있다고 생각하지 않습니다. 우리의 목표가 고통을 줄이고 복지를 증진하는 것이라면, 이러한 접근 방식은 분명 의미가 있을 겁니다. 굶주린 아이에게 식량을 제공하는 것이 그 아이가 인도에 살든 캔자스에 살든 똑같이 선한 일인 것처럼, 동물을 고통에서 구하는 것은 그 동물이 토끼든 닭이든 거의 마찬가지로 선한 일입니다.

AnimalCharityEvaluators.org 및 GiveWell.org와 같은 사이트는 기부자들이 어떤 자선 단체를 지원해야 할지에 대한 훌륭한 모델을 제시하고 있습니다. 이들은 증권 중개인이나 탄산음료 매장 직원처럼, 기부자들이 제공하는 기부금으로 달성할 수 있는 목표, 그리고 가장 큰 효과를 얻을 수 있는 기부처에 대한 실용적이고 구체적인 정보를 제공하고 있습니다. 이러한 플랫폼은 우리 기부자들이 세상을 더 나은 곳으로 만드는 목표를 달성하는 데 필요한 중요한 자료를 제공하고 있죠.

7장

뇌는 선한 일을 훌륭하게
수행하는 것을 원하지 않지만,
우리는 이를 넘어설 수 있다

자선 심리의 내면

2006년, 메릴랜드주 베데스다에 위치한 국립보건원의 연구원들은 '선한 일을 한다는 것이 실제로 무엇을 의미하는가'에 대한 궁금증을 갖고, 자선 단체에 기부하는 사람의 뇌 활동을 연구하고자 하였습니다. 우리가 지지하는 단체에 기부하기로 결정할 때, 정신은 어떠한 과정을 겪게 되는 것일까요?

연구팀은 이를 알아보기 위해 이탈리아 제노바 의과대학 연구진 및 브라질의 두 기관 연구진과 협력하여 실험을 진행했습니다. 이들은 실험 참가자를 모집한 후, fMRI 장치를 활용하여 참가자들의 뇌를 스캔하면서 실험을 진행했습니다.

fMRI에 대해 잘 모르는 사람들을 위해 설명하자면, 이 장치는 커다란 기계식 도넛처럼 생겼으며, 실험은 기계의 가운데에 있는 구멍에 참가자의 머리를 넣고 진행됩니다. 이 기계의 주요 기능은 사람의 뇌에서 특정 시간에 어떤 부위가 활성화되는지 파악하는 것으로, 이를 통해 혈액이 뇌에서 어떻게 흐르는지 관찰할 수 있습니다.

뇌의 각 영역은 하나 이상의 서로 다른 정신적 과정과 밀접하게 연결되어 있습니다. 예를 들어, 누군가에게 공감할 때 이와 관련된 뇌 영역이 활성화되며, 이때 해당 영역으로 흐르는 혈류가 증가합니다. fMRI를 통해 혈액이 이 혈류 변화를 포착함으로써 특정 감정이나 사고 과정과 연관된 뇌 영역을 추적할 수 있습니다. 이 연구를 통해 과학자들은 사람들이 자선 기부를 결정할 때 뇌의 어느 영역이 활성화되는지를 밝혀내고자 했습니다.

참가자들은 도넛처럼 생긴 fMRI 기계의 구멍에 머리를 넣고 실험에 참여했으며, 최대 130달러를 받을 수 있다는 안내를 받았습니다. 이 돈은 전액 가질 수도 있었고, 일부를 다양한 자선 단체에 기부할 수도 있었습니다. 해당 자선 단체들은 낙태, 사형, 핵확산, 양성 평등, 안락사, 아동 보호 등 다양한 사회적 이슈를 다루고 있었습니다.

실험에서 참가자들은 돈과 관련된 여러 시나리오와 질문을 받았습니다. 예를 들어, 2달러와 같은 소액을 받을 것인지, 특정 자선 단체에 기부할 것인지 선택해야 하는 경우가 있었습니다. 또 다른 경우에는 자신의 돈이 아니라 외부에서 제공된 금액을 자선 단체에 기부할 기회가 주어지기도 했습니다. 이 모든 과정이 진행되는 동안 연구진은 fMRI를 활용하여 참가자들의 뇌에서 어떤 영역이 활성화되는지를 추적했습니다.

fMRI 분석 결과, 참가자들이 돈을 받을 때 뇌의 보상 중추가 활성화된다는 사실이 밝혀졌습니다. 이는 섹스, 음식, 마약 등과 연결된 쾌락의 영역이 반응하는 것과 동일한 현상입니다. 참가자들은 공짜 돈을 받을 때 기분이 좋아지는 것을 경험했지만, 놀랍게도 그 돈의 일부를 자선 단체에 기부했을 때에도 보상 중추가 활성화되었습니다. 즉, 자선 단체에 기부하는 행위가 섹스하거나 돈을 받을 때와 거의 동일한 뇌의 경로를 통해 쾌락을 제공한다는 의미입니다. 또한, 기부할 때는 뇌의 두 번째 보상 중추도 활성화되었는데, 이 영역은 강한 사회적 애착과 연관된 긍정적인 감정을 담당하는 부위입니다.

연구진이 발견한 또 다른 중요한 사실은 뇌의 앞쪽에 위치한 전전두엽 피질(prefrontal cortex)과 관련이 있습니다. 이마 중앙을 손가락으로 짚으면 바로 이 부위를 가리키게 됩니다. 미국 국립보건원의 연구에 따르면, 사람들이 큰 금액을 기부하는 등 비용이 많이 드는 결정을 고려할 때 전전두엽 피질이 활성화되는 것으로 나타났습니다. 이 부위는 이기심과 윤리적 신념이 충돌하는 상황에서 적절한 의사 결정을 내리는 데 중요한 역할을 합니다.

또한, 다른 연구팀이 진행한 후속 fMRI 연구에서도 자선 단체에 기부할 때 뇌의 보상 중추가 활성화된다는 사실이 지속적으로 확인되었습니다. 흥미롭게도, 세금을 내는 등무의식적으로 공익을 위해 기부할 때에도 뇌의 같은 부위에서 최소한의 보상이 발생하는 것으로 나타났습니다.

과학자들의 연구 결과를 요약하면, 자선 단체에 기부하는 것은 본질적으로 즐거운 행위인 경우가 많으며, 이때 뇌의 두 영역이 보상받는 느낌을 경험한다는 것입니다. 즉, 섹스, 마약, 음식, 돈을 통해 쾌락을 느끼는 뇌 영역과 우리가 타인과의 연결을 통해 행복감을 느끼는 뇌 영역이 보상을 받는 것입니다. 그러나 선한 일을 하는 것이 보상보다 희생이 더 크게 보일 경우, 예를 들어 많은 돈을 기부해 달라는 요청이나 긍정적인 일이라는 것은 알지만 감정적으로 큰 보상이 없는 일에 기부해 달라는 요청을 받을 때, 우리는 난감함을 느낍니다. 이때 전전두엽 피질이 개입하여 결정을 내리는 데 도움을 줍니다. 이러한 맥락에서 전전두엽 피질은 깨달음의 저울이라고 할 수 있습니다. 즉, 전전두엽 피질은 우리에게 즉각적인 보상이 무엇인지뿐만 아니라 우리가 원하는 세상을 만드는 데 가장 적합한 선택이 무엇인지에 기반하여 결정을 내리도록 돕는 역할을 합니다.

선행 동기에 의문 제기하기

우리가 신경과학에 대해 이야기한 이유도 바로 이 점과 관련이 있습니다. 만약 누군가 여러분에게 "왜 기부하거나 자원봉사를 하느냐?"라고 묻는다면, 어떻게 대답하시겠습니까? 아마도 사회에 환원하고 싶어서, 변화를 만들고 싶어서, 옳은 일이기 때문에, 혹은 그 외의 다양한 이유로 선행을 실천한다고 답할 것입니다.

하지만 선한 행동의 동기가 이타심에만 국한되는 것은 아닙니다. 우리는 단순히 기분이 좋아지기 때문에 선행을 하기도 합니다. 이타적 동기는 섹스, 음식, 우정이 우리에게 보상을 주는 것과 마찬가지로 긍정적인 감정을 제공합니다. 그러나 단기적인 보상에 대한 욕구가 때때로 잘못된 결정을 유도할 수 있는 것처럼(예를 들어, 거대한 통에 담긴 감자튀김을 먹는 것이 과연 현명한 선택일까요? 직장에서의 부적절한 관계가 정말 올바른 행동일까요?), 선행을 통해 기분이 좋아지기를 바라는 욕구 역시 자선 활동에서 비효율적인 결정을 내리게 할 수 있습니다. '따뜻하고 평안한 느낌'을 추구하다 보면, 자신의 만족감은 높아질지 몰라도 정작 세상에는 큰 도움이 되지 않는 선택을 하게 될 수도 있습니다.

당신이 최근 뉴스에서 본 적이 있고, 이름도 알고 있으며, 우리 동네에 사는 귀여운 소녀를 돕기 위해 100달러를 기부한다면, 매우 기분이 좋아질 것입니다. 마치 밤의 타임스퀘어처럼 뇌의 보상 중추가 환하게 활성화될 것입니다. (타임스퀘어의 밤을 직접 본 적이 없다면, 단순히 '밝다'는 말로는 그 찬란함을 온전히 표현하기 어렵습니다.) 반면, 이름도 모르고, 한 번도 본 적이 없으며, 구체적인 사연도 들어본 적 없는, 그리고 가본 적도 없는 나라에 사는 브라질 어린이 다섯 명을 돕기 위해 100달러를 기부하는 것은 감정적으로 같은 보상을 주지 않을 가능성이 큽니다. 대부분의 사람들에게 이 경우 뇌의 보상 중추는 강하게 반응하지 않을 것입니다.

그렇다면 기부의 궁극적인 목표는 무엇일까요? 우리의 뇌 보상 중추를 자극하여 쾌락을 얻는 것일까요, 아니면 실제로 도움이 필요한 아이들을 돕는 것일까요? 만약 작은 선행을 통해 자신의 쾌락 중추를 활성화하는 것이 목표라면, 우리에게 익숙하고 정서적으로 가까운 미국 소녀를 돕는 것이 적절할 것입니다. 그러나 진정으로 도움이 필요한 아이들을 돕는 것이 목적이라면, 브라질 어린이 다섯 명에게 기부하는 것이 더 나은 선택이 될 것입니다.

앞서 언급했듯이, 자선 단체가 세상에 미치는 긍정적인 영향력은 기부자가 기부하는 금액과 반드시 비례하지 않습니다. 그 이유 중 하나는 기부자가 어떤 자선 단체가 가장 효과적으로 선행을 하는지 잘 알지 못하기 때문입니다. 하지만 더 중요한 이유는 머니 포 굿 설문조사에서 밝혀진 것처럼, 대부분의 기부자가 자선 단체의 실질적인 영향력을 기준으로 기부 여부를 결정하지 않는다는 점입니다. 즉, 많은 사람들에게 기부가 세상에 미치는 긍정적인 영향보다는, 기부를 통해 얼마나 기분이 좋아질지가 더 중요한 요인이라는 것입니다.

예를 들어, 어린이 건강 관련 자선 단체에 기부할 때, 우리의 최우선 과제는 질병으로부터 어린이를 보호하는 것일까요? 아니면, 크든 작든 어린이 보호에 기여하면서 동시에 뇌의 보상 중추를 활성화하는 것일까요? 극장에 기부할 때, 정말로 세상을 더 나은 곳으로 만드는 것이 가장 중요한 목표일까요? 아니면, 기부를 통해 사회에 기여하면서 스스로 보람을 느끼는 것이 더 큰 목표일까요? 이러한 질문은 사소한 차이처럼 보일 수 있지만, 그 결과는 매우 중요합니다. 만약 우리가 다른 사람을 돕고 세상을 가능한 한 더 나은 곳으로 만드는 것을 최우선 순위에 두지 않는다면, 우리의 선행이 발휘할 수 있는 진정한 잠재력을 온전히 실현하지 못할 것입니다.

물론, 좋은 일을 하면서 기분이 좋아지는 것은 전혀 잘못된 일이 아닙니다. 오히려 우리는 다른 사람을 도우면서 기쁨을 느끼는 경험을 할 필요가 있습니다. 그리고 그 기분이 우리가 더 많은 지원을 제공하는 원동력이 된다면 더욱 의미 있는 일이겠죠. 문제는 우리의 우선순위입니다. 진정으로 선한 일을 효과적으로 실천하고 싶다면, 기부와 자선 활동의 최우선 목표는 다른 사람을 돕는 것이어야 합니다. 반면, 뇌의 보상 중추를 활성화하는 것은 부차적인 요소로 남아야 합니다. 이는 우리가 완벽한 이타주의자가 되어야 한다는 뜻이 아닙니다. 자선 활동은 우리의 삶에서 상대적으로 작은 부분을 차지하며, 설령 자선을 완전히 이타적인 관점에서 접근하더라도, 여전히 개인적인 욕구와 행복을 최우선으로 삼는 많은 부분이 남아 있을 것입니다.

그러나 현재까지의 fMRI 연구, 머니 포 굿 설문조사, 그리고 자선 기부 패턴을 살펴보면, 우리가 반드시 긍정적인 방향으로 기부하고 있다고 보기는 어렵습니다. 이러한 연구들은 우리가 선한 일을 할 때조차 기분이 좋아지려는 욕구가 최우선이 되어, 꼭 이상적이지는 않은 결정을 내릴 가능성이 있음을 시사합니다. 즉, 많은 경우 우리의 기부 결정이 세상을 더 나은 곳으로 만들기 위한 것이라기보다, 우리 자신을 더 기분 좋게 만들기 위한 것일 수도 있다는 것입니다.

다양한 관점에서 가장 좋은 것 찾기

뇌의 보상 중추를 자극하려는 욕구만이 자선 결정을 좌우하는 개인적인 동기는 아닙니다. 우리는 모두 인간이기에 충족하고 싶은 다양한 욕구를 가지고 있으며, 이러한 욕구는 선한 일을 하려는 순간에도 다른 사람을 돕기보다 자신에게 집중하도록 유도할 수 있습니다.

우리는 자신에 대해 긍정적인 감정을 느끼고 싶어 하며, 타인의 인정을 받고, 자신을 표현하며, 자신의 세계관이 옳다는 것을 증명하고 싶어 합니다. 또한, 중요하다는 느낌을 받고 싶어하고, 특정 기술을 연마하며, 좋아하는 일에 시간을 보내면서, 편안하게 살고 싶어합니다. 이러한 욕구들은 모두 자연스럽고 긍정적인 것이며, 행복하고 건강한 삶을 살아가는 데 필수적인 요소들입니다. 그러나 세상을 더 나은 곳으로 만들고자 하는 이타적인 목표가 개인적인 목표와 충돌할 때, 우리는 종종 자신에게 더 많은 유익이 되는 선택을 하게 됩니다. 따라서 우리가 정말로 선한 일을 잘하고 싶다면, 이러한 인간적인 욕구를 인식하고, 그것이 자선 결정을 내리는 데 어떻게 작용하는지 이해하는 것이 중요합니다. 그렇게 함으로써, 개인적인 만족을 느낄뿐만 아니라 진정으로 세상을 변화시키는 방향으로 자선 활동을 실천할 수 있을 것입니다.

예를 들어, 기부자의 입장에서 다음과 같은 시나리오를 생각해 보세요.

- 기부에 대하여 사회적 승인 대신 비난을 받는 상황을

상상해 보세요. 가령, 기부를 하면 부모님과 친구들이 화를 내고, 신문과 저녁 뉴스에서는 다른 사람을 돕는 일이 존경받을 만한 행동이 아니라는 기사를 종종 내보냅니다. 텔레비전 시트콤과 스탠드업 코미디언들은 자선 단체에 기부하는 사람들을 어리석고 바보같은 이상주의자라고 조롱합니다. 이런 세상에 살고 있어도, 당신은 계속해서 자원봉사나 자선 단체에 기부할 것인가요? 지금과 같은 수준으로 기부를 지속할 수 있을까요?

- 당신이 거주하는 도시에서 문맹자들에게 글을 가르치는 자선 단체에 기부하고, 가끔 자원봉사도 하며 그곳에서 일하는 사람들과 친분을 쌓아왔다고 가정해 봅시다. 그러던 중, 인도의 한 시골 지역에서 문해력을 높이는 단체가 놀라운 성과를 내고 있다는 사실을 알게 됩니다. 그 지역은 문맹률이 매우 높으며, 해당 단체는 저렴한 비용으로 단기간에 효과적으로 글을 읽는 법을 가르치고 있습니다. 이제 당신에게는 단 한 곳에만 기부할 수 있는 금액이 있습니다. 익숙한 지역 자선 단체에 계속 기부하시겠습니까, 아니면 더 많은 사람들에게 도움을 줄 수 있는 인도의 자선 단체에 기부하시겠습니까?

- 전 세계에서 계속되는 인신매매와 노동 착취 문제를 다룬 뉴스를 보고 충격을 받은 당신이 이를 막기 위해 기부를 결심했다고 가정해 봅시다. 그렇다면, 당신은 당신의 기

부금이 가장 효과적으로 쓰일 수 있도록 해당 분야의 자선 단체를 철저하게 조사하는 데 어느 정도의 시간을 할애할 용의가 있으신가요? 예를 들어, 6시간 이상의 시간을 들여 조사할 의향이 있으신가요?

이러한 상황에서는 선을 행하려는 이타적인 욕구가 개인적인 욕구와 충돌하게 됩니다. 예를 들어, 친구나 사회로부터 인정받고 싶은 마음, 개인적으로 연관이 있는 단체를 지원하고 싶은 마음, 또는 더 재미있는 활동을 선택하고 싶어 조사에 시간을 들이고 싶지 않은 마음 등이 있을 수 있습니다. 이러한 시나리오를 통해 우리는 개인적인 욕망이 자선을 위한 결정을 내리는 데 얼마나 큰 영향을 미치는지 알 수 있습니다. 결국, 이러한 욕망은 우리가 가장 선한 일을 선택하기보다는, 더 쉬운 선택이나 즉각적인 보상을 제공하는 선택을 하도록 이끌 수 있습니다.

이번에는 비영리 단체에서 일하는 직원의 입장에서 몇 가지 사례를 살펴보겠습니다.

● 당신이 메이크어위시 재단에서 일한다고 가정해 보세요. 쉽게 치료할 수 있는 열대성 질병으로 인해 쇠약해지는 아프리카와 아시아의 어린이들을 돕기 위해 '위시 투 비 웰 (Wish to Be Well)'이라는 새로운 프로그램을 시작해야 한다

는 아이디어가 떠올랐습니다. 하지만 이 프로그램을 시작하려면 기존의 소원 성취 사업에서 일부 자금을 할당해야 하며, 지난 30년 동안 오직 소원을 들어주는 활동만을 해온 메이크어위시 재단으로서는 완전히 새로운 영역을 개척하는 일이 됩니다. 이 새로운 프로그램이 도입되면 더 많은 아이들을 도울 수 있을 것으로 보이지만, 이를 추진하면 동료들로부터 반대와 비판을 받을 가능성이 큽니다. 그렇다면 당신은 동료들의 반대를 감수하고서라도 이 프로그램을 도입하기 위해 적극적으로 설득하고 추진하겠습니까?

● 당신이 환경 보호에 깊은 관심을 가지고 있으며, 의미 있는 활동을 펼치는 환경 보호 비영리 단체에서 일하고 싶다고 가정해 보겠습니다. 이 단체에서 연봉 5만 달러를 제안받았지만, 당신의 배우자는 높은 연봉을 받는 직장에 다니고 있어 가족의 경제적 안정에는 큰 문제가 없습니다. 이런 상황에서, 당신은 자신의 연봉을 2만~2만 5천 달러로 낮추고, 남은 금액을 환경 보호 활동에 기부하자고 제안할 수 있을까요?

다시 말해, 우리의 뇌는 우리가 열정적으로 지지하는 대의보다 자신의 이익을 우선하도록 설계된 것처럼 보입니다.

비영리 단체에서 일하는 사람들이 개인적인 이익을 추구하는 욕구 때문에 잘못된 결정을 내릴 수 있는 것처럼, 소속된 단체를 위해 최선을 다하려는 의욕 또한 비슷한 영향을 미칠 수 있습니다.

인간은 사회적 동물입니다. 역사적으로 인류는 작은 부족 단위로 사냥하고, 번식하고, 이동하며, 때로는 함께 전투를 벌이면서 살아왔습니다. 개인의 생존과 집단의 생존이 분리될 수 없었던 환경에서, 우리는 자연스럽게 소속된 집단에 대한 강한 애착을 형성해 왔습니다.

이러한 집단 중심적 사고방식은 오늘날까지도 지속되며, 우리가 속한 공동체는 자아 정체성의 중요한 부분이 됩니다. 예를 들어, 나는 오클랜드 레이더스 팬일 수도 있고, 시카고 출신이거나, 아일랜드계 후손이거나, 로마 가톨릭 신자일 수도 있습니다. 또한, 나는 기술자, 치어리더, 혹은 특정 정당의 지지자일 수도 있습니다. 이러한 정체성은 내가 스스로를 바라보는 방식, 타인을 인식하는 방식, 그리고 세상을 경험하는 방식에 큰 영향을 미칩니다. 나는 레이더스가 경기에서 패배하면 낙담하고, 내가 지지하는 정당이 선거에서 승리하면 기쁨을 느낍니다. 이러한 집단적 정체성은 우리의 감정과 행동을 형성하는 강력한 요소로 작용합니다.

비영리 단체에서 일할 때도 동족 편향적 사고방식(tribal mentality)이 작용합니다. 우리는 미국 적십자사, 유나이티드 웨이(United Way), 국경 없는 의사회 같은 조직의 일원이라는 자부심을 갖게 됩니다. 이러한 단체는 우리의 자아 정체성의 일부가 되며, 마치 스포츠 팬이 응원하는 팀의 성패에 따라 감정이 달라지는 것처럼, 우리가 속한 조직의 성공과 실패에도 감정이 흔들릴 수 있습니다. 이러한 현상은 긍정적인 측면도 있습니다. 조직이 성공하면 나의 성공처럼 느껴져 더 열심히 일하려는 동기를 부여받을 수 있기 때문입니다. 하지만 그와 동시에 부정적인 영향도 존재합니다. 바로, 우리가 발전시키고자 하는 대의보다 조직의 이익을 우선시하게 될 가능성이 있다는 점입니다. 이는 일종의 2차적 자기중심성으로, 개인적 이익을 우선하는 것뿐만 아니라, 자신이 속한 집단을 돕는 것이 곧 자기 자신을 돕는 것처럼 느껴지는 현상입니다. 그 결과, 본래의 목적보다는 조직 자체의 성공과 지속 가능성을 더욱 중요하게 여기게 될 위험이 있습니다.

마지막으로 두 가지 예를 살펴보겠습니다.

● 당신이 세계자연기금(World Wildlife Fund)에서 일한다고 가정해 보세요. 당신은 야생동물과 그 서식지 보호에 관심이 많아 몇 년 전 WWF에 부사장으로 입사했습니다. 현재 좋은 대우를 받고 있으며, 동료들과의 관계도 원만하고, 직장 환경에도 만족하고 있습니다. 어느 날 밤, 칵테일 파티에서 한 부유한 사업가와 대화를 나누게 됩니다. 그녀는 인류

가 지구에 미치는 영향에 대해 깊은 관심을 갖고 있으며, 야생동물 보호를 위해 100만 달러를 기부할 계획이라고 말합니다. 하지만 아직 어느 단체에 기부할지 결정하지 못한 상태입니다. 그러면서 WWF가 기부하기에 적절한 단체인지 당신에게 묻습니다. 이때 당신은 어떻게 대답하겠습니까? WWF에 기부할 것을 권유하며, 이 단체에서 진행하는 흥미로운 프로그램들을 설명하시겠습니까? 아니면 야생동물 보호 분야 전반을 고려한 후, 그녀의 100만 달러가 가장 효과적으로 사용될 수 있는 단체를 추천하시겠습니까? 이 분야에는 수백 개의 자선 단체가 존재합니다. 따라서 당신이 몸담고 있는 WWF가 그녀의 기부금으로 야생동물을 가장 효과적으로 보호할 수 있는 단체일 가능성은 크지 않다는 점도 고려해야 합니다.

• 당신은 국제 앰네스티의 직원으로서 인권 보호를 위해 일하고 있습니다. 그러던 중, 인권 문제를 다루는 또 다른 단체인 토스탄(Tostan)의 동료가 긴급한 프로젝트를 진행 중이라며 도움을 요청하는 이메일을 보냈습니다. 이 프로젝트가 성공하면 매우 큰 영향을 미칠 것으로 예상되며, 동료는 앞으로 몇 주 동안 국제 앰네스티에서의 업무를 잠시 미루고 토스탄을 무료로 도와달라고 부탁합니다. 이제 당신은 어떻게 대응하시겠습니까? 국제 앰네스티에서의 업무에 집중하면서, 영향력이 다소 적더라도 보수를 받으며 일하겠다

고 할 것인가요? 아니면, 더 큰 영향을 미칠 가능성이 있는 토스탄의 프로젝트를 돕기로 결정하시겠습니까? 또한, 만약 상사의 허락을 구한다면, 상사는 어떤 반응을 보일 것 같습니까?

우리가 지지하는 대의를 위해 최선의 선택을 신중하게 고민해 보면, 겉으로는 명확해 보이는 결정이 실제로는 그렇지 않을 수도 있다는 사실을 깨닫게 됩니다. 대부분의 사람들은 본능적으로, 우리가 돕고자 하는 사람들의 생명을 구하는 것보다 자신이나 소속 조직에 유리한 선택을 선호하는 경향이 있습니다. 이러한 행동은 무의식적으로 이루어지기 때문에, 정작 우리가 무엇을 하고 있는지조차 인식하지 못하는 경우가 많습니다. 그러나 우리가 무심코 내리는 자선에 관한 결정이, 실상은 우리가 소중히 여기는 대의에 예상치 못한 해를 끼칠 수도 있다는 점을 주의 깊게 살펴봐야 합니다.

지금까지 다룬 내용은 다소 암울하고 우울한 측면이 많았지만, 걱정하지 마세요. 곧 우리 모두가 가진 이러한 자기중심적 성향을 어떻게 하면 더 나은 세상을 만드는 데 활용할 수 있을지 이야기할 것입니다. 다만 그 전에, 우리 내면의 어두운 부분을 조금 더 깊이 들여다볼 필요가 있습니다. 우리가 선한 일을 하려 할 때, 우리의 뇌가 어떤 방식으로 우리를 방해하는지에 대해 아직 다루지 않은 것들이 남아 있기 때문입니다.

우리는 다양한 편향의 지배를 받는다

선행을 실천하는 데는 다양한 심리적 편향이 방해 요소로 작용할 수 있습니다. 그중 하나가 바로 '1등이 되고자 하는 욕구'입니다. 우리가 자신에게 초점을 맞추는 경향과 마찬가지로, 이러한 편향도 아마 우리 조상들에게 진화적 이점을 제공했기 때문에 존재하게 되었을 것입니다. 그러나 앞으로 살펴볼 내용을 보면, 생존과 번식에 유리했던 이러한 특성이 반드시 현명한 자선 결정을 내리는 데 도움이 되지는 않는다는 점을 알게 될 것입니다.

선행을 방해하는 또 다른 중요한 편향은 '자신과 유사한 사람들에게 더 많은 관심을 갖는 경향'입니다. 이는 우리 모두가 가지고 있으며, 오랜 역사 속에서 다양한 문제를 초래해 왔습니다. 부족 간 전쟁, 종교 갈등 속 잔혹 행위, 특정 집단이 다른 집단을 노예로 삼는 행위, 국가 간 전쟁으로 인한 대규모 희생 등이 그 대표적인 예입니다.

이러한 경향은 우리 일상에서도 쉽게 발견할 수 있습니다. 예를 들어, 같은 대학을 다닌 사람들에게 느끼는 친밀감이나 길에서 스쳐 지나가는 낯선 이보다 가족 구성원에게 더 많은 관심을 쏟는 것이 이에 해당합니다. 이처럼 자신과 유사한 사람들에게 더 많은 관심을 기울이는 편향은 우리가 내리는 자선적 결정에도 큰 영향을 미칩니다. 우리가 정말로 최선의 선행을 실천하려면, 이러한 본능적 편향을 인식하고 보다 객관적인 관점에서 자선 활동을 고민해야 합니다.

우리의 공감 능력이 철저히 논리적이라면, 도움을 주는 데 있어 피부색은 전혀 중요하지 않을 것입니다. 사람은 그저 사람일 뿐이며, 도움이 필요한 이가 있다면 그가 창백한 백인이든, 짙은 갈색 피부를 가졌든, 그 중간색이든 관계없이 똑같이 관심을 가져야 한다는 데 모두 동의할 것입니다. 많은 사람들이 그렇게 생각한다고 말하지만, 실제로 우리의 몸은 다르게 반응합니다.

연구에 따르면, 우리는 신경 및 생리적 수준에서 자신과 같은 인종의 사람들에게 더 많은 관심을 기울이는 경향이 있습니다. 한 연구에서 참가자들을 fMRI 장치에 넣고 고통받는 사람들의 이미지를 보여준 결과, 참가자들은 사진 속 인물이 자신과 같은 인종일 때 훨씬 더 강한 공감 반응을 보였으며, 연민과 배려와 관련된 뇌 영역이 활발히 활성화되었습니다. 반면, 자신과 다른 인종의 인물을 볼 때는 이러한 뇌 영역이 덜 활성화되는 경향을 보였습니다.

이러한 편향은 특정 인종에만 국한되지 않고 여러 인종에서 공통적으로 나타납니다. 예를 들어, 아프리카계 미국인은 고통받는 아프리카계 미국인에게 더 강한 공감 반응을 보이고, 백인 참가자는 고통받는 백인을 볼 때 더 강한 반응을 보이는 식입니다. 이는 우리의 두뇌가 진화적으로 유사한 사람들에게 더 많은 관심을 갖도록 설계된 것처럼 보이게 합니다. 더욱이, 이러한 편향은 의식적인 의사 결정 이전에 즉각적이고 본능적인 수준에서 발생한다는 점에서 더욱 주목할 만합니다.

물론, 의식적인 의사 결정에서도 우리는 자신과 비슷한 사람들에게 더 많은 관심을 기울이는 경향이 있습니다. 우리는 지역 사회와 자국에서 벌어지는 일에 대한 뉴스는 자주 접하지만, 특별히 극적이거나 자국에 영향을 미칠 가능성이 있는 사건이 아니라면 해외 뉴스에는 거의 관심을 두지 않습니다. 예를 들어, 9/11 테러나 보스턴 마라톤 폭탄 테러와 같은 미국 내 사건에는 깊은 충격과 공포를 느끼지만, 인도나 소말리아에서 발생한 테러에 대해서는 상대적으로 무관심한 경우가 많습니다.

이러한 편향은 사회 전반에서도 드러납니다. 도시인들은 때때로 농촌 거주자들을 경멸하는 시선으로 바라보고, 농촌 거주자들 역시 도시인을 비슷한 시각으로 바라보곤 합니다. 정치인들은 다른 지역을 희생시키더라도 자신의 지역구에 이익이 되는 프로젝트나 예산을 확보하기 위해 로비를 벌이며, 유권자들은 이러한 행보를 이유로 그들을 재선출하기도 합니다.

　자선 활동에서도 이러한 경향은 분명하게 나타납니다. 유방암, 에이즈, 림프종 등의 질병 퇴치를 위한 기금 마련을 위해 열리는 수많은 걷기 대회와 달리기 대회를 떠올려 보세요. 이 같은 행사에 참여하는 사람들 중에는 자신이나 가족이 해당 질병을 앓고 있는 경우가 많습니다. 건강 문제이든 다른 사회적 문제이든, 우리는 자신과 가까운 사람이나 자신과 유사한 사람들에게 영향을 미치는 문제에 대해 훨씬 더 적극적으로 행동하는 경향이 있습니다.

　질병에 걸린 사람을 가까이에서 접하면 해당 질병에 대한 관심과 조치를 취하도록 동기를 부여받을 수 있다는 점은 긍정적입니다. 그러나 이러한 경향에는 한 가지 심각한 문제가 있습니다. 아무리 중대한 문제라도 나와 가깝거나 비슷한 사람들에게 영향을 미치지 않는다면 쉽게 간과될 수 있다는 점입니다. 예를 들어, 여러분이 사는 도시에서 주혈흡충증(schistosomiasis) 관련 걷기 대회나 달리기 대회가 열린다는 이야기를 들어본 적이 있나요? 아마 없을 것입니다. 하지만 만약 미국에서 주혈흡충증이 흔한 질병이었고, 주변에 이 병을 앓는 친구나 가족이 많다면, 이 문제는 분명 막대한 자금과 대중의 관심을 불러일으켰을 것입니다.

　비슷한 사례로, 미국에도 영양실조를 겪는 사람들이 많지만, 아프리카와 아시아 같은 지역에서는 훨씬 더 심각한 수준의 영양실조로 고통받는 사람들이 있습니다. 그럼에도 불구하고, 미국인들이 지원하는 식량 원조의 대부분은 미국 내에서 소비됩니다. 왜 그럴까요? 이는 그들이 우리와 같은 나라에 살고 있으며, 같은 사회·정치적 집단의 구성원이기 때문입니다. 우리의 뇌는 미국 밖의 사람들이 더 절박한 도움을 필요로 함에도 불구하고, 가까운 사람들에게 더 많은 관심을 기울이도록 작용합니다. 이러한 경향은 거의 모든 자선 분야에서 나타납니다. 실제로 미국인들은 해외에 초점을 맞춘 비영리 단체보다 자국 내 활동을 우선하는 비영리 단체에 훨씬 더 많은 기부금을 내고 있습니다.

우리는 본능적으로 다른 사람을 돕기 전에 먼저 자신을 돌봐야 한다는 논리로 이러한 행동을 합리화하곤 합니다. 그러나 선행을 실천하는 데 있어 이 논리는 적절하지 않습니다. 우리의 궁극적인 목표가 고통을 줄이고 행복을 증진하는 것이라면, 그 고통이 어디에서 발생했는지, 누가 겪고 있는지는 본질적으로 중요하지 않습니다. 1963년, 존 F. 케네디 대통령은 민주적인 서독에 대한 미국의 연대를 강조하며, 45만 명의 서독 시민들 앞에서 "나는 베를린 시민이다(Ich bin ein Berliner.)"라고 선언했습니다. 그는 이어 "모든 자유인은 어디에 살든 베를린 시민이다"라고 덧붙이며 연대의 의미를 더욱 강조했습니다(Kennedy, 1963). 우리가 선행을 보다 효과적으로 실천하고자 한다면, 이와 같은 정신으로 행동해야 합니다. 도움이 필요한 사람이라면, 그가 어디에 있든 이미 우리 공동체의 일부라고 여겨야 합니다.

이제 한 걸음 더 나아가, 우리가 자신과 비슷한 사람들을 더 배려하는 타고난 편향이 단순히 인종, 성별, 국적을 대하는 방식에만 영향을 미치는 것이 아니라는 점도 고려해 보아야 합니다. 이러한 편향은 인간뿐만 아니라 우리와 다른 종(種)을 대하는 방식에도 영향을 미칩니다.

연구에 따르면, 생리적 반응과 태도 모두에서 인간이 아닌 동물에 대한 우리의 공감 수준은 크게 차이가 납니다. 우리가 특정 동물에게 얼마나 공감하는지는 그 동물이 어떤 종인지에 따라 달라지는 경향이 있습니다. 진화적으로 우리는 우리와 가까운 종의 구성원에 대해 더 많은 관심을 갖습니다. 예를 들어, 여러 실험에서 사람들은 고통을 겪고 있는 돼지나 소와 같은 대형 포유류보다 영장류에 대해 더 강한 공감 반응을 보인다는 사실이 밝혀졌습니다. 또한, 우리는 닭과 같은 조류보다 돼지와 소에게 더 많은 공감을 하며, 물고기나 그보다 '하등(lesser)'하다고 여겨지는 생물들에 대해서는 거의 공감적 관심을 기울이지 않습니다.

우리는 동물이 느끼는 고통과 즐거움을 충분히 고려하지 않는 경향이 있습니다. 예를 들어, 닭은 원숭이와 거의 동일한 방식으로 고통과 즐거움을 경험할 수 있지만, 우리는 닭에게 상대적으로 무관심합니다. 이는 동물의 종(種)이 인간과 얼마나 유사한지에 따라 우리의 공감이 작동하기 때문으로 보입니다. 진화 계통에서 인간과 가까운 종일수록 더 많은 관심을 갖게 되는 것입니다. 또한, 공감의 정도는 그 종이 우리와 얼마나 친숙하고 정서적으로 가까운가에 따라서도 달라집니다. 예를 들어, 개와 고양이를 반려동물로 기르는 사회에서는 다른 동물들보다 개와 고양이에 훨씬 더 많은 공감을 보이는 경향이 있습니다. 우리가 이들과 집과 삶을 공유하기 때문에 자연스럽게 '우리의 일부'로 여기게 되는 것입니다.

우리와 비슷하다고 인식되는 종에 더 많은 관심을 기울이는 인간의 편향은 자선 활동에도 중요한 영향을 미칩니다. 첫 번째로, 동물 자선 단체에 기부되는 금액의 대부분이 우리와 가장 친숙하고 가까운 종인 고양이와 개를 돕는 데 사용된다는 점입니다. 하지만 농장 동물들은 반려동물보다 훨씬 더 많은 수가 훨씬 더 심각한 고통을 겪고 있습니다. 예를 들어, 미국에서는 매년 약 700만 마리의 고양이와 개가 집을 찾지 못해 안락사당하는 반면, 돼지, 닭 및 기타 농장 동물은 매년 90억 마리 이상이 비좁고 비위생적인 환경에서 평생을 보내고 있습니다.

두 번째이자 더욱 중요한 점은, 많은 사람들이 애초에 동물을 돕기 위한 기부를 고려해 본 적조차 없다는 것입니다. 인간과 비슷한 존재에게 더 많은 관심을 기울이는 경향으로 인해, 동물 보호 문제는 종종 간과되거나 후순위로 밀려납니다. 동물 학대에 대한 인식이 부족한 분들을 위해, 그리고 이 문제가 저와도 깊이 관련되어 있는 만큼, 농장 동물들이 실제로 어떤 환경에서 살아가는지 간략히 설명해 보겠습니다.

돼지, 소, 닭을 비롯한 많은 농장 동물들은 극도로 열악한 환경에서 사육됩니다. 이들은 몸을 돌릴 수 없거나 겨우 움직일 수 있을 정도로 좁은 우리에 갇혀 지내는 경우가 많습니다. 만약 개를 작은 철창에 가둔 채 2년 동안 방치한다고 상상해 보세요. 수많은 농장 동물들이 바로 그런 신체적·정신적 고통을 견디며 살아가고 있습니다.

대부분의 농장 동물들은 철망 케이지나 배설물로 가득한 콘크리트 바닥 위에서 평생을 보내며, 뼈가 부러지거나 심각한 부상을 입어도 적절한 치료를 받지 못하는 경우가 허다합니다. 수평아리는 알을 낳지 못해 경제적 가치가 없다는 이유로 태어나자마자 살아있는 채로 대형 분쇄기에 던져집니다. 미성숙한 새끼 돼지들은 콘크리트 바닥에 머리를 내리쳐 도태되며, 치아, 고환, 꼬리 등이 마취 없이 잘려나갑니다.

도축장에서는 동물들이 목이 베이거나 끓는 물에 담가지거나, 금속 봉이 뇌에 찔러 넣어지는 방식으로 도살됩니다. 이런 모든 과정은 일반적인 관행이며, 완전히 합법적입니다. 이는 현행 동물 학대 방지법이 농장 동물을 보호 대상에서 제외하고 있기 때문입니다.

이 끔찍한 현실을 공유하는 이유는 분명합니다. 자선의 목표는 고통을 줄이고 복지를 증진시켜 세상을 더 나은 곳으로 만드는 것이므로, 인간이 아닌 동물이 겪는 엄청난 고통을 기억하는 것이 중요하기 때문입니다. 또한 이들을 돕는 데 드는 비용이 놀라울 정도로 저렴할 수 있다는 점도 주목해야 합니다. 앞서 살펴본 바와 같이, 매우 효과적인 자선 단체를 통해 단 1달러도 채 되지 않는 비용으로 농장 동물의 평생에 걸친 극심한 고통을 덜어줄 수 있습니다.

자선의 궁극적인 목표인 고통 감소와 복지 증진을 극대화하려면, 자선 기부의 효과를 극대화할 수 있는 기회를 적극적으로 고려해야 합니다. 이를 위해서는 본능적으로 다르게 보이는 존재에게 관심을 덜 가지도록 프로그래밍된 우리 뇌의 강한 편향을 극복해야 합니다. 또한, 처음에는 자연스럽게 공감이 덜 가는 대상에게 기부하는 것이 필요할 수도 있습니다.

이러한 동물 보호 문제는 우리가 가진 선천적인 심리적 편향이 자선 결정에 얼마나 큰 영향을 미칠 수 있는지를 보여주는 대표적인 사례입니다. 우리와 유사한 존재를 돕고자 하는 본능적인 경향에 따라 결정을 내릴 때, 동물 보호뿐만 아니라 다른 자선 활동에서도 우리의 잠재력을 충분히 발휘하지 못할 가능성이 큽니다. 따라서 우리는 이러한 편향을 인식하고, 보다 객관적이고 효과적인 방식으로 자선 활동을 실천할 필요가 있습니다.

공감과 진화

우리가 자신과 유사하거나 가까운 존재에게 더 많은 관심을 기울이는 편향을 가진 것은 어쩌면 당연한 일입니다. 이는 진화가 어느 날 갑자기 공감과 친절을 심어 세상을 아름다운 곳으로 만들기로 결정한 것이 아니기 때문입니다. 이러한 특성은 단순한 우연이 아니라, 유전자의 생존과 전달에 유리했기 때문에 발전해 온 것입니다. 생물학적 관점에서 볼 때, 우리의 자선 본능은 유전적으로 유사하고, 지리적으로 가까우며, 심리적으로 친숙한 사람들에게 초점을 맞추도록 설계되었습니다. 이는 이들이 우리와 유전자를 공유할 가능성이 높고, 미래에 우리에게 호의를 베풀 가능성이 가장 높은 존재이기 때문입니다.

우리의 뇌는 공감과 친절을 특정한 방식으로 표현하도록 진화해 왔으며, 이는 진화론적 관점에서 보면 충분히 이해할 수 있는 현상입니다. 그러나 우리의 목표가 단순히 유전자를 물려주는 것이 아니라 가능한 한 세상을 더 나은 곳으로 만드는 것이라면, 이러한 경향은 때때로 우리를 잘못된 방향으로 이끌 수 있습니다. 이와 같은 심리적 편향은 우리가 가장 큰 선을 이룰 수 있는 자선을 결정하는 데 걸림돌이 될 수도 있습니다. 따라서 우리는 이러한 본능적인 경향을 인식하고, 보다 효과적이고 객관적인 방식으로 선을 실천할 방법을 고민해야 합니다.

만약 이것이 사실이라면, 다소 역설적으로 들릴 수 있지만, 우리는 공감에만 의존해 자선을 결정해서는 안 됩니다. 오늘날 우리가 느끼는 공감은 과거 우리 조상들의 생존을 돕는 데 유용했던 감정이지만, 그렇다고 해서 공감의 충동을 따르는 것이 효과적인 자선 활동으로 이어진다고 볼 수는 없습니다. 오히려, 앞서 살펴본 바와 같이 공감은 특정 편향을 내포하고 있어 비효율적으로 자선을 결정할 가능성이 큽니다. 따라서 가장 큰 선을 이루기 위해서는 논리와 추론을 더한 신중하고 계산된 선택이 필요합니다.

공감은 매우 강력한 힘이며, 종종 세상을 더 나은 곳으로 만드는 원동력이 됩니다. 우리는 공감을 바탕으로 행동해야 하지만, 그 방향이 공감 자체에 의해 결정되도록 해서는 안 됩니다. 공감은 탱크의 연료가 되어야지, 길을 안내하는 GPS가 되어서는 안 됩니다. 우리는 본능적으로 형성된 공감의 충동을 인식하고, 이를 보다 효과적이고 객관적인 방식으로 활용할 필요가 있습니다. 다시 말해, 우리는 진화에게 이렇게 말해야 합니다. "다른 사람에게 관심을 갖도록 동기를 부여해줘서 고마워. 하지만 이제 그 동기를 네 목표가 아니라, 내가 정한 목표, 즉 '세상을 더 나은 곳으로 만드는 일'을 위해 사용할 거야."

그 밖의 심리적 편향과 정신적 특이점

자신이나 자신과 유사한 사람에게 더 많은 관심을 기울이는 심리적 편향 외에도, 자선 활동에서 우리를 잘못된 방향으로 이끄는 편향은 상당히 많습니다.

예를 들어, 우리는 개인의 고통에는 깊이 공감하면서도, 집단의 고통에는 상대적으로 무관심한 경향이 있습니다. 전소련 지도자 이오시프 스탈린은 (비록 틀린 말일 수도 있지만) "한 사람의 죽음은 비극이지만, 수백만 명의 죽음은 통계에 불과하다"(위키백과, 2014)고 말했다고 전해집니다. 대량 학살자의 입에서 나온 끔찍한 말처럼 들릴 수 있지만, 이 말이 암시하는 심리적 현실은 어느 정도 사실입니다.

펜실베이니아 대학교의 한 연구에 따르면, 기부자들은 수백만 명이 굶주리고 있다는 사실을 들었을 때보다, 단 한 명이 굶주리고 있다는 이야기를 접했을 때 더 많은 돈을 기부하는 경향이 있었습니다. 만약 자선을 위한 우리의 결정이 논리적으로 이루어진다면, 더 많은 사람이 굶주리고 있을 때 기부 규모도 커져야 할 것입니다. 이는 도움이 더 절실하다는 의미이기 때문입니다. 그러나 우리의 심리는 집단보다는 개인에게 더 쉽게 공감하도록 설계되어 있습니다. 또한, 거대한 집단을 구하는 일은 희망이 없어 보일 수 있지만, 한 개인을 돕는 일은 보다 현실적이며 성취할 수 있는 목표처럼 느껴지기 때문입니다.

이러한 편향이 지속된다면, 우리는 자선 활동에서 잘못된 판단을 내릴 위험이 있습니다. 이는 단순히 더 많은 사람이 도움을 요청할 때 기부를 줄이는 것에 그치지 않습니다. 예를 들어, 한 아이의 소원을 들어주는 일이 수십 명의 아이들의 삶을 실질적으로 개선하는 것보다 더 중요하게 여겨질 수 있습니다. 또한, 특정 정치범을 돕는 데 기부하는 것은 즉각적인 감정적 반응을 불러일으켜 매력적으로 보이는 반면, 더 많은 사람이 같은 상황에 놓이지 않도록 하는 시스템적 변화를 위한 기부는 상대적으로 덜 주목받을 수 있습니다.

우리 모두 가지고 있는 또 다른 편향은 현상 유지를 선호하는 경향입니다. 여러 연구에 따르면, 우리는 변화를 원하지 않으며, 현재 상황이 가능한 대안보다 낫다고 생각하는 성향이 있습니다. 예를 들어, 한 연구에서 참가자들에게 특정 학군이 선택한 두 가지 정책을 제시했습니다. 하나는 기존 정책이고, 다른 하나는 새로운 접근 방식이었습니다. 연구 결과, 정책의 내용과 상관없이 사람들은 기존 정책을 선호하는 경향이 있음을 알 수 있었습니다. 이는 현상 유지 편향을 잘 나타냅니다. 또 다른 연구에서는 선택지가 많아질수록 사람들은 우유부단해지고, 결국 과거에 해왔던 방식을 고수할 가능성이 훨씬 더 높아진다는 점이 밝혀졌습니다.

진화론적 관점에서 볼 때, 이러한 경향은 충분히 이해할 만합니다. 수백 번도 더 걸어본 안전한 길이 있는데, 굳이 퓨마가 숨어 있을지도 모르는 미지의 숲길을 선택할 이유가 있을까요? 하지만 자선 활동에서는 이러한 현상 유지 편향이 문제를 일으킬 수 있습니다. 우리는 자선 단체의 성공 여부와 관계없이 해마다 같은 단체에 계속 기부하는 경향이 있습니다.

머니 포 굿 연구에 따르면, 사람들이 특정 자선 단체에 기부를 시작하면 이후 다른 단체로 바꿀 가능성이 거의 없는 것으로 나타났습니다. 대부분의 기부자는 해마다 같은 단체를 후원해 왔습니다. 이러한 충성도는 후원하는 단체가 실제로 효과적인 경우, 긍정적인 영향을 미칠 수 있습니다. 그러나 이는 우리가 현재 기부하는 평범한 자선 단체를 떠나, 아직 기부해 보지 않은 훌륭한 자선 단체로 옮길 가능성이 낮다는 의미이기도 합니다.

마지막으로 언급할 편향은 사회적 규범 편향입니다. 이는 간단히 말해, 많은 사람이 특정 행동을 하면 우리도 그 행동을 따라 할 가능성이 높아지는 경향을 뜻합니다. 예를 들어, 한 연구에 따르면 호텔 투숙객이 매일 새 수건을 요청하지 않고 기존 수건을 재사용하도록 유도하는 효과적인 방법 중 하나는 "대부분의 호텔 투숙객이 수건을 재사용한다"는 문구가 적힌 작은 팻말을 세우는 것이었습니다.

다른 편향들과 마찬가지로, 다른 사람들의 행동을 모방하는 것은 진화론적 관점에서 보면 자연스러운 현상입니다. 많은 사람이 특정 행동을 한다면, 그것이 안전하고 바람직한 선택일 가능성이 높다고 여기기 때문입니다. 그러나 자선 활동에서는 이러한 편향이 문제를 일으킬 수 있습니다. 우리는 유명한 자선 단체의 긍정적인 영향력을 깊이 고민하지 않은 채 기부하는 경향이 있습니다. 예를 들어, 구세군, 적십자사, 유나이티드 웨이와 같은 단체는 많은 자금과 후원자를 보유하고 있기 때문에, 우리는 이들이 기부하기에 좋은 곳이라고 쉽게 믿어버립니다. 다른 사람들이 이런 단체에 기부하는 것을 보면, 분명 그럴 만한 이유가 있을 것이라고 생각하는 것이죠. 그러나 단체의 규모와 인기가 반드시 그 단체가 효과적으로 선한 일을 하고 있다는 증거는 아닙니다. 따라서 자선 활동에서 단순히 타인의 행동을 따라가는 것은 자칫 잘못된 선택으로 이어질 수 있습니다. 많은 사람이 특정 단체에 기부한다고 해서, 그것이 항상 최선의 선택이라는 보장은 없습니다.

방금 논의한 편향 외에도 자선 결정을 좌우하는 다양한 심리적 요인이 있다는 점을 주목할 필요가 있습니다. 예를 들어, 우리가 이미 지지하는 대의명분과 관련된 청원서에 서명하면 해당 단체에 기부할 가능성이 두 배로 높아집니다. 또한, 작은 선물을 받으면 그 선물을 보낸 단체에 더 많은 금액을 기부할 가능성이 커집니다. 자선 단체에서 우편으로 메모장, 주소 라벨, 담요, 가방 등을 보내며 기부를 유도하는 것도 이러한 심리를 활용한 전략입니다.

"무엇이든 도움이 된다"는 메시지도 기부를 촉진하는 요인 중 하나입니다. 신용카드 로고를 보는 것만으로도 기부 확률이 높아지고, 특정한 헤드라인이나 이미지를 접하는 것 또한 기부를 유도하는 효과를 냅니다. 심지어 특정 색상조차도 기부율 증가에 영향을 미칠 수 있습니다. 이러한 사례는 무수히 많습니다.

이러한 심리적 현상들은 해로운 것은 아니지만, 우리가 이미 논의한 편향의 영향을 더욱 부각시켜 줍니다. 기부자, 자원봉사자, 비영리 단체 직원으로서 선한 일을 할 때, 우리는 생각보다 많은 부분에서 통제권을 가지고 있지 않다는 사실을 인식해야 합니다. 우리의 결정은 종종 우리가 의식하지 못하는 정신적 과정에 의해 크게 좌우되고 있습니다.

뇌의 작동 방식을 넘어, 최대한 선을 실천하기

우리가 세상을 더 나은 곳으로 만들기 위해 내리는 선택은 자기 주도적이고 논리적이며 자비로운 결정처럼 보이지만, 이는 빙산의 일각에 불과합니다. 대부분의 결정은 우리가 의식하지 못하는 심리적 요인과 편향에 의해 좌우됩니다. 따라서 본능에 따라 기부하는 것이 아니라, 무엇이 세상에 가장 크고 선한 영향을 미칠 수 있는지 논리적으로 고민하는 과정이 필요합니다. 우리 자신의 편향을 인식하고, 이를 극복하려는 의식적인 노력을 기울일 때만 자선 활동에서 두뇌가 초래하는 실수를 어느 정도 피할 수 있습니다.

진화가 우리 두뇌에 각인한 편향은 매우 강력하고 현실적인 힘을 가집니다. 그러나 이러한 편향이 자선 활동을 비효율적으로 수행하는 핑계가 되어서는 안 됩니다. 예를 들어, 같은 인종의 사람들에게 더 공감하는 본능적 경향이 인종차별적 행동을 정당화할 수 없는 것처럼, 특정 자선 단체나 기관에 감정적으로 끌린다고 해서 그들이 우리가 반드시 지원해야 할 대상이라는 의미는 아닙니다.

자선을 올바르게 실천하고 싶다면, 우리는 스스로를 경계해야 합니다. 자선의 목표는 고통을 줄이고 복지를 극대화하는 것이며, 이를 실현하기 위해서는 편향이 아닌 논리가 주도해야 합니다. 다행히도, 우리의 뇌가 어떻게 작동하는지를 인식할수록 우리는 본능을 넘어 더 효과적으로 선한 일을 수행할 수 있습니다.

이를 실천하는 쉬운 방법 중 하나는 자선 결정을 내릴 때 항상 두 가지 질문을 스스로에게 던지는 것입니다. 첫째, "내가 이 행동을 하려는 이유는 무엇인가?" 그리고 둘째, "이와 유사하지만 더 나은 결과를 가져올 수 있는 행동이 있을까?"

　예를 들어, 도움이 필요한 한 소녀의 슬픈 얼굴이 담긴 유나이티드 웨이의 기부 요청 편지를 받았다고 가정해 봅시다. 먼저, "무엇이 나를 기부하고 싶게 만드는가?"라고 스스로에게 물어보세요. 그 사연과 사진이 감정을 자극하도록 설계되었다는 사실을 인식하세요. 특정 소녀의 이야기를 들으며 기부 욕구가 더 강해진다는 점도 깨달아야 합니다. 또한, 그 소녀가 미국에 살고 있고, 여러분이 사는 지역과 가까울 가능성이 높기 때문에 다른 나라에 있는 같은 또래의 아이보다 더 많은 관심을 갖게 된다는 점도 고려해야 합니다. 유나이티드 웨이라는 이름을 익히 들어 신뢰도가 높아지면서 기부에 더 개방적일 수 있다는 점도 염두에 두세요. 마지막으로, 지금 유나이티드 웨이에 기부하고 싶은 마음이 정말 도움이 필요한 아이를 돕기 위한 것인지, 아니면 단순히 선행을 했다는 따뜻한 만족감을 느끼고 싶어서인지 곰곰이 생각해 보세요.

　이제 우리 마음속에서 작용하는 이러한 편향을 모두 인식했으니, 잠시 멈추고 논리적으로 생각해 보세요. 만약 진정으로 어린이를 돕고 싶다면, 가장 많은 어린이에게 혜택을 줄 수 있는 단체와 프로그램을 선택하는 것이 최선일 것입니다. 유나이티드 웨이의 편지에 등장하는 소녀뿐만 아니라, 다른 주나 다른 나라에 있는 어린이들도 마찬가지로 소중한 존재이기 때문입니다. 따라서, 유나이티드 웨이보다 더 많은 어린이를 지원하고 더 큰 영향을 미칠 수 있는 단체가 있다면, 그곳에 기부하는 것이 더 나은 선택일 수 있습니다. 또한, 어린이를 돕는 것이 정말 당신이 가장 중요하게 생각하는 목표인가요? 물론 그럴 수도 있지만, 세상에는 다양한 방식으로 고통받는 사람들이 많습니다. 당신의 기부 결정이 실제로 가장 큰 도움이 필요한 곳을 기준으로 이루어지고 있나요? 아니면 단순히 우편함에 도착한 요청에 반응하여 기부하고 있는 것인가요?

이것이 바로 편향을 극복하는 과정입니다. 우리는 완벽할 수 없지만, 자신의 편향을 더 깊이 인식할수록 그것에 휘둘리지 않을 수 있습니다. 그렇게 할 때, 우리는 보다 현명하고 합리적인 선택을 할 수 있는 자유를 얻게 됩니다. 결국, 정신적 편향의 무게에 짓눌리지 않고, 진정으로 세상을 더 나은 곳으로 만드는 길을 선택할 수 있게 되는 것입니다.

자기중심성 활용하기

이 장의 앞부분에서는 자선 활동을 할 때 우리 내면의 자기중심성이 어떻게 우리에게 유리한 방향으로 작용하는지 살펴보았습니다. 그리고 앞선 절에서는 이러한 사실을 인식함으로써 편향을 극복하고 보다 논리적이고 효과적으로 자선 활동을 결정할 수 있음에 관해 논의했습니다. 하지만 여기에는 또 다른 이점이 있습니다. 바로, 자기중심적 성향을 단순히 극복하는 것이 아니라, 이를 적극적으로 활용하여 자선 활동에서 더 큰 성공을 거둘 수 있다는 점입니다.

농구, 사업, 실명 치료 등 어떤 분야에서든 뛰어난 성과를 내는 원동력은 대부분 개인적인 감정적 보상에 대한 욕구에서 비롯됩니다. 우리는 경쟁에서 이기고, 어떤 일에서 최고가 되며, 자신의 과거 성과를 능가할 때 느끼는 자부심과 우월감을 원합니다. 또한, 장애물을 극복하는 짜릿함, 도전을 해결하는 성취감, 기술을 숙달하는 즐거움을 갈망합니다.

기업가들이 하루 16시간씩 일하고 평생 모은 돈을 기꺼이 새로운 사업에 투자하는 데에는 그만한 이유가 있습니다. 자신의 창의적인 비전과 노력이 깃든 사업이기에, 그 성공과 실패가 곧 자신의 성공과 실패처럼 느껴지기 때문입니다.

또한, 작가 지망생들이 위대한 소설을 출판하기 위해 수년간 밤늦게까지 원고를 쓰는 데는 그만한 이유가 있습니다. 많은 사람들은 자신의 신념과 감정을 눈에 보이는 창작물로 표현하고 공유하는 데서 깊은 만족감을 느끼기 때문입니다.

엘리트 운동선수들이 한계를 넘어서며 훈련하는 것도 마찬가지입니다. 경기에서 승리하고, 챔피언의 자리에 오르며, 올림픽 메달을 목에 거는 순간이 주는 희열은 황홀할 정도로 강렬합니다. 반면, 패배의 아픔은 극도로 참담할 수 있습니다.

이처럼 개인적인 성취와 감정적 보상에 대한 깊은 욕구는 사람들이 더 열심히 노력하고 더 높은 목표를 이루도록 이끄는 강력한 원동력입니다. 그리고 우리는 이러한 원동력을 자선 활동에도 적용할 수 있습니다. 개인의 성공, 성취, 가치, 지배력, 창의성을 자선의 목표와 연결하면, 고통을 줄이고 행복을 증진시키는 과정에서 자기중심적인 동기를 효과적으로 활용할 수 있습니다.

책의 앞부분에서 소개된 '칼라마주 토끼 구조 연합' 사례를 떠올려 보세요. 구조한 토끼의 수를 개인적·직업적 성취감과 연결하면, 단순한 이타심에 의존할 때보다 훨씬 더 많은 토끼를 구조할 수 있습니다. 또한, 자기 계발에 드는 비용을 줄이겠다는 결심을 구조 활동과 연계하면, 전년도보다 더 많은 토끼를 구하면서 자연스럽게 비용 절감에도 성공할 가능성이 높아집니다. 나아가, 창의력과 혁신을 구조 활동에 접목한다면, 더 효과적이고 획기적인 방식으로 더 많은 토끼를 구할 수 있을 것입니다.

그러나 이러한 개인적인 감정적 동기가 통제되지 않을 경우, 즉 우리가 이 동기를 활용하는 것이 아니라 오히려 그 동기에 휘둘릴 때, 우리의 노력은 방해받을 수 있습니다. 비영리 분야에서 일하는 사람이라면 누구나 조직이 추구하는 공익보다 개인의 성공과 명성을 우선시하는 모습을 본 적이 있을 것입니다. 또한, 불안감, 질투, 지위에 대한 욕망으로 인해 다른 사람에게 부정적인 태도를 보이는 직원을 경험한 적도 있을 것입니다. 이러한 사례는 개인적 동기가 우리의 원동력이 될 수 있지만, 그것이 우리를 지배해서는 안 된다는 중요한 교훈을 상기시켜 줍니다. 반면, 우리가 이러한 동기를 의식적으로 통제할 수 있을 때, 우리는 내면의 동력을 효과적으로 활용하여 더 열심히, 더 현명하게, 더 창의적으로 일할 수 있습니다. 이를 통해 세상을 더 나은 곳으로 만드는 우리의 역량은 더욱 강력해질 것입니다.

해결해야 할 문제와 실행할 프로그램 등 모든 전략적 결정은 객관적인 데이터를 기반으로 이루어져야 합니다. 냉철한 분석과 명확한 목표 설정을 바탕으로 방향을 결정해야 합니다. 그러나 동시에 자선이라는 궁극적인 목표를 중심으로 개인적인 성공을 정의한다면, 우리는 일상적인 업무에서 더욱 활력을 얻을 수 있습니다.

이를 통해, 세상을 개선한 정도에 따라 자연스럽게 보람과 만족감을 느낄 수 있는 개인적인 보상 시스템을 구축할 수 있습니다.

8장

자선에 대한 잘못된 조언들

    직원, 기부자, 자원봉사자 등 자선 활동에 참여할 가능성이 있는 사람을 마음속에 그려보세요.

    아마도 당신이 상상하는 사람은 일반적인 사람보다 공감 능력이 더 뛰어나고 더 친절한 사람일 것입니다. 자신과 타인의 고통에 좀 더 민감하게 반응하는 사람일 수 있습니다. 또한, 선하고 윤리적으로 살고 싶어 하며 경쟁과 통제보다 협업과 공동체를 선호하는 사람일 수 있습니다. 이러한 인성적 특성은 자선 활동에 도움이 될 수 있지만, 안타깝게도 때로는 방해가 되기도 합니다.

    타인에 대한 공감 능력이 있을 때 즉각적으로 반응할 수 있지만, 냉정하고 꼼꼼하게 선을 행하는 것은 어려울 수 있습니다. 좋은 사람이 되고자 하는 마음이 클수록, 선행의 결과보다는 의도에 더 집중할 수 있습니다. 다른 사람의 감정을 상하게 하지 않으려고 비판을 주저할 수 있으며, 작업에 대한 비판을 개인적인 공격으로 예민하게 받아들일 수 있습니다. 그로 인해 더 나은 방향을 인정하고 수용하는 것이 어려워질 수도 있습니다. 또한, 스스로 경쟁력이 부족하다고 느낄 경우, 자신의 분야에서 최고가 되고자 하는 열정이나 사회 문제 해결을 위한 의지가 약해질 수도 있습니다.

이러한 인성적 특성은 단순히 몇몇 사람들의 선행 방식에만 영향을 미치는 것이 아닙니다. 이들은 자선 문화 전반에 깊은 영향을 미치며, 선행의 실천 방법을 논하는 방식에도 큰 영향을 끼칩니다. 그러나 자선 분야에서 흔히 제시되는 조언을 면밀히 살펴보면, 다른 사람들이 우리에게 해주고 결국 우리 스스로도 반복하게 되는 그 조언들 속에 이상한 패턴이 나타나는 것을 발견할 수 있습니다. 많은 조언이 자선 활동을 수행하는 개인을 정당화하고 그들에게 이익을 주는 데 초점을 맞추며, 정작 자선 활동의 본래 수혜자들에게는 불이익을 초래할 수 있다는 것입니다. 그것은 선행을 통해 만족감을 얻고자 하는 사람들에게는 유용한 조언일 수 있지만, 진정으로 선행을 실천하려는 사람들에게는 오히려 해로운 조언이 될 수 있습니다.

사실, 자선에 대한 대부분의 조언은 명백히 잘못된 것입니다. 이러한 조언은 듣기에 좋고 벽에 걸어두기 적합할 수 있지만, 세상을 최대한 개선하기 위해 따라야 할 조언이라 할 수는 없습니다.

이번 장에서는 일반적인 조언들을 실제적으로 점검해 보겠습니다. 기분이 좋아지는 격언을 그냥 받아들이기보다 면밀히 살펴볼 것입니다. 그러고 나서 우리가 선한 일을 효과적으로 실천하려면 어떤 조언을 따라야 하는지 알아보겠습니다.

열정을 따르는 것이 항상 정답은 아니다

우리는 종종 열정을 따라야 하며, 좋아하는 일을 해야 한다는 말을 듣습니다. 이러한 조언은 특정 상황에서는 유익할 수 있습니다. 예를 들어, 직업 선택의 기로에 서 있는 대학생이 있다고 가정해봅시다. 그는 기업 변호사가 될지 유리 공예가가 될지 고민하고 있습니다. 기업 변호사가 된다면 연봉 12만 달러로 시작할 수 있지만, 자유 시간이 부족하고 다소 불행할 수 있습니다. 반면, 유리 공예가가 된다면 많은 돈을 벌지는 못하더라도, 적어도 자신이 좋아하는 일을 하며 살 수 있을 것입니다.

이 학생에게 가장 중요한 목표가 좋아하는 일을 하며 여유로운 삶을 사는 것이라면, 열정을 따르라는 것이 좋은 조언이 될 수 있습니다. 그러나 아마도 그것은 그에게 가장 중요한 것이 아닐 수도 있습니다. 어쩌면 그는 인도에서 온 학생으로서 가능한 한 많은 돈을 벌어 자신의 대가족을 가난에서 벗어나게 하고 싶을 수도 있습니다. 이 경우 그에게 열정을 따르라고 말하는 것은 적절하지 않은 조언이 될 수 있습니다. 그는 아마도 가장 높은 연봉의 직업을 찾아야 할 것입니다. 핵심은 학생의 접근 방식이 그의 목표에 따라 크게 달라진다는 점입니다. 어떤 경우에는 열정을 따르는 것이 목표를 달성하는 최선의 방법이 아닐 수도 있습니다.

자선 활동에도 동일한 원칙이 적용됩니다. 만약 자선 활동의 주된 목표가 관심 있는 선행을 지원하며 개인적인 만족감을 얻는 것이라면, 열정을 따르는 것이 좋은 선택이 될 수 있습니다. 하지만 자선 활동의 궁극적인 목적이 세상을 더 나은 곳으로 만드는 것이라면, 가장 큰 선을 실현할 수 있는 활동을 선택해야 합니다. 그리고 가장 효과적인 자선 활동이 우리가 가장 열정을 느끼는 일이 아닐 수도 있습니다.

자선과 관련된 일반적인 조언과 마찬가지로, 열정을 따라야 한다는 생각은 이타주의를 가장한 이기적인 격언이라 할 수 있습니다. 그 이면에는 우리의 즐거움이 더 중요하며, 그것이 이끄는 대로 따라가야 한다는 메시지가 담겨 있습니다. 이러한 관점에서는 우리가 실제로 세상에 기여하는지가 부차적인 문제로 취급될 수 있습니다.

잠깐, 우리는 스스로에게 이렇게 말할지도 모릅니다. "우리가 열정을 갖고 좋아하는 일을 하면, 결국 세상에 가장 큰 선을 베풀 수 있지 않을까?" 그럴 가능성도 있으며, 만약 그렇다면 모두에게 긍정적인 결과를 가져오는 이상적인 상황이 될 것입니다. 하지만 현실에서는 대부분 그렇지 않습니다.

열정을 느끼는 일이 더 나은 성과로 이어질 수 있을까요? 물론입니다. 그러나 그 열정이 우리의 성과를 두 배, 세 배, 심지어 열 배 높여준다 해도, 자선 분야 간 영향력의 차이에 비하면 여전히 비교할 수 없을 정도로 미미할 것입니다.

예를 들어, 케빈이라는 사람이 있다고 가정해 봅시다. 케빈은 뉴욕시에서 극장에 대한 열정이 가장 큰 사람일뿐만 아니라, 다른 사람에게 극장에 대한 흥미를 불러일으켜 직접 방문하도록 만드는 놀라운 재능도 가지고 있습니다. 그러나 그는 시각장애인에 대해서는 전혀 관심이 없고, 평생 그들에 대해 깊이 생각해 본 적이 없습니다.

이제 케빈이 자원봉사를 선택해야 한다면, 극장 커뮤니케이션 그룹(TCG)과 세바 재단 중 어느 쪽을 선택해야 할까요? 그의 열정을 따른다면 당연히 TCG에서 자원봉사를 해야 할 것이고, 일부 사람들은 그 선택을 지지할 수도 있습니다. 하지만 케빈이 세바 재단에서 자원봉사를 한다면, 훨씬 더 많은 선을 행할 기회를 얻을 수 있습니다. 만약 그의 자원봉사로 인해 세바 재단이 단 200달러의 비용을 절약할 수 있다면, 그 돈은 큰 영향을 미칠 것입니다. 이 금액으로 여러 사람을 실명에서 구제할 수 있기 때문입니다. 이는 케빈이 TCG에서 이룰 수 있는 선보다 훨씬 더 큰 가치가 있습니다. 케빈의 열정 덕분에 수천 명이 극장을 방문하고 즐길 수 있었다 해도, 몇 명의 실명자를 치료하는 것과 비교할 때 훨씬 작은 선에 불과합니다.

열정과 효과가 때때로 일치하는 것은 사실입니다. 많은 고소득자들이 자신의 일에 열정을 가지고 있으며, 비영리 분야에서도 큰 성과를 거둔 사람들 중 일부는 자신이 다루는 문제에 깊은 열정을 지니고 있습니다. 그러나 기부자, 자원봉사자, 비영리 단체 직원으로서 자선 활동의 유형을 결정할 때, 열정이 기준이 되어서는 안 됩니다. 자선의 궁극적인 목표는 세상을 더 나은 곳으로 만드는 것이므로, 우리의 선택은 그 목표를 가장 효과적으로 달성할 수 있는 활동에 기반해야 합니다. 만약 열정이 자연스럽게 따라온다면, 그것은 훌륭한 일입니다. 마치 케이크 위의 아이싱과 같습니다. 하지만 그렇지 않다면, 그것은 단순한 취미에 불과합니다. 여가 시간에는 가장 열정을 느끼는 일을 할 수 있지만, 자선 활동만큼은 가능한 한 세상을 돕는 데 집중해야 합니다.

다행스러운 것은, 처음에는 그렇지 않다 하더라도 많은 사람이 결국 자신이 선택한 자선 활동에 열정을 갖게 된다는 것입니다. 긍정적인 일에 깊이 몰입할수록, 우리는 자연스럽게 그 일에 열정을 느끼게 됩니다. 그리고 우리의 자선 활동이 세상에 얼마나 많은 선을 이루고 있는지 깨닫게 될 때, 이성과 함께 마음도 따라올 가능성이 더욱 커집니다.

아무리 일을 훌륭하게 해도 올바르지 않으면 의미가 없다

앞서 언급한 바와 같이, 짐 콜린스는 경영과 관련된 그의 저서 『좋은 기업을 넘어 훌륭한 기업으로(Good to Great)』에서 어떤 기업이 훌륭한 기업으로 성장하고, 어떤 기업이 그저 좋은 기업에 머무는지 탐구하였습니다. 콜린스와 그의 연구팀이 훌륭한 기업을 식별하기 위해 사용한 주요 지표는 주식에서의 성과였습니다. 이들은 15년 동안 업계 평균 수준을 유지하다가, 이후 15년 이상 주가가 업계 평균을 크게 초과하는 기업을 훌륭한 기업으로 정의했습니다. 물론 모든 사람이 주가를 기업 평가의 가장 중요한 요소로 여기지는 않겠지만, 콜린스와 그의 팀이 기업의 훌륭함을 측정할 수 있는 구체적이고 의미 있는 지표를 정의했다는 점은 매우 인정받을 만합니다.

『좋은 기업을 넘어 훌륭한 기업으로』가 출간된 몇 년 후, 콜린스는 『좋은 조직을 넘어 훌륭한 조직으로(Good to Great and the Social Sectors)』라는 제목의 책을 발간했습니다. 이 책에서 그는 자신의 『좋은 기업을 넘어 훌륭한 기업으로』의 원칙을 비영리 및 정부 조직에 적용하려고 시도했습니다.

그러나 영리 부문에서는 훌륭함을 식별할 수 있는 지표가 명확한 반면, 자선 단체 부문에서는 이를 평가할 기준이 모호했습니다. 콜린스 역시 자선 단체의 훌륭함을 식별할 수 있는 명확한 지표를 제시하는 데 어려움을 겪었습니다.

콜린스는 훌륭한 자선 단체란 자신이 하는 일에서 뛰어나며, 각 분야에서 선도적인 역할을 수행하는 조직이라고 말합니다. 그는 그 예로 클리블랜드 심포니 오케스트라를 제시합니다. 콜린스는 새로운 지휘자의 지휘 아래 클리블랜드 심포니가 객석을 가득 채우고, 권위 있는 행사에 초청받으며, 전국의 다른 오케스트라가 그들의 스타일을 모방하는 과정을 설명합니다. 이러한 점을 근거로, 콜린스는 클리블랜드 심포니를 훌륭한 자선 단체로 간주해야 한다고 결론지은 것입니다(Collins, 2005).

클리블랜드 심포니 오케스트라가 아름다운 음악을 만드는 데 큰 성공을 거두었다고 생각하시나요? 네, 그렇습니다. 하지만 클리블랜드 심포니 오케스트라가 자선의 목표를 달성하는 데 큰 성공을 거두었다고 볼 수 있을까요? 그렇지 않습니다. 자선의 궁극적인 목표는 세상을 더 나은 곳으로 만드는 것입니다. 이 점에서 오케스트라는 결코 자선 단체 중 가장 큰 영향을 미치는 기관이 될 수 없습니다. 오히려 규모가 작고 덜 유명하더라도 사회적 영향력이 더 큰 자선 단체들이 훨씬 더 많은 선을 행할 수 있습니다. 비영리 단체에게 중요한 것은 자신이 하는 일에서 뛰어난 것보다, 진정으로 의미 있는 일을 선택하는 것입니다.

개별 자원봉사자나 직원들도 마찬가지입니다. 다시 연극 애호가인 케빈을 떠올려 보겠습니다. 앞서 언급하지 않은 사실이 하나 있습니다. 케빈은 연극을 열정적으로 사랑할 뿐만 아니라, 경험이 풍부하고 훈련된 커뮤니케이션 전문가라는 점입니다. 그는 커뮤니케이션을 효과적으로 촉진하는 데 뛰어난 능력을 갖추고 있으며, 실제로 지난해에 뉴욕시 커뮤니케이션 전문가 협회로부터 '올해의 커뮤니케이터' 상을 받기도 했습니다. 반면, 케빈은 손재주가 부족해 봉투를 채우고 봉인하는 일에 서툽니다. 손가락이 민첩하지 못해 봉투를 제대로 봉인하는 데 시간이 오래 걸립니다.

케빈은 자원봉사에 더 많은 시간을 할애하기로 결심했습니다. 그는 이전과 마찬가지로 극장 커뮤니케이션 그룹(TCG)과 세바 재단 중 어디에서 봉사할지 고민하고 있습니다. TCG에서 자원봉사를 한다면, 그는 자신의 전문 분야인 커뮤니케이션 업무를 돕게 될 것입니다. 반면, 세바 재단에서 자원봉사를 한다면, 기부자들에게 우편물을 보내기 위해 봉투 채우는 일을 도와야 하는데, 이 작업은 그에게 익숙하지 않고 서툰 편입니다. 그렇다면 케빈은 어느 쪽을 선택하는 것이 더 나을까요?

자선에 대한 일반적인 조언은 '자신이 가장 잘하는 일을 하라'는 것입니다. 이 원칙에 따르면, 케빈은 TCG에서 자원봉사를 하는 것이 나아 보입니다. 그러나 케빈이 커뮤니케이션에 뛰어나고 봉투 채우기에는 서툴다 해도, 세바 재단에서 자원봉사하는 것이 더 많은 선을 이루는 선택일 수 있습니다. 만약 그의 느리고 서투른 작업이 세바의 모금을 몇백 달러 추가하는데 기여한다면, 이는 더 많은 사람의 실명을 예방하거나 치료하는 결과를 가져올 것입니다. 이는 케빈이 TCG에서 자원봉사를 통해 달성할 수 있는 성과보다 훨씬 더 큰 영향을 미치는 일입니다.

(케빈이 반드시 고려해야 할 유일한 점은 자신이 더 능숙한 자원봉사자의 자리를 대신하고 있지는 않은가 하는 것입니다. 만약 세바에 이미 봉투를 잘 채우는 자원봉사자가 있는데, 케빈이 그의 자리를 차지해 해당 자원봉사자가 참여하지 못하게 된다면, 도움이 되기보다 방해가 될 수 있습니다. 그러나 그런 상황이라면, 세바의 자원봉사 관리자도 이를 인지하고 케빈에게 다른 시간에 오라고 정중하게 요청할 가능성이 높습니다.)

중요한 점은, 올바른 일을 하지 않는다면 아무리 능숙하게 일을 해도 큰 의미가 없다는 것입니다. 오히려, 잘못된 일을 효과적으로 수행하는 것이 더 큰 해를 초래할 수도 있습니다.

예를 들어, 케빈의 아내가 레이철이고, 그녀가 지구상에서 가장 뛰어난 모금 전문가 중 한 명이라고 가정해 봅시다.

그녀는 타고난 매력, 지성, 설득력을 바탕으로 많은 사람의 기부를 이끌어낼 수 있습니다. 다만, 이러한 능력이 선을 이루는 데 쓰일 수도 있고, 해를 끼치는 데 쓰일 수도 있다는 사실을 인식하는 것이 중요합니다.

레이철이 극장 커뮤니케이션 그룹의 개발 책임자라고 가정해 봅시다. 그녀는 뛰어난 능력을 발휘해서 단 1년 만에 TCG의 수입을 1,000만 달러에서 2,000만 달러로 두 배 늘릴 수도 있을 것입니다. 이는 대단한 성과처럼 보이지만, TCG는 상대적으로 영향력이 적은 자선 단체이므로 예산이 증가한다고 해서 세상이 크게 개선되는 것은 아닙니다. 또한, TCG에 더 많은 자금이 지원된다는 것은 대중이 더 효과적인 다른 자선 단체에 기부할 가능성이 줄어든다는 것을 의미하기도 합니다. 기부금이 1,000만 달러나 줄어들지는 않는다 해도, 그렇지 않은 경우보다 감소할 가능성은 있습니다. 이 때문에 레이철은 최고의 모금 전문가임에도 불구하고, 결과적으로는 오히려 부정적인 영향을 미칠 수도 있습니다. 그녀가 극장 커뮤니케이션 분야에 더 많은 기부금을 유치함으로써, 그 자금이 보다 긴급하고 중요한 문제를 해결할 수 있는 자선 단체로 가지 못한다면, 그로 인해 치료받지 못한 어린이들이 더 많아지고, 실명을 피할 수 있었던 사람들이 도움을 받지 못하는 등의 부정적인 결과를 초래할 수 있는 것입니다.

다시 한 번 강조하자면, 자선 활동에서 성공하려면 무엇을 잘하는가보다 무엇을 하는가에 초점을 맞추어야 합니다. "내가 무엇에 열정적인가?"라는 질문이 자선 단체의 결정을 이끌어서는 안 되는 것처럼, "내가 무엇을 잘하는가?"라는 질문이 우리의 선택을 이끌어서는 안 됩니다. 대신에 우리가 스스로에게 던져야 할 핵심 질문은 다음과 같습니다.

"내가 무엇을 하면 가장 선한 결과를 가져올 수 있을까?"

때때로 우리가 잘하는 일이 가장 많은 선을 이루는 길이 될 수도 있습니다. 그러나 반드시 그렇다고 볼 수는 없습니다. 적어도 처음에는 그렇지 않을 수도 있습니다.

모든 자선 활동이 꼭 필요하거나 지금 해야 하는 것은 아니다

특정 유형의 자선 활동이 다른 유형의 자선 활동보다 훨씬 더 큰 효과를 낼 수 있다는 불편한 사실과 마주할 때, "모든 자선은 필요하다"라는 논리로 덜 효과적인 활동을 정당화하기도 합니다. 누군가는 정원을 가꾸고, 방과 후 프로그램을 운영하고, 강을 청소하고, 노숙자에게 식사를 제공해야 합니다. 또 누군가는 예술을 창작해 삶을 풍요롭게 하고, 배고픈 사람들을 먹이며. 평등한 결혼을 옹호해야 합니다. 이 모든 일이 필요하기 때문에, 모두 가치 있는 활동이라고 여겨지는 것입니다.

세상을 더 나은 곳으로 만드는 데 쓸 수 있는 돈과 시간이 무한하다면, 어떤 유형의 자선 활동을 선택하든 큰 의미가 없을 것입니다. 모든 것이 이루어질 것이므로, 우리가 개인적으로 어떤 퍼즐 조각을 맡느냐는 중요하지 않을 것입니다. 하지만 현실은 그렇지 않습니다. 우리 각자가 자선 활동에 투입할 수 있는 시간, 돈, 에너지는 한정되어 있습니다. 물론 모든 자선 활동이 의미 있지만, '모두 필요하다'는 생각은 특정한 활동을 다른 것보다 우선시할 필요가 없다는 결론으로 이어질 수 있습니다. 하지만 우리는 정말 그렇게 믿고 있을까요?

당신이 미국 남북 전쟁 당시 연합군의 수석 의무병이라고 상상해 보세요. 게티스버그 전투가 막 끝났고, 남부군은 후퇴 중입니다. 전장에는 수 킬로미터에 걸쳐 죽은 자, 죽어가는 자, 부상자, 그리고 지친 병사들이 널려 있습니다. 그러나 의료진은 열악한 장비를 가진 단 네 명의 의사뿐입니다. 원시적인 의료품을 손에 들고, 그들은 서둘러 부상자 치료에 나섭니다.

가장 먼저 도착한 병사는 포탄에 다리를 잃어 하반신이 심하게 손상된 상태입니다. 상처에서는 심한 출혈이 이어지고 있으며, 신속히 치료하지 않으면 생명이 위태로운 상황입니다. 당신은 즉시 상처를 소독하고 붕대를 감은 뒤, 지혈대를 사용해 출혈을 막습니다. 그리고 병사에게 위스키를 건네 통증을 완화할 수 있도록 돕습니다.

20분 후, 치료가 완료되었습니다. 병사는 적절한 처치를 받았으며, 운이 따른다면 생존할 가능성이 높습니다. 당신은 곧바로 다음 부상자를 찾아 나섭니다. 몇 걸음 가다가 새끼 손가락이 부러진 병사를 발견합니다. 그는 심한 통증을 호소하지도 않고, 부상이 생명에 지장을 줄 정도는 아닙니다. 당신은 멈추지 않고 계속 앞으로 나아갑니다.

20피트 정도 더 이동하자, 부상은 없지만 쇼크와 탈수 증상을 보이는 병사를 발견합니다. 당신은 그에게 물 한 병을 건네고 서둘러 이동합니다. 몇 걸음 지나자 가슴 아래쪽에 총상을 입은 병사가 눈에 띕니다. 그는 즉각적인 수술이 필요하며, 총알을 제거하고 출혈을 막지 않으면 몇 시간 내에 사망할 위험이 있습니다. 당신은 지체없이 그의 셔츠를 벗기고 응급 처치를 시작합니다.

그때 시야 저편에 있는 한 의료진이 눈에 띕니다. 그는 새끼손가락이 부러진 병사 옆에 쪼그리고 앉아 부목을 대고 붕대를 조심스럽게 감고 있습니다. 이어서 병사에게 위스키를 건네 통증을 견디도록 돕고, 전투에서 동생을 잃고 슬픔에 잠겨 흐느끼는 또 다른 병사에게는 조용히 어깨를 내어 줍니다.

최고의 의무관으로서 당신은 어떻게 할 것인가요? 그 의료진에게 "지금 이곳에서는 사람들이 죽어가고 있으니, 새끼손가락 부상이나 눈물로 얼룩진 얼굴보다 생명이 위독한 병사들을 먼저 치료해야 한다."라고 소리칠 것인가요? 아니면 전장에는 다양한 문제가 존재하므로 "잘하고 있다"며 격려할 것인가요?

전장의 의료관들처럼, 자선 활동을 하는 우리도 우선순위를 정해야 합니다. 해결해야 할 다양한 문제가 있으며, 모두 해결되는 것이 이상적이겠지만, 진정한 동정심이 있다면 가장 심각하면서도 해결 가능한 문제에 먼저 집중해야 합니다. 수백만 명이 쉽게 치료할 수 있는 실명으로 매일 고통받지 않는다면, 우리는 극장 커뮤니케이션에 대해 고민할 수 있습니다. 인구 과잉과 자원 남용으로 인해 생태계의 중요한 부분이 붕괴되지 않는다면, 모교 지원을 걱정할 수도 있습니다. 그렇다고 해서 비효율적인 자선 단체에 기부하기 전에 모든 실명 문제와 환경 파괴를 해결해야 한다는 뜻은 아닙니다. 중요한 것은 언제나 세상에 가장 도움이 되는 일을 선택하는 것입니다. 일반적으로 이것은 가장 심각하면서도 치료 가능한 문제에 집중하는 것을 의미합니다.

여기서 한 가지 더 고려해야 할 점은, 매우 중요한 일을 하는 것과 개인적으로 가장 큰 영향을 미칠 수 있는 일을 하는 것 사이에는 중요한 차이가 있다는 것입니다. 예를 들어, 교육은 여러 가지 이유로 필수적입니다. 사람들이 읽고 쓰는 법을 배우고, 비판적으로 사고하며, 세상을 이해할 수 있는 능력을 갖추지 못한다면, 공감과 배려가 필요한 많은 문제는 해결되기 어려울 것입니다. 마찬가지로, 병원은 우리의 건강을 지키고, 고통을 덜어주며, 생명을 구하는 데 중요한 역할을 합니다. 그러나 기부, 자원봉사 또는 비영리 활동에 참여할 곳을 결정할 때는 단순히 "이 일이 정말 중요한가?"가 아니라, "내가 이 일을 하면 세상에 어떤 변화를 가져올 수 있을까?"라는 질문을 던지는 것이 더욱 중요합니다.

　　교육 기관과 병원은 매우 중요하며 충분한 자금 지원을 받아야 하며, 실제로 수십억 달러의 지원을 받고 있습니다. 그러나 만약 이곳에 1,000달러를 추가로 기부한다면, 그 돈이 실질적으로 얼마나 많은 선한 영향을 미칠 수 있을까요? 아마도 그리 크지 않을 것입니다. 반면, 같은 금액을 세바나 머시 포 애니멀스와 같은 조직에 기부하면 여러 건의 실명 사례를 예방하거나, 수백 마리의 동물이 평생 고통받는 것을 막을 수 있습니다. 이처럼 동일한 기부금이라도 어디에 사용되느냐에 따라 세상에 미치는 영향은 크게 달라질 수 있습니다.

　　물론, 교사는 삶을 변화시키고 의사는 생명을 구할 수 있습니다. 하지만 우리가 이러한 직업을 선택한다면 실제로 얼마나 더 많은 선을 이룰 수 있을까요? 이러한 직업들은 유급직이므로 우리가 그 일을 하지 않더라도 다른 누군가가 그 자리를 채울 가능성이 큽니다. 이미 수십만 명, 어쩌면 수백만 명의 똑똑하고 열정적이며 유능한 사람들이 교사나 의사가 되기를 원하고 있습니다. 반면, 효과적인 비영리 단체에서 일하고자 하는 사람은 훨씬 적습니다. 따라서 우리의 역량이 이러한 분야에서 더 절실하게 요구될 수 있으며, 그곳에서 더 큰 영향을 발휘할 가능성이 높습니다.

어디에 기부하고 어떤 일을 해야 할지 우선순위를 정하기 어려운 이유 중 하나는 우리가 세상의 문제와 거리를 두고 있기 때문입니다. 전쟁터에서는 누구나 가장 심각한 부상자를 먼저 치료하고, 그다음 덜 심각한 부상자를 돌볼 것입니다. 심지어 덜 심각한 부상자가 아예 치료를 받지 못하더라도 말입니다. 하지만 현대의 서구 사회에서 우리는 자선을 통해 해결해야 할 최악의 고통을 직접 목격하는 일이 거의 없습니다. 이러한 고통이 존재한다는 사실은 알고 있지만, 눈앞에서 보이지 않기 때문에 정서적으로 깊이 공감하기 어렵습니다. 대신, 세상의 문제들은 마치 거대한 그릇 안에 뒤섞여 있어 어느 한 가지 문제에 집중하는 것이 다른 문제에 집중하는 것만큼 중요하게 느껴지곤 합니다. 그러나 현실은 그렇지 않습니다.

우리가 영양실조로 황폐해진 소말리아의 한 지역에 살고 있다고 가정해 봅시다. 아이들에게 쌀과 채소를 더 제공하는 것과 양철 판잣집 벽에 벽화를 그리는 것 중 하나를 선택해야 한다면, 당연히 식량 지원을 선택할 것입니다. 그런데 만약 미국의 구호 활동가들이 식량 대신 페인트 통과 붓을 들고 마을로 온다면, 그들에게 뭐라고 말하겠습니까?

모든 자선 활동이 똑같이 중요하다고 믿는 것은, 마치 음식 없이 페인트 통만 들고 온 구호 활동가들의 등을 두드리며 "수고하셨습니다!"라고 말하는 것과 같습니다. 물론 우리 아이들은 계속 배가 부어오르고 성장에 어려움을 겪겠지만, 적어도 예쁜 벽화를 감상할 수는 있겠지요.

2013년, 미국인들은 예술 및 문화 단체에 144억 달러를 기부했습니다. 이는 공중보건 지원을 위한 기부금의 절반이 넘는 금액이며, 환경 파괴와 동물 학대가 전례 없이 심각한 수준에 이른 시대에도 불구하고 환경 및 동물 보호를 위한 지출을 합친 것의 거의 두 배에 달합니다.

또한 같은 해, 미국인들은 대학에 340억 달러를 기부했는데, 이는 이미 높은 등록금으로 막대한 수익을 올리고 있는 대학에 추가된 금액입니다. 만약 예술이나 대학에 기부하는 사람들 중 일부만 더 시급한 문제 해결을 위해 기부처를 바꾼다면, 세상에 얼마나 더 많은 선한 영향을 미칠 수 있을까요? 예를 들어, 전 세계에서 예방 가능한 실명을 완전히 퇴치할 수 있으며, 주혈흡충증을 치료해 연간 2억 명의 생명을 구할 수도 있습니다. 또한, 수억 마리의 동물이 평생 끔찍한 고통에서 벗어날 수 있으며, 지구 생태계의 건강을 보호하는 데도 큰 진전을 이룰 수 있습니다.

이것은 전장의 의무관처럼, 자선 단체가 덜 긴급한 문제보다 더 긴급한 문제를 우선시할 때 세상이 얻을 수 있는 이점을 보여주는 몇 가지 사례에 불과합니다. 현재 이러한 비극들이 불필요하게 지속되고 있으며, 이는 우리가 선한 일을 하면서도 우선순위를 고려하지 않음으로써 세상이 치르는 엄청난 대가입니다.

"모든 것이 필요하다"는 생각, 그리고 모든 자선 활동이 똑같이 가치가 있다는 주장은 위험한 믿음입니다. 이는 "열정을 따르라"는 말과 마찬가지로, 이타주의의 외피를 쓴 이기적인 생각일 수 있습니다. 이러한 믿음은 지금 하고 있는 일, 즉 좋아하는 일을 계속하는 것에 대한 정당성을 제공합니다. 하지만 효과적으로 더 많은 선을 이룰 수 있는 다른 대의를 지원하는 기회를 놓치게 만듭니다.

이러한 생각은 다른 사람들의 자선 활동에 대해 의문을 제기하지 않는 이유가 되기도 합니다. 누군가가 자신의 시간, 돈, 에너지를 보다 효과적으로 사용할 수 있음에도 불구하고, "모든 것이 필요하다"는 믿음은 그 불편한 현실을 지적하지 않도록 합니다.

이런 태도는 중요한 문제를 제기함으로써 상대방을 불편하게 만들거나 기분을 상하게 할 가능성을 피하게 해줍니다. 대신 우리는 "계속 그렇게 하세요. 당신이 하는 모든 것이 필요해요."라고 친근하게 격려하며 서로 기분 좋은 상태를 유지할 수 있습니다. 그러나 그로 인해 정작 가장 도움이 필요한 사람들은 우리의 시야 밖에서 계속해서 고통받게 될 수 있습니다.

도와줄 대상을 치열하게 선택해야 한다

응안(Ngan)의 부모는 가난한 농부로, 생존을 위해 고군분투하고 있었습니다. 그들은 응안의 구순구개열을 처음 보았을 때, 그녀가 저주를 받았다고 생각했습니다. 이웃들은 그녀를 불쌍히 여겼고, 다른 아이들은 그녀를 보는 것을 두려워했습니다. 하지만 여러분과 같이 관대한 친구들 덕분에 우리는 응안에게 필요한 수술을 제공할 수 있었고, 그녀를 수치와 거절로부터 구할 수 있었습니다. 이제 그녀는 멋진 미소와 밝은 미래를 가지고 있습니다. 이러한 변화는 기적처럼 보입니다! 하지만 우리는 여기서 멈출 수 없습니다. 우리는 더 많은 지역으로 가서 더 많은 아이들을 돕고 싶습니다.[Fritz, 2014].

― *Operation Smile fundraising appeal*

일화는 비영리 단체의 기금 모금에서 가장 중요한 요소 중 하나입니다. 수술로 입천장을 치료받은 어린이, 해비타트(Habitat for Humanity) 덕분에 집을 갖게 된 가족, 재난에서 구조된 생존자의 이야기는 비영리 단체가 수행하는 일을 더욱 인간적으로 보여줍니다. 이러한 이야기는 대중이 행동하고, 기부하며, 자원봉사하도록 영감을 줍니다.

따라서 일화를 활용하고 개인에 초점을 맞추는 것은 조직의 활동을 효과적으로 전달하는 데 매우 합리적인 접근법입니다. 그러나 내부적으로 운영할 프로그램의 내용과 방식은 비영리 단체의 세부 목표에 근거해 결정해야 합니다. 즉, 세상을 가능한 한 많이 개선하고자 한다면, 누구를 돕고 누구를 돕지 않을지에 대해 신중하고 전략적인 판단이 필요합니다.

당신이 세바 재단의 프로그램 감독이라고 가정해 보겠습니다. 당신의 목표는 네팔과 베트남 지역에서 가능한 한 많은 사람들의 실명을 치료하는 것입니다. 현재 두 나라에서는 치료가 필요한 사람들의 수가 자금으로 지원할 수 있는 인원을 훨씬 초과하고 있습니다. 이 지역에서 이러한 활동을 수행하는 유일한 조직이기 때문에, 비록 수만 명이 치료를 받을 수 있더라도 여전히 많은 사람들이 시력을 잃게 될 것입니다.

직장에서 1년을 일한 후, 네팔에서의 실명 치료 비용이 베트남보다 저렴하다는 사실을 발견합니다. 계산해보니 네팔에서는 1인당 치료 비용이 50달러, 베트남에서는 70달러가 소요됩니다. 그렇다면 내년 예산을 어디에 집중해야 할까요? 네팔? 베트남? 아니면 두 나라 모두에서 계속 사업을 이어가야 할까요?

네팔에만 자금을 집중하면 1인당 실명 치료 비용이 줄어들어 훨씬 더 많은 사람들을 도울 수 있습니다. 예를 들어, 양국의 총예산이 연간 30만 달러라고 가정하면, 모든 자금을 네팔에 투입함으로써 연간 약 1,700명의 추가 환자를 치료할 수 있습니다. 그러나 이렇게 하면 베트남의 환자들은 지원을 받지 못하게 됩니다. 이는 쉽게 치료할 수 있는 실명으로 고통받는 사람들이 단순히 지역 운영 비용이 이웃 국가보다 약간 더 높다는 이유만으로 도움을 받지 못한다는 뜻입니다. 물론, 이렇게 된 건 그들의 잘못이 아닙니다.

베트남 사람들에게 이러한 결정이 공정할까요? 전혀 그렇지 않습니다. 그곳의 사업을 중단하고 도움이 필요한 베트남 환자들을 외면한다면, 마음이 편할까요? 물론 아닙니다. 그러나 우리의 목표가 가능한 한 많은 사람들을 실명에서 구하는 것이라면, 불편한 진실은 네팔에서만 수술을 진행하는 것이 더 많은 환자를 치료할 수 있다는 점입니다. 베트남의 실명 환자들을 외면하는 것이 결코 공정한 일은 아니지만, 치료할 수 있는 총 인원을 줄이는 방향으로 결정하는 것 또한 전체적으로 공정하지 않을 것입니다.

마찬가지로, 국경 없는 의사회(Doctors Without Borders)와 같은 의료 구호 단체도 치료 대상과 방법을 신중하게 결정해야 합니다. 생명을 위협하지만 쉽게 치료할 수 있는 몇 가지 주요 질병에 집중해야 할까요? 그렇게 한다면, 덜 흔한 질병을 앓거나 치료 비용이 더 많이 드는 환자들은 사실상 도움을 받을 수 없게 됩니다. 반대로, 질병의 종류와 관계없이 찾아오는 모든 환자를 치료해야 할까요? 그러나 자원이 제한된 상황에서 그렇게 하면, 치명적이지만 간단한 치료로 회복할 수 있는 환자들이 치료받지 못한 채 목숨을 잃고, 비교적 가벼운 질병을 앓는 환자들이 의료진의 한정된 시간을 차지하게 될 것입니다.

환경 단체는 인구 과잉 문제를 해결하고 이를 통해 환경에 가해지는 부담을 줄이기 위해 미국과 전 세계에서 가족계획을 장려하는 데 집중해야 할까요? 아니면 특정 지역의 산림 벌목을 막거나 신규 석탄 화력발전소 건설을 저지하는 데 우선순위를 둬야 할까요? 장기적으로 보면 인구 과잉을 줄이는 것이 환경 보호에 더 큰 영향을 미칠 수 있습니다. 그러나 그렇다고 해서 현재 진행 중인 환경 파괴를 외면해야 할까요?

기부자들도 이와 유사한 고민을 하게 됩니다. 영양실조 문제를 해결하기 위해 기부할 때, 미국 내 단체를 지원해야 할까요, 아니면 아프리카, 인도 등 전 세계 다른 지역에서 활동하는 단체를 지원해야 할까요? 물론 영양실조는 미국에서도 심각한 문제이지만, 다른 여러 나라만큼 심각하지 않을 수 있습니다. 또한, 인도와 같은 개발도상국에서는 영양실조를 예방하는 비용이 미국보다 훨씬 저렴합니다. 그러나 해외에서 고통받는 사람들을 돕기 위해 기부하는 것은 우리가 함께 살아가는 지역 사회, 학교, 대중교통을 이용하는 이웃들을 돕는 기회를 포기하는 것을 의미하기도 합니다.

"둘 다 할 수 있다"는 말로 이러한 어려운 결정을 피할 수는 없습니다. 우리의 자원이 한정되어 있는 한, 자선 활동은 제로섬 게임이 될 수밖에 없습니다. 우리 각자의 시간과 돈은 제한적이므로, 한 가지를 선택하는 것은 다른 선택을 포기하는 것을 의미합니다. 덜 효과적인 자선 활동을 지원하면, 가장 효과적인 활동에 집중했을 때보다 더 많은 사람들이 고통받게 됩니다. 이는 우리가 이미 매우 효과적인 자선 활동에 상당한 금액을 기부했더라도 마찬가지입니다. 예를 들어, 세바 재단이 이미 지원금의 90%를 네팔에 사용하고 있다 해도, 나머지 10%까지 네팔에 집중함으로써 더 많은 실명자를 치료할 가능성이 큽니다.

자선에 대한 일반적인 조언은 눈앞에 도움이 필요한 사람을 먼저 돕는 것입니다. 그러나 진정으로 선을 행하고자 한다면, 감정적인 선택이 아니라 신중하고 계산된 결정을 내려야 합니다. 세상을 최대한 개선하기 위해서는 때때로 눈앞에서 고통받는 사람을 돕는 대신, 보이지 않는 곳에서 더 심각한 고통을 겪는 사람들을 위해 자원을 배분해야할 때도 있습니다. 이를 실천하려면 본능에 반하는 엄격한 배려가 필요하며, 이는 우리가 일반적으로 생각하는 선행의 개념과 다를 수 있습니다. 하지만 우리의 목표가 세상을 진정으로 더 나은 곳으로 만드는 것이라면, 이러한 접근이 가장 효과적인 길이 될 것입니다.

선을 행한다고 항상 기분이 좋아지는 것은 아니다

지금까지 살펴본 바와 같이, 세상을 위해 최대한 많은 선을 행하려면 자선 결정을 내릴 때 사람을 숫자로 환산해야 합니다. 그러나 이는 불편한 감정을 불러일으키며, 때로는 비인간적으로 느껴지기도 합니다. 또한, 눈앞에서 도움을 요청하는 사람을 외면하는 것은 자비롭지 않게 보일 수도 있습니다.

이는 우리가 자선에 대해 흔히 듣는 이야기, 즉 선을 행하면 기분이 좋아진다는 믿음과도 모순됩니다. 우리는 다른 사람을 돕는 것이 보람과 따뜻한 만족감을 줄 것이라고 배워왔습니다. 그렇다면 왜 가장 선한 선택을 하는 자선 결정이 항상 기분 좋은 경험이 되지는 않는 것일까요?

대부분의 사람들은 개인을 숫자로 환원하는 것에 본능적으로 반감을 느낍니다. 이는 당연한 일입니다. 애초에 많은 문제와 잔인함이 발생하는 이유가 바로 개인의 비인격화에서 비롯되기 때문입니다. 고통받는 사람들을 특정한 개인으로 인식하지 않으면, 우리는 빈곤을 무시하고, 전쟁을 지지하며, 고기를 소비하는 등의 행동을 더 쉽게 할 수 있습니다. 그러나 빈곤에 처한 누군가를 직접 만나 그들의 어려움을 듣게 되면, 그들의 고통을 외면하기가 훨씬 어려워집니다. 마찬가지로, 특정한 돼지와 시간을 함께 보내다 보면, 그 돼지나 그와 비슷한 동물이 식용으로 사육되고 도살될 때 겪는 끔찍한 고통을 무시하기가 더욱 힘들어집니다. 따라서 다른 사람들이 특정 문제에 관심을 갖도록 설득하고, 우리 자신의 윤리적 신념을 발전시키기 위해서는, 개인을 단순한 숫자가 아닌 고유한 가치를 지닌 독특한 존재로 바라보는 것이 중요합니다.

그렇기 때문에 자선 활동을 할 때 개인을 숫자로 환산하는 것은 직관적으로 받아들이기 어려우며, 때로는 잘못된 방식처럼 보일 수도 있습니다. 앞서 살펴본 예를 다시 떠올려 보세요. 베트남에서의 실명 치료를 중단하고 모든 자금을 네팔로 집중하는 계산적인 결정은 다소 냉정하고 감정이 결여된 것처럼 보일 수 있습니다. 반면, 환자 개개인의 치료 비용에 관계없이 도움이 필요한 모든 시각장애인을 돕겠다는 정책은 훨씬 더 따뜻하고 이타적으로 보입니다. 실제로 우리가 세바에서 해당 프로그램을 운영하고 있다면, 비용 차이가 있음에도 불구하고 두 나라에서 치료를 지속하는 정책을 자랑스럽게 여길 수도 있습니다. 우리는 자금이 완전히 바닥나지 않는 한 누구도 외면하지 않는다는 점에서 자비로움을 느낄 수 있기 때문입니다. 또한, 이러한 정책은 프로그램 책임자의 입장에서 더 편안한 선택일 수 있습니다. 이전에 도와주던 사람들을 외면해야 한다는 죄책감을 피할 수 있기 때문입니다.

하지만 실제 결과를 살펴보면 오히려 정반대의 현상이 나타납니다. 치료 비용의 차이를 무시한다면, 더 많은 사람을 치료할 수 있는 기회를 스스로 포기하게 되고, 결국 더 많은 사람이 실명으로 고통받게 됩니다. 냉정하고 계산적인 접근 방식이 오히려 더 많은 사람을 돕고, 더 많은 이들을 실명에서 구할 수 있는 결과를 가져옵니다.

다시 강조하자면, 자선 활동을 결정할 때 숫자로만 계산하는 차가운 접근 방식이 실제로는 가장 자비로운 결과를 낳을 수 있습니다. 따라서 진정으로 효과적인 자선 활동을 위해서는 순간적인 감정에 휘둘리는 것이 아니라, 최종적인 결과를 중시하는 보다 깊고 도전적인 형태의 연민이 필요합니다.

세바 프로그램 감독으로서 우리가 받아들이고 싶은 생각은, 도움이 필요한 사람을 외면하지 말아야 한다는 것입니다. 이는 자선 분야에서 널리 퍼진 일반적인 관점이기도 합니다. 그러나 자선 활동에 대한 많은 조언과 마찬가지로, 이것 역시 이타주의의 외피를 쓴 이기적인 생각일 수 있습니다. 우리는 누군가를 외면하는 죄책감을 피하고 싶거나,

더 효과적인 선택을 하기 위한 자기 절제가 부족하기 때문에, 눈앞의 사람을 돕는 데 집중하다가 결국 더 많은 이들이 도움을 받지 못하는 결과를 초래할 수 있습니다. 아이러니하게도, 우리는 진정으로 자선적인 결정, 즉 세상에서 가장 큰 선을 이루는 선택을 차갑고 잘못된 것으로 간주하곤 합니다. 단지 그렇게 느껴진다는 이유만으로 말입니다.

사실, 선한 일을 한다고 해서 항상 기분이 좋아지는 것은 아닙니다. 때로는 옳은 일을 해도 만족감을 느끼지 못할 때가 있으며, 우리가 많은 사람들의 삶에 긍정적인 변화를 가져왔음에도 불구하고, 그것이 전혀 일어나지 않은 것처럼 놀랍도록 평범하게 느껴질 수도 있습니다.

그러나 이는 괜찮은 일입니다. 책의 서두에서 우리가 동의했듯이, 자선의 목표는 우리 자신에게 만족감을 주는 것이 아니라 세상을 더 나은 곳으로 만드는 것입니다. 따라서 우리는 무엇이 기분을 좋게 만드는지가 아니라, 무엇이 가장 큰 선을 이루는지를 기준으로 자선 활동을 결정해야 합니다. 그것이 때로는 불편함을 주거나, 아무런 감정을 불러일으키지 않더라도 말입니다.

자선 활동의 핵심은 성과를 내는 것이다
자선 활동에 참여하는 대부분의 사람들은 진심으로 세상을 더 나은 곳으로 만들고자 합니다. 하지만 앞서 논의했듯이, 우리는 선을 행하는 데 개인적인 동기를 갖기도 합니다. 자선 활동에 끌리는 이유는 그것이 우리의 신념을 표현하고, 우리가 원하는 방식으로 세상을 변화시킬 기회를 제공하기 때문입니다. 또한, 우리가 변화를 만들어냈다는 사실이 스스로를 긍정적으로 바라보게 하고, 더 큰 의미와 목적을 느끼게 해주기도 합니다.

이러한 개인적인 동기가 다른 사람들에게 선한 행동을 장려할 수 있다는 점은 긍정적이지만, 동시에 단점도 존재합니다. 그것은 우리가 자선을 행하는 것을 우리의 관점에서 바라보게 만든다는 점입니다. 즉, 자선의 목적을 '좋은 일을 하는 것'으로 여기며, 우리의 행동 자체에 초점을 맞추게 됩니다. 우리는 "내가 좋은 일을 했는가?"라는 질문을 하게 되지만, 자선의 진정한 목표는 가능한 한 세상을 개선하는 것입니다. 따라서 초점은 '나'가 아니라 '세상'에 맞춰져야 합니다. 세상이 얼마나 변화했는가? 고통이 얼마나 줄어들었으며, 행복이 얼마나 증가했는가? 중요한 것은 우리가 선한 행동을 했다는 사실이 아니라, 그것이 실제로 어떤 결과를 가져왔는가입니다.

개인적인 동기가 주도권을 잡으면, 결과는 부차적인 요소로 전락하는 경향이 있습니다. 자선에 대한 기존의 조언들도 이러한 사고방식을 강화합니다. 우리는 환원하고, 자신의 역할을 다하며, 선을 행하고, 기부하고, 관대해야 한다는 이야기를 들어왔습니다. 이러한 가르침은 훌륭하게 들리지만, 결국 우리가 행하는 행동 자체에 초점을 맞추게 합니다. 즉, 우리의 행위 이후 세상에서 어떤 변화가 일어나는지보다는, 우리가 '무엇을 했는가'에 더 집중하게 되는 것입니다. 반면, 기아 예방, 실명 치료, 인구 과잉 감소와 같은 구체적인 변화를 추구하라고 격려를 받는 경우는 매우 드뭅니다.

결국, 우리에게 전달되는 메시지는 자선 활동이 성공적인 결과를 내는 것보다 선한 행위를 실천하는 것 자체에 더 중점을 둔다는 것입니다. 마치 첫 번째 리틀 리그 경기를 위해 경기장으로 향하는 여섯 살짜리 아이처럼, 우리는 승패보다 최선을 다하는 것이 중요하다고 배웁니다. 참여하는 것만으로도 우리는 이미 승자라는 것입니다. 그래서 우리는 기부하거나 자원봉사를 하면 즉시 좋은 사람이 되었고, 자신의 역할을 다했다는 느낌을 받습니다. 하지만 수표를 부치거나 하루 봉사 활동을 마친 후, 실제로 어떤 변화가 일어났는지에 대해서는 깊이 고민하지 않는 경우가 많습니다.

그러나 자선을 진지하게 고민한다면, 자선의 본질은 결국 '성과를 내는 것'임을 깨달아야 합니다. 사실, 가장 중요한 것은 바로 '성과'입니다. 우리는 고통을 줄이거나, 그렇지 못하거나—그 둘 중 하나의 결과를 만들어냅니다. 인도 농촌의 한 남성은 평생 실명 상태로 살아가거나, 시력을 되찾을 수 있습니다. 젊은 여성은 심각한 질병에 걸릴 수도 있고,

그렇지 않을 수도 있습니다. 배고픈 아이는 식사를 하거나, 여전히 굶주린 채 남아 있을 것입니다.

우리의 의도나 신념이 중요한 것이 아닙니다. 우리가 얼마나 많은 희생을 감수했는지도, 얼마나 열심히 노력했는지도 중요하지 않습니다. 심지어 우리가 '선한 사람'인지 여부도 본질적인 문제가 아닙니다. 오직 중요한 것은 우리가 실제로 세상을 더 나은 곳으로 만드는 데 성공했는가, 그리고 그 성공이 어느 정도였는가 하는 점입니다.

결국, 자선 활동의 궁극적인 목적은 오직 하나, 긍정적인 변화를 이끌어내는 것입니다. 축구 감독 빈스 롬바르디가 말했듯이, "이기는 것은 전부가 아니라, 유일한 것이다"(Wikipedia, 2014) 우리가 기부자, 자원봉사자, 그리고 비영리 단체의 일원으로서 이러한 관점을 받아들일 때, 세상은 더 빠르게, 더 나은 방향으로 변화할 것입니다.

9장

겸손하게 앞으로 나아가기

: 우리가 모르는 것 인정하기

우리가 알다시피, 알려진 앎이 있습니다. 즉 우리가 안다는 것을 알고 있는 것들입니다. 또한 알려진 미지(昧知)가 있습니다. 이는 우리가 모른다는 것을 알고 있는 것들입니다. 하지만, 알려지지 않은 미지도 있습니다. 즉, 우리가 모른다는 사실조차 모르는 것들입니다. 그리고 우리나라를 비롯한 자유 국가들의 역사를 돌아보면, 바로 알려지지 않은 미지에 속하는 문제들이 종종 가장 어려운 과제였음을 알 수 있습니다.

—도널드 럼스펠드, 전 미 국방부 장관, 2002.

우리가 모른다는 것 알기

2002년 2월, 도널드 럼스펠드 당시 국방부 장관은 이라

크가 테러 단체에 대량살상무기를 공급하고 있는지에 대한 기자의 질문에 위와 같은 답변을 내놓았습니다. 그의 발언은 다소 복잡한 표현 때문에 조롱의 대상이 되었고, 심야 토크쇼에서 희화화되기도 했습니다. 그러나 그가 지적한 내용에는 깊은 통찰이 담겨 있습니다. 실제로 우리는 모르는 것이 너무 많으며, 가장 큰 문제는 우리가 모른다는 사실조차 인식하지 못할 때 발생합니다.

자동차를 운전하는 사람이라면 한 번쯤 고속도로의 갓길에 차를 세운 경험이 있을 것입니다. 보닛 아래에서 연기가 뿜어져 나왔을 수도 있고, 심각한 고장을 암시하는 불길한 소음이 들렸을 수도 있습니다. 어떤 경우든 한 가지는 분명합니다. 바로 지금 해결해야 할 문제가 생겼다는 것입니다.

그래서 휴대폰을 꺼내거나 가까운 공중전화로 걸어가 견인차를 부르고, 하루 일정이 틀어진 것에 대해 속상해하며, 견인차가 오기를 초조하게 기다립니다. 그러면서 그동안 차에 생긴 문제의 원인과 수리 비용이 얼마나 나올지 고민합니다. 마침내 견인차가 도착하고, 기사가 차량을 견인 장비에 연결한 후 운전석에 올라타면서 고개를 돌려 묻습니다. "어디로 갈까요?"

우리 대부분은 차를 정비소로 견인해 달라고 요청합니다. 그렇다면 왜 집이나 운전하던 곳으로 견인해 달라고 하지 않을까요? 그것은 단순히 도구가 없거나 시간이 부족해서가 아니라, 차량 고치는 방법을 전혀 모르기 때문입니다.

럼스펠드의 말을 빌리자면, 자동차를 고치는 방법은 '알려진 미지'의 영역입니다. 우리는 문제를 해결하는 방법을 모르지만, 적어도 그것을 모른다는 사실은 인지하고 있습니다. 여기서 중요한 것은 자신의 지식 부족을 인정하는 것입니다. 만약 당신이 고장난 차를 고칠 줄 안다고 착각한다면, 얼마나 많은 시간을 허비하고, 얼마나 더 큰 피해를 입을지 상상해 보세요.

시동이 걸리지 않고 검은 연기를 뿜는 자동차를 보면, 문제를 해결할 방법을 모른다는 사실을 인정하는 것은 어렵지 않습니다. 첫째, 상황이 명확합니다. 차는 시동이 걸리거나 걸리지 않거나 둘 중 하나일 뿐이며, 고치지 않았는데 고친 척할 수는 없습니다. 둘째, 솔직해지는 것이 가장 현명한 선택입니다. 방법을 모른 채 직접 해결하려다가는 시간만 낭비할 뿐 아니라, 상황이 악화되면 더 큰 비용이 들 수도 있습니다.

하지만 안타깝게도 우리가 항상 자신과 타인에게 정직하지는 않습니다. 이 점에 대해서는 아만다 워터맨(Amanda Waterman)에게 물어보면 더 잘 알 수 있을 것입니다.

리즈 대학교의 발달심리학자인 아만다 워터맨은 우리가 어떤 것에 대한 답을 모를 때, 왜 인정하기를 꺼리는지 연구했습니다. 한 실험에서 그녀는 아이들에게 "빨간색이 노란색보다 더 무겁나요?" 또는 "스웨터가 나무보다 더 화가 나나요?" 같은 정답이 존재하지 않는 질문을 던졌습니다. 물론 이런 질문들은 말도 안 되지만, 많은 아이들은 "모르겠다"고 인정하기보다 자신이 답을 안다고 주장했습니다. 예를 들어, "네, 빨간색이 노란색보다 무겁습니다." 또는 "아니요, 스웨터는 나무보다 화를 내지 않습니다"라고 대답한 것입니다 (Freakonomics, 2014).

또 다른 연구에서 워터맨은 아이들에게 한 가족의 해변 여행에 대한 짧은 이야기를 들려준 뒤, 이야기에서 제공되지 않은 정보와 관련된 질문을 던졌습니다. 예를 들어, "가족은 레모네이드를 마셨나요?" 또는 "차 안에서 음악을 들었나요?"와 같은 질문이었습니다. 이야기 속에는 이에 대한 정보가 전혀 없었기 때문에 아이들은 답을 알 수 없었습니다. 그러나 워터맨이 반복해서 "모르겠다"고 말해도 괜찮다고 안심시켰음에도 불구하고, 아이들 중 거의 4분의 3이 "예" 또는 "아니오"라고 답했습니다.

워터맨의 연구에 참여한 성인들 중 다수는 모르는 것에 대해 솔직했지만, 전체의 25%는 알 수 있는 방법이 없거나 "모른다"고 대답할 수 있다고 안심시키는 경우에도 여전히 자신이 답을 안다고 주장했습니다. 그녀의 연구는 우리 모두가 자신의 경험을 통해 알고 있는 사실을 강조합니다. 우리는 실제로 추측만 하고 있음에도 불구하고 아는 척하는 경우가 많다는 것을 보여줍니다.

그렇다면 우리는 왜 지식의 한계를 인정하는 데 주저할까요? 그 이유 중 하나는 아마도 자존심 때문일 것입니다. 우리는 모든 것을, 모든 답을 알고 싶어 합니다. 우리는 더 똑똑해 보일수록 자부심을 느끼고 다른 사람들이 자신을 우러러보고 존중해 줄 것이라고 생각합니다. 아는 것은 진정한 가치가 있기 때문에, 지식은 힘이 될 수도 있습니다. 모든 것을 다 아는 것처럼 보임으로써 우리는 자신을 더 큰 권력과 권위를 가진 위치로 끌어올릴 수 있습니다.

우리가 모르는 것을 인정하지 않으려는 이유는, 부분적으로 우리의 교육 시스템이 정보의 양에만 초점을 맞추기 때문일 수 있습니다. 퀴즈, 시험, 과제 등 모든 평가 방식은 오직 한 가지, 즉 얼마나 많이 알고 있는지를 측정하도록 설계되었습니다. 그렇다면 시험 문제의 답을 모를 때 가장 좋은 전략은 무엇일까요? 바로 정답을 추측해 보는 것입니다. 맞힐 가능성이 있기 때문이죠. 결국, 언젠가는 정답을 알게 될 테니 답을 비워 두는 것보다 추측하는 것이 더 나은 전략으로 여겨집니다.

학생들은 17년 동안 '정답을 아는 척하는 능력'으로 성적을 받아왔습니다. 반면, 자신의 무지를 인식하는 분별력을 발휘하는 것은 좋은 성적으로 이어지지 않았습니다. 만약 교육 시스템이 이러한 분별력을 올바르게 평가한다면, 채점 방식은 어떻게 달라질까요? 그리고 학생들은 어떤 사고방식을 기르게 될까요? 한번 상상해 보세요.

모든 것을 알고 있는 것처럼 보이고 싶은 욕구는 고등학교와 대학교를 졸업한 후에도 사라지지 않으며, 직장에서도 계속 이어집니다. 구직자들에게 자주 주어지는 조언 중 하나가 면접에서 절대 "모르겠다"라고 말하지 말라는 것입니다. 비즈니스 인사이더부터 몬스터닷컴과 같은 구인 사이트에 이르기까지, 많은 조언이 구직자들에게 무지하거나 준비되지 않은 사람으로 보일 위험이 있으므로 이 말을 피하라고 권고합니다. 이러한 사고방식은 면접 이후에도 지속되며, 모든 직급과 분야의 직원들이 자신이 답할 수 없는 질문이 많다는 사실을 인정하는 것을 꺼리게 만듭니다.

하지만 이것은 분명한 문제입니다. 자동차를 제대로 수리하려면, 먼저 수리 방법을 모른다는 사실을 솔직하게 인정해야 합니다. 자동차든 직장이든, 어떤 분야에서든 일을 제대로 수행하려면 스스로의 한계를 정확히 인식하고, 이를 타인에게도 솔직하게 밝힐 수 있어야 합니다.

더 큰 문제는, 우리가 모른다는 사실조차 모르는 경우입니다. 도널드 럼스펠드의 말을 빌리자면, 이는 '알려지지 않은 미지'의 영역에 해당합니다. 그렇다면, 구체적으로 이것이 의미하는 것은 무엇일까요?

2003년 출간된 자신의 저서 『머니볼: 불공정한 게임에서 승리하는 기술』에서 저널리스트 마이클 루이스는 오클랜드 애슬레틱스의 단장 빌리 빈이 통계 분석을 활용해 더 경쟁력 있는 야구팀을 만들어가는 과정을 소개했습니다. 오클랜드 애슬레틱스는 20년 동안 메이저리그에서 재정적으로 가장 열악한 팀 중 하나였습니다. 선수들의 연봉에 할당할 수 있는 예산이 다른 팀에 비해 현저히 적었기 때문에, 최고의 선수를 영입하는 것이 어려웠습니다. 단순히 재정적 여력이 없었기 때문입니다(Lewis, 2003).

팀의 재정적 한계를 잘 알고 있던 빈은, 메이저리그 최고의 팀이 되기 위한 유일한 방법은 선수 영입을 보다 현명하게 결정하는 것이라고 판단했습니다. 그는 기존의 야구 관계자들이 선수의 가치를 평가하는 방식—예를 들어 타율이나 다재다능함—에 의존하는 대신, 철저한 통계 분석을 기반으로 선수를 선발하기 시작했습니다. 그 결과, 기존의 평가 방식이 반드시 선수가 팀에 기여할 수 있는 정도를 가장 정확하게 반영하는 지표가 아니라는 사실을 발견했습니다. 대신, 애슬레틱스는 특정 데이터 포인트(예: 출루율과 장타율)가 선수의 가치를 훨씬 더 정확하게 예측할 수 있음을 밝혀냈습니다. (야구 전문 용어가 낯설어도 걱정하지 마세요. 여기까지가 야구 이야기의 전부입니다!) 이 데이터를 활용한 결과, 애슬레틱스는 주요 지표에서 높은 성과를 보이면서도 다른 팀에서 과소평가된 선수들을 발굴해 비교적 낮은 연봉으로 영입할 수 있었습니다. 이 전략은 큰 성공을 거두었습니다. 비록 애슬레틱스가 빈 감독 체제에서 월드시리즈 우승을 차지하지는 못했지만, 지난 15년 동안 지구 우승을 다섯 차례나 기록했습니다. 이는 대부분의 경쟁 팀보다 훨씬 적은 예산을 사용하면서도 거둔 놀라운 성과이며, 메이저리그 전체를 통틀어도 인상적인 기록이었습니다. 오클랜드의 성공 이후, 여러 야구팀이 선수 평가와 영입 과정에서 유사한 데이터 분석 접근 방식을 채택하기 시작했습니다.

야구는 새로운 스포츠가 아닙니다. 빈이 오클랜드 애슬레틱스를 이끌기 훨씬 전부터, 미국에는 125년 이상 프로 야구팀이 존재해 왔습니다. 하지만 그 오랜 시간 동안 어떤 감독이나 팀도 선수의 성공 가능성을 가장 정확하게 예측할 수 있는 데이터를 철저히 분석한 적이 없었습니다. 어떤 의미에서, 이 데이터는 '알려지지 않은 미지'의 영역이었습니다. 다른 야구팀들은 마치 빨간색이 노란색보다 무겁다고 주장하는 학생들처럼, 단순한 직관과 기존의 관행을 바탕으로 결정을 내렸습니다. 그들은 데이터를 분석해야 한다는 사실조차 인지하지 못했으며, 따라서 수치를 면밀히 검토하거나 정보를 체계적으로 정리하는 데 시간을 할애하지 않았습니다.

여기서 중요한 점은 두 가지입니다. 첫째, 우리는 "모르겠다"고 인정하는 것을 매우 싫어하기 때문에 종종 추측하거나 아는 척을 합니다. 둘째, 아무리 똑똑하고 경험이 많더라도, 우리가 놓치고 있는 것들이 항상 존재합니다. 그리고 우리는 그것을 찾아야 한다는 사실조차 인식하지 못하는 경우가 많습니다.

놀라운 과학의 세계

2천 년 전, 고대 이집트에서 우리가 오늘날 연금술(alchemy) 이라고 부르는 실험이 처음 시작되었습니다. 연금술은 철학이자 마법인 동시에 원시 과학의 형태로 존재했습니다. 연금술사들은 납을 금으로 변환하거나, 영원한 젊음을 주는 물약을 만드는 등 고귀한 목표를 추구했습니다.

오늘날 우리는 연금술의 목표가 얼마나 비현실적이었는지 돌아보며 웃을 수 있지만, 당시에는 매우 진지하게 받아들여졌습니다. 연금술을 가르치는 학교와 연금술 관련 교과서도 있었습니다. 일부 국가에서는 전문 연금술사에게 정부가 면허를 발급하기도 했습니다. 실제로 연금술은 약 2,000년 동안 지속되었으며, 1700~1800년대에 이르러서야 화학(chemistry)으로 대체되었습니다. (아마도 두 용어 간의 유사성을 눈치챘을 것입니다.) 하지만 2천 년 동안 연금술이 인류에게 직접적인 가치를 제공한 것은 거의 없었던 반면, 화학은 불과 몇 세기 만에 인류의 삶을 혁신적으로 개선하고 연장하는 데 성공했습니다. 현대 의학, 스마트폰, 그리고 매일 아침 수도꼭지에서 깨끗한 식수가 나오는 것까지—이 모든 것이 화학의 발전 덕분이라고 할 수 있습니다.

그렇다면 화학과 연금술의 차이점은 무엇일까요? 왜 하나는 그렇게 눈부신 성공을 거둔 반면, 다른 하나는 처참한 실패로 끝났을까요? 이 둘의 차이는 간단하면서도 근본적입니다. 연금술사들은 과학적 방법을 사용하지 않았지만, 화학자들은 이를 적용했고 지금도 계속 활용하고 있기 때문입니다.

과학적 방법의 핵심에는 간단하면서도 깊이 있는 원리가 담겨 있습니다. 어떤 주장이 사실로 인정되려면, 이를 입증할 수 있는 테스트가 필요하다는 것입니다. 테스트는 과학의 근본적인 요소입니다. 위키백과에서 '과학'을 검색하면, 첫 문장에서 과학은 테스트 가능한 설명과 예측을 통해 지식을 구축하고 조직화하는 학문이라고 정의하고 있습니다. 화학자들은 이러한 테스트를 통해 가설을 증명하거나 반증하면서, 연금술의 비과학적 사고에서 벗어나 점진적으로 발전할 수 있었습니다. 테스트는 모든 지식 기반 학문이 더 깊은 이해와 효과적인 결과로 나아가는 길을 열어줍니다.

화학, 물리학, 생물학과 같은 자연과학이 테스트를 기반으로 발전한다는 사실은 우리에게 그리 놀라운 일이 아닙니다. 그러나 테스트가 활용되는 분야는 자연과학에만 국한되지 않습니다.

비즈니스 세계에서도 모든 주요 기업이 테스트와 데이터를 바탕으로 의사 결정을 내리고 있습니다. 예를 들어, 소비자의 선호 기능 분석, 특정 고객층을 대상으로 한 광고 전략 수립, 우선적으로 판매해야 할 제품이나 서비스 선정 등이 이에 해당합니다. 기업들은 보다 효과적인 결정을 내리고 더 많은 수익을 창출하기 위해 매년 수십억 달러를 시장 조사에 투자하고 있습니다.

정치 분야에서도 선거에서 승리하기 위해 테스트가 적극적으로 활용됩니다. 2012년, 버락 오바마는 미국 대통령으로 재선되었습니다. 역사가들은 그의 승리 요인으로 여러 가지를 꼽지만, 로스앤젤레스 타임스 등 여러 매체는 데이터 분석을 오바마 캠프의 비밀 병기 중 하나로 지목했습니다.

오바마 캠프는 50명 이상의 데이터 분석가로 구성된 팀을 고용해, 경합주 유권자들의 방대한 데이터를 수집했습니다. 이 팀은 '동굴'이라는 별칭이 붙은 시카고의 한 사무실에서 유권자들의 나이, 성별, 종교, 구독하는 잡지, 집값 등 80여 가지 데이터를 분석했습니다. 데이터가 수집된 후, 오바마 캠프는 어떤 미결정 유권자 그룹이 설득 가능성이 높은지 파악하기 위해 테스트를 실시했습니다. 수많은 전화 통화, 우편 발송, 대면 방문을 통해 추가적인 데이터를 확보하고, 어떤 메시지가 유권자들에게 가장 효과적인지 분석했습니다.

테스트 결과가 나오자, 본격적인 홍보 전략이 가동되었습니다. 오바마 캠프는 경합주 내 미결정 유권자 수십만 명을 대상으로 맞춤형 우편, 방문, 전화 캠페인을 진행했습니다. 이 모든 전략은 인구통계학적 분석을 바탕으로 정밀하게 설계된 것이었습니다. 그리고 결과는 모두가 아는 대로였습니다. 오바마는 경합주의 대부분에서 승리하며 재선에 성공할 수 있었습니다.

선을 행하는 방법을 추측하지 말고 배우기

테스트와 데이터를 활용해 목표를 효과적으로 달성하는 것은 과학자, 기업 임원, 정치 운동가만의 특권이 아닙니다. 세상을 더 나은 곳으로 만들고자 하는 우리 모두에게도 필요한 것입니다.

대부분의 자선 활동은 빈곤 감소, 가정 폭력 예방, 환경 보호, 인신매매 방지 등 다양한 사회적 문제를 해결하는 데 초점을 맞춥니다. 일부 문제는 비교적 간단하게 해결책을 찾을 수 있지만, 많은 경우 문제의 복잡성이 높아 효과적인 해결 방법을 찾는 것이 쉽지 않습니다. 그리고 바로 이 지점에서 "우리가 모르는 것을 인정하지 않으려는 태도"가 큰 장애물이 될 수 있습니다.

예를 들어, 여러분이 비영리 환경 단체에서 일한다고 가정해 보겠습니다. 한 공공 서비스 회사로부터 지원을 받아, 여러분이 사는 도시의 주민들이 가정 내 에너지 사용을 줄이도록 독려하는 100만 달러 규모의 TV 광고 캠페인을 진행하게 되었습니다. 수많은 사람들에게 메시지를 전달할 기회라는 생각에 설레며, 광고 문구를 어떻게 구성할지 고민하기 시작합니다. 대본은 어떤 방식으로 작성해야 할까요? 사람들이 귀 기울이고 행동으로 옮기도록 하려면 어떤 메시지가 효과적일까요? 가정 내 에너지 사용을 줄이도록 설득하기 위해 가장 적절한 접근법은 무엇일까요?

확신이 서지 않아 다른 환경 비영리 단체의 동료들에게 조언을 구합니다. 하지만 돌아오는 답변들은 오히려 혼란을 가중시킬 뿐입니다. 한 친구는 지구 온난화가 우리가 에너지 사용을 줄이지 않을 경우 일상생활에 미칠 영향을 강조해야 한다고 말합니다. 또 다른 환경 단체 직원은 석탄 화력 발전소가 야생동물에 미치는 해악을 부각할 것을 제안합니다. 이는 많은 도시 주민들이 지역 공원에서 야생동물을 관찰하는 것을 즐기기 때문이라고 합니다. 세 번째 동료는 사람들이 아픈 아이들의 고통에 공감할 가능성이 높으므로, 에너지 생산이 대기 오염과 천식에 미치는 영향을 강조해야 한다고 권유합니다. 마지막으로, 네 번째 동료는 금전적 절약 효과를 강조하는 것이 가장 효과적이라며, 사람들이 에너지 사용을 줄일 경우 얼마나 많은 비용을 절감할 수 있는지를 알려야 한다고 말합니다.

이 모든 아이디어는 그럴듯하게 들립니다. 각각의 메시지가 충분히 설득력을 가질 수도 있습니다. 하지만 점점 의문이 생기기 시작합니다. "이들이 환경 보호를 위해 일하는 전문가라는 것은 알지만, 과연 어떤 메시지가 실제로 사람들의 행동을 변화시키는 데 가장 효과적인지 확실히 알고 있는 걸까? 아니면 아만다 워터맨의 연구에서 등장한 아이들처럼, '모르겠습니다'라는 솔직한 대답 대신, 제한된 정보를 바탕으로 최선의 추측을 하고 있는 것 아닐까?"

동료들이 자신들의 믿음을 뒷받침할 과학적 테스트를 수행하지 않는 한, 그들은 결국 추측만 하고 있는 것입니다. 물론 그들의 추측은 사려 깊고 합리적일 수 있으며, 이를 뒷받침하는 일화적인 증거(예: "이것이 이웃이 에너지를 덜 사용하도록 설득한 이유입니다.")가 있을 수도 있습니다. 하지만 그것은 여전히 추측일 뿐입니다. 결국, 그들도 여러분도 어떤 메시지가 실제로 가장 효과적인지 확신할 수 없는 상황입니다.

이러한 불확실성을 해결하기 위해, 가정 에너지 사용을 줄이는 데 가장 효과적인 메시지를 찾고자 직접 테스트를 수행하기로 합니다. 첫 번째 단계로, 저렴한 온라인 설문조사 플랫폼을 활용해 다섯 개의 광고 세트를 제작합니다. 각 광고에는 에너지 절약의 필요성을 강조하는 서로 다른 메시지가 포함됩니다. 이후, 실험 참가자를 모집하여 각 광고를 보여준 뒤, 다음 달에 가정 에너지 사용을 줄일 계획이 있는지와 그 방법은 무엇인지 응답하도록 요청합니다. 또한, 한 달 후 실제 에너지 사용량 변화를 확인할 수 있도록 참가자의 이메일 주소와 전화번호를 수집합니다.

실험 결과, 4번 광고가 다른 광고들보다 20% 더 효과적이라는 사실을 발견했습니다. 4번 광고를 본 사람들은 다른 광고를 본 사람들보다 평균적으로 가정 에너지 사용량을 20% 더 줄였습니다. 이제 가장 효과적인 광고를 확인했으므로, 4번 광고가 담긴 DVD를 밀봉하여 케이블 회사에 보내 광고가 송출될 수 있도록 합니다. 임무 완수!

처음에는 프로그램의 효과를 20% 높이는 것이 새로운 광고를 제작하고 테스트하는 번거로움을 감수할 만큼 큰 변화가 아닐 수도 있다고 생각할 수 있습니다. 하지만 실제로 이는 20% 더 많은 예산을 확보한 것과 동일한 효과를 환경에 미치는 셈입니다. 예를 들어, 텔레비전 광고를 위한 보조금이 100만 달러라면, 이 테스트를 통해 약 20만 달러의 추가 가치를 창출한 것과 같은 효과를 거둔 것입니다. 작은 테스트 하나가 엄청난 가치를 지닌다는 사실을 알 수 있습니다.

이러한 관점에서 보면, 다섯 가지 광고를 기획하고 테스트하며 효과를 측정하는 데 15만 달러의 비용이 들더라도 충분히 가치 있는 투자입니다. 만약 테스트 없이 광고에 100만 달러를 그대로 투입했다면, 동일한 예산으로 더 많은 가정이 에너지 사용을 줄이도록 유도할 기회를 놓쳤을 것입니다.

이것이 바로 테스트와 측정의 가치입니다. 20%라는 수치는 단순한 예시일 뿐이지만, 수많은 테스트를 통해 다양한 프로그램과 접근 방식이 실제로 큰 영향력 차이를 보인다는 사실을 확인할 수 있습니다. 예를 들어, 한 웹사이트의 레이아웃이 다른 레이아웃보다 그린피스를 위한 기부금 모금 효과를 35% 높일 수 있습니다. 또 다른 사례로, 노숙자 쉼터가 개인보다 가족을 우선적으로 수용할 경우, 수용 인원당 비용을 80% 절감할 수 있다는 연구 결과가 나올 수도 있습니다. 또한, 세바 재단이 방글라데시보다 인도에서 실명 환자를 발견하고 치료하는 데 50% 더 적은 비용이 든다는 사실을 알게 될 수도 있습니다. 이처럼 데이터를 측정하고 이를 바탕으로 전략을 수정하면, 더 많은 기부금을 모금하고, 더 많은 노숙인을 돕고, 더 많은 실명 환자를 치료할 수 있습니다.

그러나 안타깝게도 비영리 분야에서는 효과적인 접근 방식을 미리 테스트하는 것이 아직 생소한 개념입니다. 많은 자선 활동이 여전히 추측과 가정에 의존하고 있습니다.

비영리 단체들은 일반적으로 개인적인 철학, 과거의 사례, 일화적인 증거, 직관적 추론 등을 조합하여 최적의 접근 방식을 결정합니다. 이에 따라 기부자와 자원봉사자들도 검증되지 않은 방법에 기반하여 활동하는 경우가 많습니다.

다음 두 가지 질문을 생각해 보세요.

1. 전 세계 빈곤을 완화하기 위해 지금까지 얼마나 많은 돈이 사용되었는가?

2. 다양한 개입이 실제로 빈곤 완화에 얼마나 효과적인지 테스트하는 데 얼마나 많은 돈이 사용되었는가?

전자의 경우 수십억 달러가 지출된 반면, 후자의 경우 단 한 푼도 지출되지 않았습니다. 한 가지 개입 유형을 예로 들자면, 반빈곤 단체인 하이퍼 인터내셔널(HI)은 개발도상국 사람들에게 동물을 제공하기 위해 수억 달러를 투입해 왔습니다. 하지만 하이퍼 인터내셔널은 동물 기부가 다른 가능한 개입 방법과 비교하여 얼마나 효과적인지 대한 과학적 테스트를 수행하지 않았습니다. 심지어 동물 기부가 해보다 득이 더 많은지를 확인하기 위한 테스트조차 하지 않았습니다. 물론 HI는 소 잃고 외양간 고치는 단체의 한 예일 뿐입니다. 가난한 사람들에게 직접 돈을 주는 것과 같은 단순한 프로그램을 포함한 모든 빈곤 퇴치 프로그램에 대한 테스트가 시작된 것은 불과 몇 년 전의 일입니다.

자선 활동과 관련하여 "전 세계 빈곤을 완화하는 가장 좋은 방법은 무엇인가?" 또는 "가정에서 에너지 사용을 줄이도록 설득하는 데 가장 효과적인 메시지는 무엇인가?"와 같은 질문을 의견이나 철학에 관한 질문으로 간주하기 쉽습니다. 그러나 실제로 이러한 질문은 명백한 사실에 대한 질문입니다. 이 질문들은 구체적인 답을 가지고 있습니다. 우리가 답을 모른다면, 시간을 들여 테스트해 알아내지 않았거나, 다른 사람들이 이미 수행한 테스트 결과를 확인하지 않았기 때문입니다.

　　노숙자를 예방하는 방법과 같은 크고 복잡한 문제에서도 마찬가지입니다. 비영리 단체 직원들이 매일 마주하는 무수히 많은 작은 질문도 마찬가지입니다. 예를 들어, 어떻게 웹사이트 디자인을 해야 신규 이메일 가입을 가장 많이 유도할 수 있을까요? 가능한 한 널리 공유하려면 어떤 유형의 소셜 미디어 게시물을 작성해야 할까요? 다음 이벤트를 홍보하기 위해 텔레비전, 온라인 또는 라디오에 유료 광고를 내보내는 것이 더 나을까요? 어떤 인구통계학적 특성을 지닌 잠재적 고객이 우리의 대의에 가장 잘 반응하고 참여할 가능성이 높을까요?

　　이와 같은 질문에 대한 비영리 단체 직원들의 본능적 반응은 대부분 아만다 워터맨의 연구에 등장하는 어린이, 빌리 빈 이전의 야구 스카우트, 빅 데이터 이전의 캠페인 매니저들과 다를 바 없습니다. 즉, 경험을 바탕으로 답을 추측하는 경향이 있습니다. 그러나 이러한 추측은 종종 틀리기 때문에, 테스트와 데이터만이 진정한 답을 제공할 수 있습니다.

　테스트는 항상 불완전하며, 한 연구 결과를 통해 어떤 방법이 다른 방법에 비해 더 낫다는 것을 확실하게 보여주기는 어렵습니다. 하지만 연구가 잘 설계되어 있다면, 그 결과는 대부분 정확할 것입니다. 이러한 확률만으로도 연구는 매우 강력하고 가치 있는 도구가 됩니다. 또한, 직접 테스트를 많이 수행할수록 더 확실한 결과를 얻을 수 있습니다. 하나의 테스트가 모든 변수를 완벽하게 설명할 수는 없지만, 이를 핑계로 새로운 것을 시도하고 테스트하며, 틀린 점을 기꺼이 수용하려는 노력을 포기해서는 안 됩니다.

　일부 비영리 단체와 재단이 이러한 접근 방법을 시도하기 시작했습니다. 예를 들어, 마이크로소프트 창립자인 빌 게이츠 회장이 빌 앤 멀린다 게이츠 재단(Bill and Melinda Gates Foundation) 지지자들에게 보낸 공개서한인 '2013 게이츠 편지'에서는 한 가지 중심 주제를 강조했습니다. 그것은 테스트가 비영리 세계에서 성공하는 데 절대적으로 중요하다는 것입니다. 빌 게이츠는 "나는 인간의 상태를 개선하는 데 측정이 얼마나 중요한지에 대해 계속해서 놀라움을 금치 못하고 있습니다"라고 언급했습니다(Gates, 2014).

또 다른 사례로, 2003년, 매사추세츠 공과대학(MIT) 경제학과에 설립된 압둘 라티프 자밀 빈곤 행동 연구소(J-PAL)는 빈곤 감소와 질병 예방 캠페인의 효과를 평가하기 위해 무작위 대조 실험을 수행했습니다. 한 연구에서 J-PAL은 말라리아 방지 모기장을 무료로 배포하는 것과 낮은 가격을 부과하는 것 중 어느 방식이 더 효과적인지 비교했습니다. 연구 결과, 무료 배포가 말라리아 확산을 예방하는 데 더욱 효과적이라는 사실이 밝혀졌으며, 이를 통해 보건 기관은 보다 효과적인 정책을 수립할 수 있었습니다.

연구와 실험이 더 나은 세상을 만드는 데 어떤 역할을 할 수 있는지를 보여주는 마지막 사례는 다음과 같습니다. 2008년, 결혼 평등 단체는 캘리포니아주에서 동성 결혼을 금지하는 국민투표(발의안 8)의 통과로 뼈아픈 패배를 경험했습니다. 이에 비영리 단체 '결혼의 자유(Freedom to Marry)'는 패배의 원인을 분석하고, 2012년 선거에서 승리할 전략을 찾기 위해 전국적으로 수십 개의 포커스 그룹을 조직했습니다. 다양한 광고와 메시지를 분할 테스트한 결과, 동성 결혼에 대해 망설이거나 약간 반대하는 사람들을 설득하는 데 가장 효과적인 표현과 어구를 찾아낼 수 있었습니다.

예를 들어, 연구 결과 '평등'보다 '공정성'이라는 개념을 강조하는 것이 더 효과적이라는 사실이 밝혀졌습니다. 또한, '게이 결혼'이나 '동성 결혼'이라는 용어보다 '결혼' 혹은 '결혼의 자유'라는 표현을 사용하는 것이 더 긍정적인 반응을 얻는다는 것도 확인되었습니다. 뿐만 아니라, 잔디를 깎거나 이웃 노인을 돕는 등 전형적인 부부의 모습을 보여주며 오랜 시간 서로에게 헌신해온 동성 커플의 이미지를 강조하는 것이, 단순히 '권리'의 문제로 접근하는 것보다 더 설득력이 있다는 점도 발견되었습니다(Ball, 2012).

2012년, '결혼의 자유'는 철저한 교육을 받은 자원봉사자들과 새롭게 업데이트된 전략을 바탕으로 메인주에서의 동성 결혼 합법화를 위한 주 전체 국민투표에 나섰습니다. 여기서 '플레이북(Playbook)'은 특정 상황에서 취할 전략과 전술을 정리한 지침서로, 결혼 평등 캠페인에서 효과적인 행동 방안을 제공하는 역할을 했습니다. 가톨릭 신자가 다수인 농촌 지역의 고령층 유권자들을 설득하는 데 어려움이 있었음에도 불구하고, '결혼의 자유'와 지지자들은 결국 투표에서 승리를 거두었습니다. 그 결과 메인주는 미국 최초로 국민투표를 통해, 동성결혼을 합법화한 주 중 하나가 되었습니다.

'결혼의 자유'와 결혼 평등 지지자들은 세 가지 중요한 사실을 받아들여야 했습니다. 첫째, 그들이 사용했던 메시지가 기대만큼 효과적이지 않았다는 점입니다. 둘째, 어떤 메시지가 가장 설득력 있는지에 대한 명확한 이해가 부족했습니다. 셋째, 가장 효과적인 전략을 찾는 유일한 방법은 직접 테스트하고 검증하는 것이었습니다.

　우리는 모르는 것이 많다는 사실을 인정할 때 비로소 추측을 연구와 데이터로 대체할 수 있으며, 이를 통해 더 큰 성공을 거둘 수 있습니다. 모든 답을 이미 알고 있다고 생각하고 싶지만, 오히려 우리가 얼마나 모르는지 깨닫는 것이 더 중요합니다. 만약 우리가 모든 것을 알고 있다면, 더 나아지고 더 많은 긍정적인 변화를 만들 기회는 사라질 것입니다. 우리가 모르는 것이 많다는 사실을 깨달을수록, 배울 기회와 발전할 가능성이 커집니다. 새로운 질문을 던지는 것은 언제나 세상을 더 나은 곳으로 만들 기회를 제공합니다. 그리고 그 답을 찾기 위해 노력할 때, 우리는 더욱 의미 있는 변화를 이끌어낼 수 있습니다.

10장

위대함을 향한 9단계

우리는 지금까지 선한 일을 실천하는 과정에서 마주하는 장애물에 대해 살펴보았습니다. 이러한 장애물은 실제로 존재하지만, 극복하는 것은 생각만큼 어렵지 않습니다. 이를 키가 큰 잔디 속에서 쉽게 보이지 않는 15센티미터 정도의 장애물이라 생각해 보세요. 우리가 알아차리지 못하기 때문에 계속 걸려 넘어질 수 있지만, 일단 인식하면 가뿐히 뛰어넘을 수 있습니다. 중요한 것은, 이 장애물들이 존재한다는 사실을 깨닫고 그것들이 선행을 방해하고 있다는 점을 인식하는 것입니다.

이러한 장애물을 발견하려면 매 순간 세심한 주의를 기울여야 할까요? 물론입니다. 이를 뛰어넘기 위해 자제력이 필요할까요? 당연합니다. 하지만 이는 우리 모두 충분히 해낼 수 있는 일입니다. 성공적인 자선 활동을 위해 지나치게 많은 시간, 돈, 에너지가 필요한 것은 아닙니다. 엄청나게 똑똑할 필요도, 과하게 열심히 일할 필요도 없습니다. 심지어 가장 동정심이 많거나 열정적인 사람이 될 필요도 없습니다. 물론 이러한 특성들은 우리가 더 효과적으로 선을 행하는 데 도움이 될 수 있지만, 초인적인 능력이 없어도 세상을 위해 많은 선한 일을 할 수 있습니다.

다음은 선한 일을 효과적으로 실천하기 위한 9단계를 요약한 것입니다. 세상을 더 나은 곳으로 만들고 싶다면, 오스카 쉰들러가 표현한 것처럼 "더 많은 것을 이루고 싶다면" 이 단계를 따라야 할 로드맵으로 삼으십시오. 이 기준은 다소 엄격하게 느껴질 수 있지만, 그만큼 중요합니다. 우리는 지적인 성인으로서 무엇이 효과적이고 무엇이 그렇지 않은지 서로에게 솔직하게 말할 수 있어야 합니다. 동시에, 이것은 격려의 메시지이기도 합니다. 우리는 모두 세상을 더 나은 곳으로 만들기 위해 다시 열정을 불태울 수 있습니다.

그럼, 선한 일을 잘 실천하기 위한 9단계를 소개하겠습니다. 이제 진정으로 세상을 변화시킬 준비를 하십시오!

1. 진지하게 참여하기

성공적인 자선 활동을 위해서는 무엇보다도 진정성을 갖고 임해야 합니다. 꼭 슈퍼볼을 앞둔 선수들만큼은 아니더라도, 우리 역시 그들과 같은 결단력을 가져야 합니다. 어쩌면 자선 활동의 성공이 경기에서의 승리보다 훨씬 더 큰 의미를 가질 수도 있습니다. 이는 단순한 점수가 아니라, 생명과 극심한 고통이 걸려 있는 문제이기 때문입니다.

우리는 반드시 성공하겠다는 마음가짐으로 임해야 합니다. 어떤 분야에서든 꾸준히 성공하는 사람들은 매일, 매 순간 목표를 생각하며 나아갑니다. 자선 활동도 예외가 아닙니다. 우리가 해결하려는 문제보다 더 시급한 것은 없으며, 이를 해결하기 위해서는 철저한 헌신이 필요합니다. 성공을 향한 강한 열망 없이 자선 활동을 고려한다면, 그것은 진정한 헌신이 아닙니다.

2. 자선의 목표 잊지 않기

자선을 진지하게 고려한다면, 그 목표를 명확히 이해하는 것이 필수적입니다. 목표가 불분명하다면 목적지 없이 운전하는 것과 같습니다. 어디로 가야 할지 모르기 때문에 매 교차로에서 방향을 결정하기 어렵습니다.

자선의 궁극적인 목표는 고통을 줄이고, 행복을 최대한 증진하며, 세상을 가능한 한 더 나은 곳으로 만드는 것입니다. 따라서 우리가 내리는 모든 결정은 이 목표를 중심으로 이루어져야 합니다.

이 목표를 기준으로 삼지 않는다면, 우리는 이타주의가

아니라 개인적인 동기에 따라 행동할 위험이 있습니다. 자선을 실천할 때는 내 욕구나 선호가 아니라, 타인의 실제 고통을 줄이는 것에 초점을 맞춰야 합니다. 기분이 좋아지거나 좋은 사람으로 보이는 것이 아니라, 보이지 않는 곳에서 고통받는 이들에게 실질적인 변화를 가져오는 것이 자선의 핵심입니다.

자선의 목표는 분명합니다. 우리는 항상 이를 기억하며, 그 목표에 따라 자선 활동을 결정할 수 있도록 스스로를 다잡아야 합니다.

3. 두루뭉술한 생각과 기분 좋은 미사여구 피하기

우리는 자선의 목표를 단순히 "선을 행하는 것"으로 간주하는 경향이 있습니다. 이는 누구나 쉽게 받아들일 수 있는 목표이기 때문입니다. 하지만 이렇게 모호한 목표를 설정하면, 비판적 사고를 포기하게 되고, 우리가 이미 해오던 일이나 즐기는 활동을 계속할 수 있다는 편안함에 안주하게 됩니다. 그 결과, 실수를 했더라도 실패라고 여기지 않고, 단순히 참여하고 있다는 사실만으로 스스로 성공했다고 착각할 위험이 있습니다.

"선을 행하는 것"과 같은 모호한 목표를 가지면, 세상을 조금이라도 개선하는 것과 세상을 근본적으로 변화시키는 것의 차이를 간과할 수 있습니다. 이로 인해, 어떤 자선 활동이 다른 활동보다 수천 배 더 효과적일 수 있음에도 불구하고 이를 인식하지 못한 채 덜 효과적인 선택을 하게 될 수도 있습니다.

이런 사고방식과 감성적인 미사여구는 본질적으로 자기중심적입니다. 이는 실제 결과가 아닌 내적 의도에 초점을 맞추게 하며, 단기적으로는 만족감을 줄 수 있지만, 그 대가로 외부 세계는 더 큰 피해를 입을 수도 있습니다.

다행히도 이러한 문제를 해결할 수 있는 강력한 해답이 있습니다. 그것은 바로 "세상을 가장 크게 변화시킬 수 있는 방법은 무엇인가?"라는 질문을 중심으로 자선 활동을 결정하는 것입니다.

4. 심리적 편향 알아차리기

우리 모두는 다양한 심리적 편향을 가지고 있습니다. 우리는 감정적으로 강한 자극을 받거나 감정적 보상을 얻을 수 있는 상황에 더 쉽게 반응하는 경향이 있습니다. 이 때문에, 위기 상황을 예방하기 위한 체계적인 변화를 추구하기보다, 이미 발생한 위기에 대응하는 데 집중하게 됩니다. 또한, 우리는 우리 삶과 더 밀접한 문제, 지리적으로 가까운 곳, 단체보다 개인, 통계보다 이야기에 더 쉽게 공감하고 기부하는 경향이 있습니다. 예를 들어, 동물 구호나 환경 보호와 같은 분야에 기부함으로써 훨씬 더 많은 고통을 줄일 수 있음에도 불구하고, 우리는 인간의 문제에 우선순위를 두는 경향이 있습니다.

이러한 심리적 편향은 기부자뿐만 아니라 자원봉사자와 비영리 단체 운영진의 선택에도 큰 영향을 미칩니다. 우리는 개인적으로 즐거움을 느끼는 자선 활동에 더 끌리고, 큰 희생이 필요하지 않은 일을 선호하며, 결과를 직접 확인할 수 있는 활동에 더욱 관심을 가집니다.

이는 우리가 가진 가장 큰 편향, 즉 자기중심적 편향을 반영합니다. 우리는 대의를 위해 최선을 다하기보다, 우리에게 더 쉽고 편한 일을 선택하는 경향이 있습니다. 그 결과, 도움을 필요로 하는 사람들에게 실질적인 혜택을 주기보다, 우리 자신에게 작은 만족감을 주는 방향으로 나아가기 쉽습니다.

이러한 편향은 진화의 과정에서 우리의 뇌에 깊이 각인된 특성이므로, 그것이 존재하는 사실 자체를 바꿀 수는 없습니다. 그러나 편향을 인식하면, 그것이 우리 결정을 왜곡하는 것을 막을 수 있습니다. 우리가 이러한 편향을 더 많이 자각할수록, 이를 극복하고 보다 지혜로운 자선 결정을 내릴 수 있습니다. 또한, 자기중심성을 오히려 선한 방향으로 활용하여 더 많은 긍정적인 변화를 만들어낼 수도 있습니다.

5. 불편한 진실과 직면하기

우리가 진정성을 가지고 자신에게 솔직해질 때, 예상치 못한 놀라운 사실들과 마주하게 됩니다. 특히, 어떤 프로그램이나 조직이 같은 분야의 다른 프로그램보다 수천 배 더 효과적으로 긍정적인 영향을 미칠 수 있다는 점을 깨닫게 됩니다. 이는 자선 분야에서도 마찬가지입니다. 어떤 자선 활동은 다른 활동에 비해 훨씬 더 큰 변화를 만들어낼 수 있으며, 자선 단체의 성공 여부는 누구를 돕고 누구를 배제할지를 결정하는 전략적 선택에 달려 있습니다. 자선 활동에서 이러한 사실을 받아들이고, 그에 따라 행동하는 것이 가장 중요한 요소 중 하나입니다.

하지만 이러한 현실을 받아들이는 것은 결코 쉽지 않습니다. 자신의 한계를 솔직히 인정하고, 숫자가 보여주는 데이터를 기반으로 우리의 행동을 과감히 바꿀 용기가 필요합니다. 예를 들어, 극장 커뮤니케이션 그룹(TCG)에 기부하는 100명의 기부자가 이 글을 읽는다면, 몇 명이나 기존의 기부 방식을 바꾸어 세바와 같은 더 효과적인 자선 단체에 기부할까요? 아마도 극히 소수일 것입니다. 대부분은 자신이 기존에 기부하던 TCG에 계속 기부해야 할 이유를 찾으려 할 가능성이 큽니다. 비슷한 현상은 상대적으로 효과가 떨어지는 단체에 기부하는 사람들에게도 나타납니다. 많은 기부자들은 자신이 믿어온 것과 다른 불편한 진실을 받아들이고 싶어 하지 않으며, 변화의 필요성을 인정하기를 꺼립니다. 이러한 태도가 지속된다면, 비효율적인 자선 단체 운영진들의 반응은 더욱 예측 가능해집니다. 그들은 기존 방식을 고수하려 할 것이고, 기부자들은 의미 있는 변화를 이루기가 더욱 어려워질 것입니다. 결국, 이러한 저항은 자선 활동의 효과성을 극대화할 수 있는 기회를 저해할 수 있습니다.

바로 이것이 문제의 핵심입니다. 우리의 습관, 지성, 선함에 의문이 제기될 때, 우리는 모두 현재의 선택을 정당화하기 위한 방법을 찾는 작은 아인슈타인이 됩니다. 받아들이기 어려운 사실은 간과하고, 무시할 수 없는 사실에는 의문을 제기하며, 그마저도 부정할 수 없을 때는 그 사실의 중요성 자체를 의심합니다.

우리는 불편한 진실과 마주할 수도 있고, 외면할 수도 있습니다. 중요한 것은 그러한 사실을 인정하고 행동으로 옮길 수 있는 자제력을 가지는가 하는 것입니다. 이를 실천할 수 있다면 긍정적인 변화를 만들어낼 수 있지만, 그렇지 않다면 우리가 추구하는 자선의 목표를 온전히 이루기는 어려울 것입니다.

처음에는 위협적으로 느껴질 수 있지만, 우리는 오히려 받아들이기 어려운 사실들에 감사해야 합니다. 이러한 사실들은 우리의 자선 접근 방식이 잘못되었음을 깨닫게 해주며, 올바른 방향으로 나아갈 경우 성공이 예상보다 훨씬 쉬울 수도 있음을 보여줍니다. 더 나아가, 현재보다 더 많이 선한 영향을 미칠 수 있는 방법을 제시하며, 우리가 세상을 더 나은 곳으로 만들기 위한 노력을 강화할 수 있도록 힘을 실어줍니다.

6. 세부 목표를 정하고, 이를 기준으로 의사 결정하기

어떤 자선 분야에서 활동하든, 우리는 성과를 측정하기 위한 핵심 지표를 설정해야 합니다. 이는 우리의 개인적인 세부 목표로, 투입한 비용 대비 선행의 효과를 나타냅니다. 대부분의 비영리 단체에서 세부 목표는 매우 간단하게 설정됩니다. 예를 들어, 동물 한 마리당 비용, 노숙자 한 명을 돕는데 드는 비용, 한 명의 배고픈 아동을 먹이는 데 드는 비용 등이 있습니다. 다양한 프로그램을 운영하는 단체들은 이러한 세부 목표가 여러 개일 수 있습니다.

세부 목표 설정 방식은 우리가 도움을 주고자 하는 개인의 수를 한정할 수 있지만, 이는 그들에게 관심이 없다는 의미가 아닙니다. 오히려 각 개인이 매우 소중하기 때문에 가능한 많은 사람을 돕고자 하는 것입니다. 바로 이것이 세부 목표에 집중하는 것이 중요한 이유입니다. 세부 목표에 집중할 때 비로소 어떤 방식과 장소에서 가장 많은 개인을 도울 수 있는지 파악할 수 있기 때문인 것입니다.

세부 목표를 설정한 후에는 모든 결정을 그에 따라 내려야 합니다. 만약 우리의 세부 목표가 '아픈 아이를 돕는 데 드는 비용'을 낮추는 것이라면, 그 비용을 낮추면서 더 많은 아픈 아이들을 도울 수 있는 방법을 찾아야 합니다. 아픈 아이 한 명당 드는 비용을 낮춘 비영리 단체가 있다면, 그들의 방식을 어떻게 따라할 수 있을까요? 또한 우리가 수행하는 프로그램 중에서 다른 단체의 프로그램에 비해 아픈 아이당 비용이 더 많이 드는 것이 있다면, 해당 프로그램을 줄이거나 최소한 축소하고, 절감된 자금을 아픈 아이당 비용이 낮은 프로그램으로 전환해서 활용해야 합니다. 이렇게 수치가 우리에게 방향성을 제시할 때, 그것을 반영하여 방향을 바꾸려는 의지는 진정한 힘과 지능의 상징입니다.

도로시가 노란 벽돌 길을 따라가는 것처럼, 우리도 세부 목표가 이끄는 방향을 따라가야 합니다. 일단 세부 목표를 정하고 모든 결정을 그에 따라 내리기로 마음먹으면, 지속적인 개선을 위한 명확한 경로가 나타납니다. 우리가 해야 할 일은 그 경로를 따라가면서 세부 목표가 방향을 바꾸라고 할 때는 방향을 바꾸고, 직진하라고 할 때는 직진하는 것입니다.

7. 측정하고 또 측정하기

우리는 종종 자선 활동의 목표를 달성하는 데 어떤 접근 방식이 가장 효과적인지 알고 있다고 가정합니다. 그러나 아만다 워터맨의 연구에 등장하는 아이들처럼, 우리는 대체로 그저 추측하고 있을 따름입니다. 이것이 현실입니다. 우리는 정답을 알지 못하기 때문에 직관과 일화적 증거를 바탕으로 답을 만들어내고 있습니다.

가장 효과적인 접근 방식을 파악하기 위한 유일한 방법은 다양한 접근 방식을 시험하고 그 결과를 측정하는 것입니다. 여기에는 상당한 노력이 필요합니다. 이는 연구를 설계하고 수행하며 결과를 분석하는 데 시간, 돈, 에너지를 소비해야 한다는 것을 의미합니다. 그러나 연구는 이와 같이 많은 노력을 요구할 뿐만 아니라 긴급하게 느껴지지 않는 경우도 있습니다. 이로 인해 많은 비영리 단체 운영진들은 측정을 하는 것이 자신들의 '진짜' 업무에 방해가 된다고 느끼게 됩니다. 일반적으로 그들은 이러한 정보가 유용하다고 생각하지만, 진행 중인 프로그램을 측정하는 것보다 직접적인 프로그램에 시간과 자원을 투입하는 것이 더 중요하다고 여기는 경우가 많습니다.

일면 합리적으로 느껴질 수 있지만, 사실은 그렇지 않습니다. 당신이 미국을 운전해서 횡단하던 중, 여행 몇 시간 만에 엔진에 문제가 생겼다고 상상해 보십시오. 만약 엔진이 과열되어 더 이상 시속 72킬로 이상으로 운전할 수 없게 된다면, 당신은 어떻게 할 것인가요? 멈춰서 엔진을 수리하기에는 너무 급한 상황이라 남은 여정을 시속 72킬로미터로 계속 운전할 것인가요? 아니면 자동차 정비소에 들러 엔진을 수리할 것인가요? 후자를 선택한다면, 몇 시간 동안 가만히 앉아 있어야 하겠지만, 결국에는 훨씬 더 빨리 미국을 횡단할 수 있을 것입니다.

잠시 멈추고 엔진을 고치는 것과 마찬가지로, 다양한 접근 방식의 영향을 측정한다면 초기 비용은 적지만 장기적으로 큰 보상을 가져올 수 있습니다. 우리가 하는 일을 측정하고 다양한 대안을 시험해 보지 않는 한, 얼마나 더 효과적일 수 있는지 결코 알 수 없습니다. 이러한 정보가 항상 쉽게 얻어지는 것은 아니지만, 대부분 가능합니다. 이를 위해서는 어느 정도의 수고와 자원이 필요할 수 있지만, 그만한 노력은 충분히 가치가 있습니다. 테스트와 측정은 세상을 더 나은 곳으로 만들기 위하여 보다 효율적인 방법을 찾을 수 있는 기회를 제공합니다. 우리는 가능한 한 그 기회를 최대한 활용해야 합니다.

8. 비영리 단체가 훌륭한 성과를 내도록 자극하기

자선 단체에 기부할 때, 그들이 달성한 구체적인 성과에 대한 정확한 수치를 요청하는 것이 중요합니다. 해당 단체의 '선행당 비용'은 얼마인가요? 기부를 고려하는 다른 단체의 '선행당 비용'이 얼마인지도 확인해야 합니다.

빈곤 감소 기관에 기부할 경우, 기부한 금액으로 몇 명의 개인이 빈곤에서 벗어날 수 있는지 물어봐야 합니다. 보건 기관에는 기부한 금액으로 몇 명의 삶을 개선할 수 있는지, 동물 보호 기관에는 기부한 금액으로 몇 마리의 동물을 도울 수 있는지 물어봐야 합니다.

이러한 정보는 어떤 기관이 우리의 돈으로 가장 많은 선을 이룰 수 있는지 파악하는 데 도움이 됩니다. 가장 효율적인 단체를 지원함으로써, 우리는 자선 분야 전체가 진정으로 중요한 것, 즉 가능한 한 세상을 개선하는 것에 집중하도록 유도할 수 있습니다. '선행당 비용'이 높아질 경우 기부자를 잃게 될 것이라는 사실을 인식하게 되면, 비영리 단체들은 그 비용을 낮추기 위해 노력할 것입니다.

하지만 이와 관련된 한 가지 문제는 대부분의 비영리 단체가 공유할 만한 관련 자료를 보유하고 있지 않다는 것입니다. 실제로, 소수의 비영리 단체만이 자신의 영향력을 측정하고 있습니다. 우리는 그러한 자료를 수집하고 공유하는 단체를 지원해야 합니다. 이렇게 함으로써 우리의 기부가 미치게 될 영향을 더욱 확실하게 알 수 있기 때문입니다. 만약 우리가 많은 금액을 기부한다면, 그 기부금을 해당 단체의 가장 효과적인 프로그램에 사용하도록 지정할 수도 있습니다.

'선행당 비용'이 가장 낮은 조직에 집중적으로 기부함으로써, 우리는 놀라운 선을 이루는 동시에 자선 활동 방식의 지속적인 변화를 촉진할 수 있습니다.

9. 자선의 목표를 잊지 않아야 한다는 것 기억하기

네, 같은 말을 반복하고 있는 거 맞습니다. 하지만 자선
의 목표를 절대 잊지 말라는 이야기는 너무 중요하기 때문
에 반복할 가치가 있습니다.

자선의 궁극적인 목표는 세상을 더 나은 곳으로 만드는
것입니다. 자선 활동은 기분이 좋아지거나 멋져 보이는 것,
개인의 열정을 실현하거나 신념을 표현하는 것, 삶을 더 즐
겁게 만드는 것과는 본질적으로 무관합니다. 자선 단체도
마찬가지입니다. 그들의 목표는 멋져 보이거나 기금을 모으
거나 특정 틈새를 차지하거나 긍정적인 공적 이미지를 유지
하는 것과 관련이 없습니다. 때때로 이러한 것들이 자선의
목표와 겹치기도 하지만, 많은 경우 그렇지 않습니다.

우리의 편안한 삶의 경계 밖에는 헤아릴 수 없이 많은 비
참함과 고통이 존재합니다. 따라서 우리의 자선 활동에 관
한 결정은 오직 한 가지 질문, 즉 "어떤 선택이 그 고통을 최
대한 줄일 수 있는가?"라는 질문에 근거해야 합니다.

결론

훌륭한 자선을 행함으로써 얻을 수 있는 기쁨

이 책을 다 읽고 나면, 선행이 예전보다 훨씬 더 복잡하게 느껴질 수 있습니다. 간단하고 즐거운 일이 불쾌한 일로 바뀐 것처럼 느껴질지도 모릅니다.

사실, 세상을 더 나은 곳으로 만드는 것은 하나의 도전입니다. 연민과 친절만으로는 상대적으로 적은 성과를 이룰 수 있습니다. 자기 인식과 비판적 사고, 정신적 훈련을 추가해야만 진정으로 우리가 원하는 변화를 이끌어낼 수 있습니다.

모든 도전이 처음에는 부담스럽게 느껴질 수 있습니다. 우리가 소파에 앉아 감자 칩을 먹으면서, 추운 겨울 도로를 달리는 모습을 상상하면 부담과 불쾌감이 느껴질 것입니다. 하지만 일단 달리기 시작하고, 발이 포장도로에 닿아 첫 몇 블록을 지나면 상황은 달라집니다. 실행에 옮기면, 눈앞의 도전에 맞서 자신을 시험하는 데서 오는 기쁨을 느낄 수 있습니다. 배우고 발전하며 인내하고 성취하는 과정에서 깊은 만족과 즐거움을 찾을 수 있습니다.

이는 자선 활동에도 적용되는 이야기입니다. 자선 활동은 숨이 멎을 만큼 아름다운 결과를 가져옵니다. 우리 각자가 평생 실행할 수 있는 선의 양은 놀라울 정도로 많습니다.

앞서 언급했듯이, 세바 재단이 한 사람을 실명으로부터 구하는 데 드는 비용은 100달러도 채 되지 않습니다. 일부 최고의 농장 동물 보호 단체는 우리가 집에서 사랑스럽게 키우는 고양이나 개처럼 똑똑하고 독특하며 장난기 많은 동물 한 마리를 평생 고통에서 구하는 데 100달러도 채 들지 않습니다. 만약 우리가 스마트하고 계산적이며 헌신적으로 자선 활동에 접근한다면, 정말로 놀라운 선을 행할 수 있습니다. 수백 명의 사람을 실명으로부터 구하거나 수만 마리의 동물을 평생의 고통에서 구하는 것은 그저 두 가지 예에 불과합니다.

우리가 마땅히 가져야 할 진지함과 엄격함으로 자선 활동에 접근한다면, 각자는 이러한 성과를 이룰 수 있습니다. 개인적이거나 직업적인 삶에서 이보다 더 중요한 목표를 달성할 수 있는 방법이 또 있을까요? 이러한 변화를 이루기 위해 시간, 돈, 에너지를 더 잘 사용할 수 있는 방법이 있을까요?

누구도 자신의 삶을 돌아보며 '쉰들러의 후회'를 느끼고 싶지 않을 것입니다. 세상에서 더 많은 사람의 실질적인 고통을 종식하는 데 기여할 수 있었다는 것, "더 많은 것을 이끌어낼 수 있었으리라는 것"을 너무 늦게 깨닫고 싶지 않을 것입니다. 다행히도, 우리는 그럴 필요가 없습니다.

제2차 세계대전이 끝나면서 쉰들러는 유대인 노동자들의 생명을 구할 수 있는 기회를 잃었지만, 우리에게는 이 땅에 살아있는 한 훌륭한 일을 할 수 있는 기회가 여전히 남아 있습니다. 우리는 새로운 활력과 함께 가능한 한 선한 일을 많이 하겠다는 각오로 내일 다시 활동에 뛰어들 수 있습니다. 우리는 다른 사람들의 삶에 놀라운 변화를 가져올 수 있을 뿐만 아니라, 이 일에 정면으로 도전하는 기쁨과 활력을 느끼면서 그렇게 할 수 있습니다.

자, 도전할 준비가 되셨습니까?

Anderson, Jack. "W. McNeil Lowery Is Dead; Patron of the Arts was 80."
The New York Times. June 7, 1993. www.nytimes.com/1993/06/07/
obituaries/w-mcneil-lowry-is-dead-patron-of-the-arts-was-80.html.

Ball, Molly. "The Marriage Plot: Inside This Year's Epic Campaign for Gay Equality." The Atlantic. December 11, 2012.
www.theatlantic.com/politics/archive/2012/12/the-marriage-plot inside-this-years-epic-campaign-for-gay-equality/265865/.

Charity Navigator. "Giving USA 2008, The Annual Report on Philanthropy." Charity Navigator. March 1, 2010.
www.charitynavigator.org/index .cfm?bay=content.view&cpid=42.

Collins, Jim C. (2001). Good to Great: Why Some Companies Make the Leap–and Others Don't. New York, NY: HarperBusiness.

Collins, Jim C. (2005). Good to Great and the Social Sectors: A Monograph to Accompany Good to Great. New York, NY: HarperCollins.

Freakonomics. "The Three Hardest Words in the English
    Language: Full Transcript." *Freakonomics.* May 15, 2014.
    http://freakonomics.com/2014/05/15/the-three-hardest-
    words-in the-english-language-full-transcript/.

Fritz, Joanne. "Examples of Effective Fundraising Letters."
    About.com. October 1, 2014.
    http://nonprofit.about.com/od/fundraising/ss/Examples
    Of-Direct-Mail-Fundraising-Letters_4.htm.

Gates, Bill. "Annual Letter 2013." The Bill & Melinda Gates
    Foundation. October 1, 2014.
    www.gatesfoundation.org/Who-We-Are/Resources and-
    Media/Annual-Letters-List/Annual-Letter-2013.

Heath, Chip, and Dan Heath. (2013). *Decisive: How to Make
    Better Choices in Life and Work.* New York, NY: Crown
    Business.

Hope Consulting. "Money for Good." Hope Consulting.
    October 1, 2014.
    www.hopeconsulting.us/moneyforgood.

Kennedy, John F. "I Am a Berliner." Public Speech, West
    Berlin, Germany, June 26, 1963.

Landman, Anne. "Front Group King Rick Berman Gets
    Blasted by His Son, David Berman." *PR Watch.* January 30,
    2009.
    www.prwatch.org/news/2009/01/8168/front-group-king-

rick-berman-gets-blasted-his-son-david-berman.

Lewis, Michael. (2003). *Moneyball: The Art of Winning an Unfair Game.* New York, NY: W.W. Norton.

Merriam-Webster. "Charity." *Merriam-Webster Dictionary.* October 1, 2014. www.merriam-webster.com/dictionary/charity.

Rumsfeld, Donald H. "DoD News Briefing–Secretary Rumsfeld and Gen. Myers." U.S. Department of Defense. February 12, 2002. www.defense.gov/Transcripts/Transcript. aspx?TranscriptID=2636.

Spielberg, Steven, Steven Zaillian, Liam Neeson, Ben Kingsley, Ralph Fiennes, and Thomas Keneally. (1994). *Schindler's List.* Universal City, CA: MCAUniversal HomeVideo.

Wikipedia. "Vince Lombardi." Wikipedia. October 1, 2014. http://en .wikipedia.org/wiki/Vince_Lombardi.

Wikiquote. "Joseph Stalin." Wikiquote. October 1, 2014. http://en.wikiquote .org/wiki/Joseph_Stalin#Misattributed.

Williams, Greg. "Larry Williams Is Humanity's Best Hope Against the Next Pandemic." *Wired.* May 14, 2014. www.wired.co.uk/magazine/archive.

나눔 활동을 하는 것 자체가 의미 있는 것은 아니다

나눔에 대해 부정적인 생각을 가진 사람은 없다고 해도 지나친 말이 아니다. 이런저런 이유로 나눔을 실천하지 않고 살아갈 수는 있어도, 적어도 나눔이 옳다는 것을 부정하는 사람은 없을 것이다. 실제로 나눔은 어려움을 겪고 있는 대상뿐만 아니라, 나눔을 실천하는 사람의 인성 함양에도 도움이 된다는 점에서 권장되고 있으며, 우리나라에서는 중고등학생들이 3년간 60시간의 의무 봉사활동을 수행해야 하는 제도가 시행되는 등 다양한 방법으로 나눔 활동이 장려되고 있다. 하지만 이처럼 사회 시스템의 일부가 되어 있음에도, 나눔 활동이 나눔의 대상과 활동하는 사람 모두에게 '실질적으로' 도움이 되고 있는지는 분명하지 않다. 심지어 봉사와 관련된 모두에게 피해가 되는 경우도 비일비재하다.

여기에는 나름의 이유가 있을 것이다. 그중 하나는 사람들이 나눔 활동을 한다는 자체에만 초점을 맞추고, 그 결과에는 별다른 관심을 두지 않는다는 것이다. 굳이 결과에 초점을 맞추는 공리주의를 언급하지 않더라도 행동의 결과를 의식하지 않는 것은 문제라고 아니할 수 없다. 아무리 봉사자가 뿌듯함을 느낀다고 해도, 봉사 대상에게 바람직하지 못한 결과가 초래된다면 이는 봉사활동이 아닌 민폐 활동이 될 수밖에 없다. 그런데 봉사자에게마저도 긍정적이지 않은 결과가 초래된다면, 그러한 활동은 아예 없는 편이 나을지도 모른다.

왜 나눔 활동을 하려 하는가?

책에서 닉 쿠니는 이처럼 결과를 의식하지 않는 나눔 활동을 비판하고, '효율적인 결과'를 강조함으로써 갈피를 못 잡고 우왕좌왕하는 나눔 활동을 올바른 방향으로 이끌어주고자 한다. 쿠니에 따르면 누구를 대상으로 나눔을 실천할지를 판단할 때의 기준은 나와의 친분이나 익숙함 등이어서는 안 되고, 상대가 얼마만큼 고통 속에 놓여 있고, 내가 동일한 관심을 가졌을 때 얼마만큼 효율적으로 도움을 줄 수 있는지의 여부다. 쿠니는 이러한 기준으로 나눔을 실천할 경우 동일한 노력으로 더 많은 고통을 줄일 수 있을 것이며, 이것이 이 세상을 더 나은 곳으로 만드는 방법이라고 주장한다. 하지만 상품을 구입할 때와는 달리, 우리는 나눔을 실천할 때에는 치열하게 가성비를 따지지 않는다. 우리는 '좋은 게 좋은 거'라고 생각하면서 주먹구구식으로 나눔 활동을 하는 것이다.

이의 잘못을 확인하려면 우리가 왜 나눔을 실천하려 하는지를 자문해 볼 필요가 있다. 여기에서의 답변은 중요한데, 이때 요구되는 것은 '솔직함'이 아니라 '당위'이다. 다시 말해 우쭐대기 위해, 졸업하기 위해 등 봉사활동을 왜 '하고 있는지'에 대한 답변이 아니라, '왜 해야 하는지'에 대한 답변이 중요한 것이다. 그런데 이에 대한 답이 "고통을 없애고 행복을 도모하여 더 나은 세상을 만들기 위해서"라고 가정해 보자. 우리가 상대의 입장을 고려하지 않고, 얼마만큼 도움이 될 것인지를 고려하지 않으면서 봉사활동을 할 경우, 다시 말해 효율을 고려하지 않고 봉사활동을 할 경우, 과연 그러한 활동이 더 나은 세상을 만드는 데 도움이 될 수 있을까? 우리가 효율을 의식하지 않는다면, 명목은 봉사활동이지만 자신의 의지와 무관하게 세상을 더 나쁜 곳으로 만드는 경우마저 발생할 것이다.

동기보다 효율을 의식한 결과를…

이렇게 본다면 나눔 활동에서도 효율이 중요한데, 만약 우리가 효율만이라도 충분히 의식해서 나눔을 실천한다면 심지어 동기가 만족스럽지 않아도 충분히 의미 있는 나눔 활동을 할 수 있을 것이다. 물론 최선의 나눔 활동을 하려 한다면 당연히 동기와 결과가 모두 좋아야 한다. 그리하여 상대에 대한 진정한 관심을 가지고 활동을 하고, 상대 또한 행복해지고 나마저도 행복하게 되는 것이 가장 이상적일 것이다. 하지만 우리가 항상 이와 같은 이상적인 나눔을 실천할 수 있는 것은 아니다. 어떤 경우는 남의 눈을 의식해서, 어떤 경우는 신의 명령이기 때문에 하는 등 진정한 관심만으로 활동을 하는 경우는 많지 않을 수 있다. 더군다나 우리가 자신을 우선적으로 고려하려는 생래적인 경향을 가지고 있음을 부인할 수 없다면 완벽하게 이상적인 활동은 영화나 소설 속에서나 볼 수 있는 것인지 모른다. 하지만 설령 동기를 교정하여 이상에 도달하는 데 한계가 있다고 하더라도, 적어도 얼마만큼 효율적으로 도움을 줄 수 있을지에 대한 관심만큼은 잊어서는 안 된다. 그렇게 해야만 적어도 도움을 주려는 대상에게만큼은 실질적인 도움을 줄 수 있기 때문이다. 우리가 필요충분하게 이타적이어서 '명실상부'한 나눔 활동을 실천하지 못한다고 해도, 왜 나눔을 실천하고 있는지를 망각하지 않고, 내가 하는 행동 결과를 의식하고 나눔을 실천한다면 적어도 지금보다는 훌륭한 나눔 활동을 할 수 있을 것이다.

최대 다수의 최대 행복에 관심 갖기

역자가 나눔 활동에서 중요한 것으로 효율성 외에 추가하고 싶은 것은 '최대 다수의 최대 행복'에 대한 의식이다. 우리는 나눔을 실천하면서 더 많은 사람에게 더 많은 도움을 주려면 어떻게 해야 할 것인지를 고민해야 한다. 혼자서 남몰래 나눔을 실천할 경우 최대 다수의 최대 행복이라는 이념은 달성하기 힘들다. 가령 100명의 아이들에게 나 혼자 도움을 주려 했을 경우, 내가 가진 한계로 모두를 만족시키긴 힘들다. 반대로 내가 한 사람에게 정성을 다할 경우, 그 외의 수많은 고통 받는 사람들에게 관심을 가질 수 없다. 이처럼 내가 최대 다수에게 관심을 가질 경우 각각의 개인의 행복을 극대화할 수 없고, 최대 행복에 관심을 가질 경우, 많은 사람들에게 관심을 가질 수 없다. 이러한 딜레마를 극복하는 방법은 나 혼자 모든 것을 짊어지려 하지 말고, 더 많은 사람들을 나눔의 장으로 끌어들여 그들 각각이 나눔을 실천하게 하는 것이다. 이러한 방식으로 나눔이 이루어질 경우 적어도 나 혼자, 몰래 하는 나눔에 비해 훨씬 많은 사람들이 나눔의 대상이 됨으로써 이 세상이 밝아지게 될 것이다.

　　이처럼 더 많은 사람들을 나눔의 장으로 끌어들이는 방법에는 여러 가지가 있을 수 있다. 가령 내가 여러 사람들을 끌어들여 A라는 활동을 함께 함으로써 여러 사람들에게 도움을 주려 할 수 있는데, 많은 사람들과 함께 아프리카의 특정 지역의 사람들을 돕는 것은 그 예이다. 반면 내가 하는 활동을 다른 사람들도 하게 함으로써 동일한 목적을 달성하고자 할 수도 있다. 이의 예로는 나만 사람들을 이끌어 농활을 가는 것이 아니라, 여러 사람을 이끌어 농활을 갈 수 있을 사람들에게 권유해서 동시다발적으로 농활을 가는 것을 생각해 볼 수 있다. 이러한 활동들은 분명 혼자만의 활동보다 '최대 다수의 최대 행복'의 이념에 가까운 활동이며, 이 세상을 더 좋은 곳으로 만든다는 나눔의 궁극적인 목표를 의식한다면 우리는 이와 같은 방식의 나눔에 대해서도 적극적으로 관심을 기울여야 할 것이다.

현재 국내에서는 이런저런 방식으로 수많은 나눔 활동이 이루어지고 있다. 하지만 나눔 활동의 궁극적인 목표를 의식하고, 이를 이루기 위해 어떻게 해야 하는지를 고려하면서 나눔 활동이 이루어지고 있는지는 확실치 않다. 닉 쿠니의 『똑똑하게 나누는 법』은 현재 우리나라에서 이루어지고 있는 나눔 활동에서 무엇이 잘못되었고, 무엇을 개선해야 하는지를 분명하게 보여주고 있다. 이 책에서 강조하듯이 우리가 효율이라는 결과를 의식하고 최대 다수의 최대 행복을 고려한다면, 또한 나눔 활동을 하는 궁극적인 이유를 염두에 두고 자신이 나눔을 실천하고 여러 사람들의 나눔을 유도하기까지 한다면 이 세상은 우리가 원하는 세상에 조금은 가까워지게 될 것이다.